法律环境差异对中国证券市场发展的影响研究

冯 锐 冯玉音 著

经济管理出版社
ECONOMY & MANAGEMENT PUBLISHING HOUSE

图书在版编目(CIP)数据

法律环境差异对中国证券市场发展的影响研究 / 冯锐，冯玉音著. — 北京 : 经济管理出版社，2017.10

ISBN 978-7-5096-5325-8

Ⅰ. ①法… Ⅱ. ①冯… ②冯… Ⅲ. ①证券法—影响—证券市场—研究—中国 Ⅳ. ①D922.287②F832.51

中国版本图书馆 CIP 数据核字(2017)第 221573 号

组稿编辑:杨国强
责任编辑:杨国强　张瑞军
责任印刷:司东翔
责任校对:张晓燕

出版发行:经济管理出版社
(北京市海淀区北蜂窝 8 号中雅大厦 A 座 11 层　100038)
网　　址:www.E-mp.com.cn
电　　话:(010)51915602
印　　刷:玉田县昊达印刷有限公司
经　　销:新华书店
开　　本:720 mm×1000 mm/16
印　　张:13.25
字　　数:238 千字
版　　次:2017 年 10 月第 1 版　　2017 年 10 月第 1 次印刷
书　　号:ISBN 978-7-5096-5325-8
定　　价:58.00 元

前　言

法与金融学是20世纪90年代中后期兴起的一门由金融学和法学交叉而形成的新兴科学，是法律制度经济学在金融领域的具体应用，属于法律制度经济学研究的前沿分支学科。金融学实际问题研究的本质离不开价值的本源，金融活动产生的价值具有显著的时间特性，而未来的金融价值则充满了不确定性，那么如何把人的金融交易活动规则转变为不同的未来随机事件则是现实世界中金融学必须研究的问题。显然，新古典经济学在金融学研究的运用中并没有完全化解这个命题，也就是说新古典经济学在研究金融价值的过程中，忽略了金融活动权利与义务配置的重要性，缺失现实生活中政府监管与执法及其法院对金融有机体的动态“疗养”，没有从本质上剖析金融活动的有机演化机制。然而，法与金融学的研究范式则聚焦了金融活动主体的行为与目的，关注制度在金融有机体的一系列功能，例如对诚实、信用、审慎、透明的激励机制设计；对投机、欺诈、暴力、胁迫的约束机制设计等。这些制度的功能比较贴近理想的金融研究与现实的金融世界，因此通过制度与金融的耦合研究，能够使我们更加科学地探索金融生态的治理机制。

法治化道路是西方发达国家证券市场繁荣发展的共同经验。著名学者道格拉斯·诺斯（Douglass North）曾经指出“法律在创造社会财富中扮演着重要角色”。随着新制度经济学的蓬勃发展，现代西方产权理论体系的形成逐步深化了“法律影响金融发展”的理念，认可了法律在推动社会证券市场发展以及相关利益和谐方面所起到的作用。西方主流观点认为，成熟的制度安排可以提供稳定的、可预测的产权保护，确保安全的、顺畅的产权交易，营造科学的、高效的政府监管，为金融活动的所有利益相关者提供有力的制度保障，实现市场资源要素的优化配置。证券市场的发展本质上是一系列金融合约的集合，该特点决定了证券市场的发展比任何其他商品市场更加依赖于法治，因此，证券市场被誉为“制度密集型”或“法律密集型”市场。值得关注的是，针对法制环境与证券市场发展的关系问题，学术界也提出了部分质疑。比如，中国的证券市场在法律制度不完善、弱产权法律保护、契约实施不力和政府干预盛行的情况下，利用20多年的时间迅速成为无论从总市值和募集资金规模，还是交易活跃程度都走在世界前列的主要市场，跨越了西方发达国家几百年的历程。面对法律与证券市场发展领域的“中国之谜”，我们不禁会问，难道证券市场改革取得的“中国奇迹”真是“人治”主导而非“法治”掌舵的结果吗？

党的十八届四中全会审议通过《中共中央关于全面推进依法治国若干重大问题的决定》，指出社会主义市场经济本质上是法治经济。四中全会的依法治国落实到证券市场，其核心就是依法治市。对于我国证券市场，良好的法制环境既是修正和规范市场秩序的需要，也是打击投机主义、保护市场投资者利益的需要。显然，党的十八届四中全会并不是我国第一个法制建设的高潮，但确实史无前例地开启了研究全面推进依法治国重大问题的进程。回顾中国法制建设，从 1954 年我国第一部《宪法》的正式颁发，到十一届三中全会作为我国依法治国历史进程的起点，再到当前“依法治国”主题的国家战略方针，法制伴随着我们国家发展的每个阶段。待我们认真地剖析中国证券市场的发展历程之后，法律与证券市场发展领域的“中国之谜”将不再令人费解。

本书主要是基于中国证券市场 20 多年的发展历程，运用法律经济学的理论和方法，在全面回顾并分析经典理论与梳理现有领域学者文献的基础上，深入剖析我国法制环境与证券市场发展的特殊关联性，进而开展法制环境对证券市场发展的影响机制和经验证明，试图从定量的角度回答以下问题：法制环境是否成为中国证券市场的可持续发展的关键因素？为什么对经济增长存在相同需求的不同地区之间，相对完善的法制环境能够带来更高水平的证券市场发展水平？具体而言，从投资者对于金融合约缔结事前防范层面来讲，加强区域法律制度的建设进程是否有利于证券市场规模的发展？从投资者对于金融合约实施事后救济层面来讲，强化行政执法与提升司法环境对于证券市场的发展会产生怎样的效果和作用？尤其是对于司法环境的改善，通过坚持中国司法保护投资者权利能够使证券市场的功能和规模产生质的飞跃吗？

本书立足于法制环境与中国证券市场的变迁历程，分析两者之间的特殊关联性，即政府主导改革与剩余立法权、证券稽查改革与集权式执法权、市场权益保护与能动型司法权、“重执法、轻司法”与法律制度不完备，打开了中国法制环境与证券市场发展二者关系的“黑匣子”，总结了实践改革中的特殊性和规律性。在把握我国法制环境与证券市场发展之间关联性的基础上，本书借助于现代西方产权理论的指导，按照法制环境的差异带来交易成本的变化，进而引致产权安排的异质，最终形成不同金融资源配置效率的逻辑思路进行“中国式改革”的推理。在研究过程中，本书的法制环境则依据投资者在证券市场中金融合约缔结和实施所面临的不同外部风险涵盖的不同交易成本，将其定义为事前防范法制环境和事后救济法制环境，分别考察事前防范的法律制度和事后救济的第三方治理（证监会与法院）对证券市场发展的影响。研究表明，证券市场改革取得的“中国奇迹”与我国法制环境的提升存在本质联系。经验研究结果也积极地论证了本书的理论分析和实证命题，并为如何有效地丰富和完善有助于促进证券市场规模、市场功能改善的法律制度提供良好而有效的政策建议。

本书的理论与实证研究表明：首先，地方政府出台的法规、规章、指引、判例以及具有法律效应的政府规范性文件为代表的地方法律，能够快速对中央政府的顶层制度设计进行因地制宜的细化，加速实现从中央制度改革到地方制度改革的制度变迁的实施，提高改革效率，实现市场资源配置的帕累托改善；其次，尽管我国的证券市场治理呈现出“重执法、轻司法”的格局，但是我国的行政执法机构和法院在惩治证券市场机会主义行为的过程中，法院同中国证监会一并发挥着重大作用，尤其是在司法诉讼中，其主导作用更是无可替代；最后，中国特色的司法独立作为一股独立的外部力量具有其自身的优越性，在治理证券市场投机行为中发挥着积极作用，但其中也表现出自身一定的缺陷。总的来讲，良好法律环境的营造对于中国证券市场的改革和发展具有不言而喻的作用。

本书的难点与创新点主要体现在：首先，走出了目前大部分学者关于法与金融领域中往往研究不同国家的状况而忽略某一个国家的特殊性的局限，以中国情况为研究对象，充分考虑转轨背景及中国特殊国情。其次，试图深入地探讨法律环境与中国证券市场发展之间的作用机制。以往的学者研究仅仅是从立法、执法或者司法的角度探索法律对中国证券市场的影响，而且对于作用机制的阐述往往是考察证券市场的某个微观领域，而没有从宏观上考察法律环境对中国证券市场的影响。本书综合地考察法律环境对中国证券市场发展的作用机制，而这恰恰丰富了目前该领域的研究。最后，深入剖析和归纳出我国法律环境完善在证券市场中的特殊作用，并利用实证研究、经验论证支持法律与证券市场中的理论分析，充分结合定量研究与定性研究，提高结论与政策的科学性。其中，如何对法律制度进行量化、如何改善计量分析方法、提高实证分析的可靠性、稳健性和有效性，这是对法律与中国证券市场发展之间进行实证分析的难点。

冯 锐

2017 年 2 月 于广州大学

目　录

1. 绪　论

法律环境与证券市场发展的关系问题，一直备受学术界的关注和争议。17 世纪早期，爱尔兰的总检察长约翰·戴维斯（John Davis）写道："产生国王首要也是最重要的原因是为了维护人民的财富和契约，交通和商贸。"历史告诉我们，通过提供一个促进商业发展的法律环境和法律机制来鼓励经济的成长是每种形式政府的首要目标。20 世纪末期，哈佛法学院的路易斯·卡普洛教授（Louis Kaplow）和斯蒂文·沙维尔教授（Steve Shavell）曾经就到底是广泛的福利还是一般的公平性问题是法律实现哲学意义上的正义这一问题开展了长期并且激烈的争论（Louis Kaplow & Steve Shavell，2002）。当时这个哲学争论映射到本书研究的问题，便是法律通过促进证券市场发展能推动社会普遍福利到什么程度，即使这个不是法律关注的唯一价值，但无疑也是它存在价值的某一部分。事实上，随着社会的发展，经济学家们通常强调的在增加社会福利过程中的效率角色开始改变，而在创造社会财富中扮演公平的法律角色也开始逐渐被重视。换句话说，我们重视的是法律在推动社会资本市场发展以及相关利益方面所起到的作用，这也是法律和公平的本质与精髓所在。例如，道格拉斯·诺斯（Douglass North）创建的"新制度经济学"对研究法律制度在促进资本市场发展过程中的重要性奠定了一定的理论基础（North，1990）。具体地说，是法律能够服务资本主义、为其提供便利并最终促进经济增长。

回顾美国和欧洲这些发达国家法律环境和证券市场发展关系的历史，我们可以看出对于一个经济贸易高度依存和文化多样性的世界，仅仅依靠人类的习俗和无意识的行为标准是不够的，商贸组织的规模壮大和发展需要法律"有意识的规制"来激励和约束不同的经济体及其日益复杂的经济关系，从而促进交易的效率和公平（O.Lee Reed，2001）。例如，美国基础法中的《合同法》《物权法》和《侵权法》为商业关系的可预见性以及商业信任进行了铺垫；《公司法》中"独立合法身份"

“永久所有权”“有限责任制”“管理者的集中控制”“管理人员的诚信”“保护少数股东”等内容的规定为公司发展遇到的一系列基本问题扫除了障碍；《证券法》中的“信息披露制”“内幕交易”和“收购”等内容在不断完善《公司法》的基础上，解决了如何保持现代证券市场高效的、可持续发展的基本问题。总的来讲，如果一个仁慈、开明的君主对于自己国家的发展被获准只可以向神灵祈求一个愿望，他不应该选择黄金、石油或者大量现代化的制造工厂，抑或是过剩的西方管理咨询师，实际上，他最明智的愿望应该是祈求良好的法律制度和环境。从欧洲和美国繁荣的证券发展历程可以看出，没有什么会比一个完善和稳定的法律环境体系对证券市场发展更为重要，因为该法律环境体系能够创造合理明晰产权、保护契约的制定和实施的合理机制（弗兰克·B.克罗斯，2011）。

面对中国证券市场后续的发展历程，我们或许应该从人为治理证券市场本身的改革中解脱出来，转而考虑证券市场的法律环境建设。然而在中国证券市场改革由“人治”转为“法治”的大背景下，关于中国法律环境与证券市场的研究却极度缺乏。本书在证券市场亟须法制化建设的背景下，试图从理论与实证角度分析这一论题，本书仅作为学术上的初步探索，以期抛砖引玉。

1.1 研究问题的提出

面对中国证券市场发展遇到的诸多难题，我们的目光为什么会集中在法律环境差异对区域证券市场发展的影响这一命题上呢？主要是基于以下三个方面的原因：第一，该命题突破了传统金融发展理论的局限性；第二，该命题有助于理解“科斯定理之谜”的中国经验积累；第三，该命题在中国的特殊性备受关注。

1.1.1 命题突破了传统金融发展理论的局限性

众所周知，戈德史密斯（Goldsmith）是金融发展理论的开山鼻祖，最早提出金融发展的概念。具体而言，在 1969 年出版的《金融结构与金融发展》① 一书的基础上，麦金农（R.J.Mckinnon）和肖（E.S.Shaw）提出金融抑制和金融深化理论，即解决金融压制问题的有效途径就是金融深化，取消金融抑制政策，通过放松利率管制，控制通货膨胀使利率反映市场对资金的需求水平，使实际利率为正值，恢复金融体系集聚金融资源的能力。在第一代金融发展理论之后，20 世纪 80 年代罗默（Romer，1986）和卢卡斯（Lucas，1988）提出第二代金融发展理论——内生增长理论，即经济增长是经济体系内生因素作用的结果，而不是外部力量推动的结果。进入 20 世纪 90 年代，一些经济学家在汲取内生增长理论的基础上，将内生增长和内生金融中介体（或金融市场）并入模型中，突破了麦金农—肖框架，研究金融中介与金融市场如何内生于经济增长之中，以及金融体系的发展对经济增长的作用机制。

随着对金融发展理论的研究，学者们逐渐认识到金融合约这个基础性要素在其中的重要性。从本质上讲，金融市场的发展是基于金融资源权利的合理配置和优化，而金融资源权利的流转则是以金融合约为核心的。因此，金融市场能否发展的关键在于金融合约产权是否具有法律保护以及保护的程度如何。而证券市场作为金融发展体系中的重要组成部分，通过将法律环境纳入区域证券市场发展的影响因素，从金融合约产权的法律保护角度进行研究，突破了证券市场发展的传统研究。因此，从法律经济学的角度审视法律环境的差异所引致的不同的金融合约产权法律保护在区域证券市场的发展中到底扮演什么角色是非常有必要的，而且对以中国为代表的发展中国家及转轨国家的实践进行探讨，将会对检验法律环境差异对区

① 戈德史密斯将金融结构划分为三个层次：第一个层次是“金融上层结构”与其“经济基础”（即国民财富）的关系，提出了金融相关比率的概念。金融相关比率是指“某一时点上现存金融资产总额（含有重复计算部分）与国民财富——实物资产总额加上对外净资产之比”，以说明金融在整个经济体系中的重要性。从严格意义上来说，这不是金融本身的结构问题。第二个层次是金融工具结构，将金融工具划分为债权类和股权类两大类型，这一层次主要研究不同种类、不同性质、不同期限的金融工具在其总额中的相对比重，及其在各种产业中的分布。第三个层次是金融中介结构，首先是金融部门的金融资产在金融资产总额中的比重，用以说明一个国家金融部门的发达程度；其次是不同类型中介机构的金融资产在金融机构总资产中的比重，用以反映不同类型中介的市场份额。该研究仅仅表达了经济增长与金融发展的一种相关性。

域证券市场发展影响这一命题提供丰富素材。

1.1.2 命题有助于理解“科斯定理之谜”的中国经验积累

法与金融领域的学者认为有利于投资者保护的法律制度将会积极地影响金融和经济的发展，而科斯定理则认为只要权利能够自由地交易和流转，那么投资者法定的初始权利配置将不会影响金融市场的发展效果，由此产生了法金融领域的“科斯定理之谜”（Coase，1937）。

证券市场的发展从本质上可以看作是金融合约市场的集合，而金融合约所具有的财富约束、重置谈判约束的合约特征将会直接表现为：金融合约一旦难以履行，将会面临执法和司法行为所带来的高昂的交易成本，尤其是在中国证券市场法制环境不完善的背景下更是如此。然而科斯定理的分析并没有考量执法和司法行为对交易成本的影响，这就相当于打开了科斯定理分析中的“黑匣子”。所以，分析中国证券市场中行政执法和司法审判等对交易成本的影响，不但有助于进一步科学地理解科斯定理，而且能够进一步丰富该领域研究的中国经验。

1.1.3 命题在中国的特殊性备受关注

中国证券市场用短短 20 多年时间走过了发达国家 100 多年的建设历程，中国各个省份的上市公司数量和股票市值成倍增长造就了举世瞩目的“中国奇迹”，然而到底是什么因素促成了目前的成就，吸引了大量学者的研究（陈梦根，2007；胡海峰、孙飞，2011）。随着 LLSV 的“法与金融”理论研究的推广和影响，一批法律经济学的学者开始关注区域证券市场发展的本质问题。事实上，正式法律制度作为影响区域证券市场发展中的本质因素在学术界至今仍是备受争议的问题。

西方学者的主流观点认为，证券市场的成熟发展需要本国法律系统提供稳定的、可预测的产权以及有效的契约实施、有限制的政府（North，1990）。具体而言，法律通过保护金融产权安全、金融合约自由和履行以及限制政府过度干预金融市场，为证券交易和投资提供有力的法律保障，进而减少交易成本，促进金融发展。而“红庙子市场”① 和“深圳 8 · 10 事件”② 等中国地区现象告诉我们，在缺乏完善的法律制度、政府政策主导市场的情形下却实现了中国区域证券市场的快速发展。此时，我们可能会质疑中国不同区域的发展经验真的是法与金融理论的未解之谜吗？事实上，中国法律环境的组成要素远非国外法律环境那么单一，通过后续本书的相关定义与研究范畴就可以看出。此外，国内的部分学者比较认可法与金融理论在中国区域证券市场研究的适用性和科学性，并指出中国的法律是在区域金融发展不断试错的过程中前行，法律环境的不断提升可以促进新的金融发展（Chen，1999），也有学者表明法律在金融发展中起作用，但作用是次要的（Allen，2005）。目前法律环境的差异和变迁是否影响中国区域证券市场发展的本质因素？与西方经验相比，存在哪些特殊的中国经验？这一系列问题亟待解决。

1.2 研究的意义

1.2.1 理论意义

首先，探讨法律环境和证券市场发展的两者关系，发展了金融发展理论的相关研究。从 20 世纪 70 年代戈德史密斯提出金融发展的概念，到麦金农和肖提出的金融抑制和金融深化论，再到罗默和卢卡斯提出的内生金融发展理论，我们可以看出金融发展理论几乎没有关注过金融体系自身的发展。随后，美国学者 La Porta、Lopez-de-Silanes、Shleifer 和 Vishny 在 1998 年发表了一篇文章《法律和金融》，将法律因素引入到解释金融发展和经济增长的具体研究中，创新了金融发展理论。目前从金融合约产权的

① 在 20 世纪 90 年代初期，由于证券市场建设尚不完善，在四川省除了成都，自贡、德阳、绵阳、乐山、南充等地也都出现过自发证券交易市场。由于极不规范，且存在各种风险隐患，“红庙子市场”实际上只存在了 1 年多的时间，然后在当地政府各部门的配合下迁址，最终平稳关闭。应该说，“红庙子市场”反映了证券市场发展初期投资者对于投资和规范市场的渴求。

② 深圳市将向社会公众发行面值 5 亿元的新股票，采用认购抽签表的方式认购。由于舞弊现象严重，导致广大排队购表股民的极度不满，并与政府发生冲突。该事件之后，国家在长达 1 年内停止新股发行工作。

法律保护角度探讨影响金融市场发展的本质原因是对法与金融研究领域的新延展和新思路。此时探究中国的法律环境与证券市场的关系，不仅可以印证金融合约产权法律保护的重要性，而且可以完善发展中国家区域证券市场发展的理论研究。

其次，研究法律环境对证券市场发展的影响程度，丰富了中国法与金融理论的研究成果。在法与金融理论创立之后，除了国际上很多学者研究之外，中国学者也开始逐步关注本国法律与金融市场发展之间的内在关系问题。比如，政府以法律制度的手段能够有效保护银行与企业之间的外在合约关系（朱文胜，1998），而且还可以改善本国股权和债券失衡的金融结构（杨树旺、刘荣，2003），实现金融市场的良性发展。这些研究文献很好地解释了法律制度与信贷市场之间的关联影响。然而，可能是基于中国侧重于以银行为主导的金融市场的客观现实，目前该领域的研究成果显然缺乏法律环境与证券市场之间的关系研究。因此，从法经济学的角度深入剖析法律环境对中国证券市场发展的影响无疑充实了法与金融理论在中国的研究成果。

最后，剖析法律环境对证券市场发展的作用机制，补充了中国之谜研究的理论基础。在法经济学界，学者们在中国证券市场中弱产权保护、法律实施不力、政府干预盛行的现实情况下，针对市场中上市公司数量和股票市值成倍增长的态势表示疑惑，这一困惑表明中国法律制度与证券市场发展之间存在一定的特殊关联性，法律制度对中国证券市场发展的作用机制仍未被充分发现。本书尝试着剖析两者之间的作用机制和规律，具有一定的创新性。

1.2.2 实践意义

首先，通过探讨法律环境和证券市场发展两者的关系，有助于指导我国金融法律制度的变革方向。在党的十八大报告中提出的运用“法治思维”和“法治方式”执政的背景下，“有法可依”成为当前我国证券市场建设的首要任务。通过研究法律环境与证券市场的关系，可以明确当前我国市场存在的问题和发展瓶颈应当通过哪些法律的手段进行解决。例如，针对国内股市近年的持续低迷，2005 年《证券法》的变革动向体现在证券品种上由“窄口径”立法转向“宽口径”立法、重新修整证券经纪人制度、引入保荐人制度等。事实上，这些法律制度的变革符合证券市场内生发展的需求，有效提振了市场发展。从法律经济学的角度来看，法律是证券市场交易和运行的游戏规则，法律制度的变革方向深刻影响着市场参与主体的偏好、交易机会、激励机制、行为的成本与收益，最终对主体的行为决策产生影响。所以只有在探讨中国法律环境与本国证券市场之间关系的基础上，才能科学地论断何种法律才是市场需要的制度。

其次，通过研究法律环境对证券市场发展的影响程度，有利于深化我国金融法治为先的变革理念。科斯在谈到中国改革问题时一针见血地指出，"法律体制的改革是深化经济改革的一个重要方面"，而改革的实质内容则是利益的重新再分配。目前中国的证券市场仍旧以政府为主导，政府过多行政干预所导致的寻租、腐败、权力参与资源分配等问题导致市场价格扭曲、资源配置低效率、改革成本过高等问题。例如，中国证券市场中 IPO 采用的审批制实际为政府寻租提供了很大空间，而且给上市企业提供了造假动机，使得证券市场的假案频频，金融资源分布极大扭曲。研究法律环境与证券市场的关系可以使政府清醒地认识到政府高成本、低收益的"人治"应该转向低成本、高效益的市场化"法治"，确立我国金融法治为先的基本理念。如博登海默所言，法律是"相互冲突的利益之调整"，其主要作用之一就是"调和上述种种相互冲突的利益，无论是个人利益还是社会利益"。因此，本书的研究对于强调政府以法治为先导，通过法与金融理论所倡导的"效率"原则解决证券市场中资本要素的有效配置问题是有现实意义的。

最后，通过剖析法律环境对证券市场发展的作用机制，有益于构建我国更合理的市场融资体系。中国证券市场的发展虽然取得了辉煌的成就，但是目前不论是全国市场还是区域市场的融资体系仍然存在很多问题。例如间接融资比例较高（见图 1-1）、证券市场结构失衡（见图 1-2），等等。事实上，造成该问题的本质原因在于我国融资市场中不同金融合约的法律保护差异问题。本书深刻剖析了法律环境与中国证券市场之间的作用机制，使我们更清晰地认识到法律制度在保护投资者权利方面所起的作用。与此同时，构建和培育良好的法律环境，既可以有效地实现法律制度对证券市场发展的长效机制，也将有益于投资者同等地看待证券市场的各种金融产品，从而形成更合理的市场融资体系。

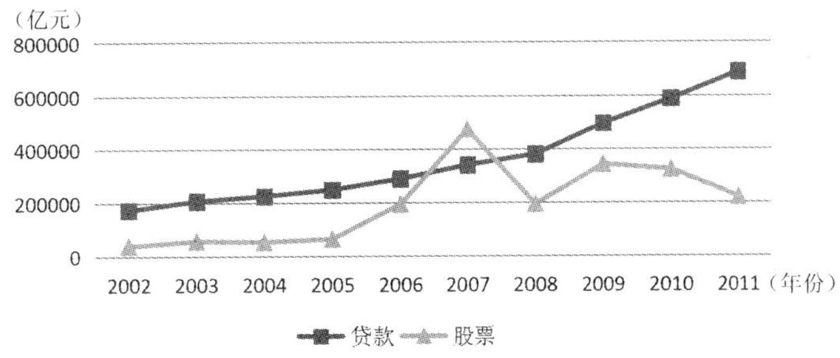

图 1-1　2002~2011 年中国直接融资额与贷款融资额对比

资料来源：2002~2011 年的《中国金融年鉴》。

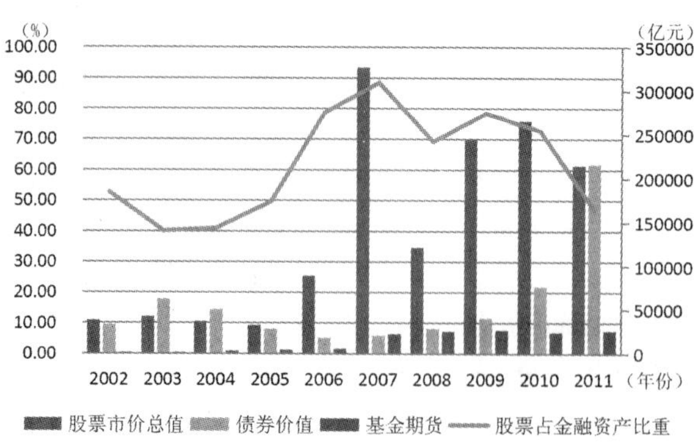

图 1-2　2002~2011 年中国证券市场构成结构

资料来源：2002~2011 年的《中国金融年鉴》。

1.3　研究的相关概念和范畴

1.3.1　证券市场

证券市场有广义和狭义之分。广义的证券市场是指所有经济权益凭证的发行和交易场所；狭义的证券市场是指资本证券市场、货币证券市场和商品证券市场，包含股票、债券、商品期货、期权、股票期货、期权、利率期货、期权等证券品种。相比国外的证券市场，中国证券市场的品种交易在很大程度上受政府管制，其中，股票市场是证券市场的细分市场，市场化交易比较成熟（朱玲，2012），它不仅有效地反映和调节了资本要素的运动，而且对整个金融的运行具有重要影响。因此，本书主要讨论狭义的证券市场，在后续章节的实证分析中，作者将以证券市场中最成熟的股票市场进行经验分析。

值得注意的是，证券市场上的交易活动就其法律性质而言，它所体现的是投资者之间缔结金融合约的交易行为。事实上，从早期证券市场上分散的、一对一的、面对面的邀约谈判和合同履行到现在成熟的电子化、时空分离的新型合约成交和执行，虽然这些高效而复杂的变革给传统证券市场交易活动蒙上了一层神秘的面纱，但是证券市场中的买卖合约性质从未变化，只是所涉及的法律关系和制度设计更加复杂化、精密化而已。因此，我们可以看出证券市场的发展实质，可以看作是金融合约的规模和质量不断发生变化的过程。

在证券市场的发展过程中，从全国层面来看，由于改革开放以来我国实施了过多向东部地区倾斜的优惠政策，大量生产要素流向东部地区，东部、中部和西部地区的证券市场呈现出一定的差异性；从区域层面来看，由于不同地区地方政府出台的政策以及地区优势不同，证券市场的发展程度也体现出一定的空间差异性，具体表现在不同地区所拥有的上市公司的数量、股本规模、市场价值以及直接融资能力都具有差异性（田霖，2007）。此外，在衡量一个国家或地区证券市场发育程度时，很多学者往往以地区股票市值与地区 GDP 的比值表示（LLSV，1998）。

1.3.2 法律环境及其差异

法律环境通常是指法律意识形态以及与其相适应的法律规范、法律制度、法律组织机构、法律设施所形成的有机整体。事实上，针对不同的学者研究，法律环境的含义也不同。学者刘志坚（1998）指出，法律环境是制约和影响法的生成、存在、实施、发展等的各种因素或条件及其相互作用的统一体；学者赵胜才（2012）认为，法律环境不仅包含法律制度等表层结构，而且还包括法律意识形态等里层结构。由于本书的研究对象是证券市场，所以在法律环境的含义阐述中，我们主要是从投资者法律保护的角度进行定位。

本书法律环境的定义主要是在现代西方产权理论的框架下，按照法律环境差异带来交易成本的变化，进而引致产权安排的异质，最终形成不同的金融资源配置效率的逻辑思路进行。显然，证券市场运行及资源配置有效与否的关键取决于交易成本，这里采用威廉姆森在 1985 年出版的《资本主义经济制度》一书对交易成本的明确规定，即交易成本包括“金融合约缔结过程中起草、谈判、对交易双方当事人未来产权产生不确定性困扰而需要明确的双方权利、义务、责任的成本集合和金融合约缔结后为确保契约关系正常实施或保护双方当事人所有者权益而付出的费用”①。本书的法律环境则依据投资者在证券市场中所面临的不同外部法律风险涵盖的不同交易成本，将其定义为事前防范法律环境和事后救济法律环境。通

① 事后的交易成本包括以下内容：交易参与人为政府解决他们之间的矛盾冲突所付出的费用；为确保交易关系的长期稳定化和非间断连续性所付出的费用；当事人想退出某个契约关系而必须付出的费用；交易者发现事先确定的价格错误而需要变更原来价格所需要付出的费用；等等。

俗地讲，前者主要指针对证券市场中保护投资者金融合约缔结的法律制度，后者主要指针对证券市场中投资者在金融合约履行中受到损害或者侵权时，通过行政执法与司法审判进行的对投资者保护弥补的渠道。因此，本书在定义法律环境及其差异时，将通过法律制度及其差异、行政执法及其差异和司法审判及其差异三方面进行详细描述。

1.3.2.1 法律制度及其差异

对于法律制度，我们主要考察关于规范证券市场发展的法律制度（例如国家法律、行政法规、部门规章、地方法规和指引规章）以及具有法律效力的政府规范性文件。

首先，法律制度通常有狭义与广义之分。狭义的法律是指法律的集合体，包括我国根本大法的《宪法》、全国人民代表大会及其常务委员会制定的一系列国家法律和地方人民代表大会及其常务委员会制定的地方性法规、国务院制定的诸多行政法规、国务院各个部委及省级人民政府制定的政府规章及其相关惯例。广义的法律则是指除上面所涉及的狭义的法律之外，将中国及其地方政府出台的一系列政府规范性文件囊括在内的法律。本书在论述中国法律制度与证券市场的关系时，主要采用广义的法律。

其次，基于中国特殊的国情，在研究正式制度对证券市场的影响过程中，法律与政策问题一直是我国理论和实践中的重大问题，无论是政治理论还是法律理论，法律与政策的关系都是不可回避的。事实上，政策是人类历史社会发展到一定程度的社会阶级产物，表现出明确的阶级特征，是社会上层建筑的有机组成部分，可谓国家为达成既定的政治、经济和文化等一系列重要任务而确立的行动标准和指导原则；而法律是由国家权力机关制定并且以国家武器确保其强制实施的、具有普遍效力的行为准则规范体系，会受到当时社会经济基础状况的影响。

值得注意的是，中国的政府规范性文件在本质和内在要求上，与我国的法律制度具有一致性，集中体现在它们都是以无产阶级的政治权利为根基，服务于无产阶级的政治诉求，最终实现统治阶级的一系列目的。这种内在的一致性决定了二者的关系非常密切，它们之间是互相作用和互相影响的。在中国，政府政策和国家法律是推动中国特色社会主义建设的根本保证，是构建中国社会主义市场经济的必要条件，是国家治理领域的重要保障。毋庸置疑的是，在证券市场的改革过程中，政策和法律二者有机结合并实施。通过上面的分析，我们很明显地看出中国的法律与政策在很大程度上都可以视为具有正式法律制度的效应。因此，本书在考察法律制度时认为中国地方政府出台关于证券市场的各项相关政策也具有法律效应，需要考虑在内。

对于法律制度差异，基于中国自上而下的法律体制，我们主要是针对地方政府对于国家出台的关于证券市场改革发展的一系列法律所出台的对应的地方法规、地方规范性文件和相关的政府政策细则。例如，在证券市场股权分置改革中，针对国家政府部门出台的《关于上市公司股权分置改革的指导意见》，很多地方政府会依据本地实际情况出台《推进上市公司股权分置改革的工作指引》或者《意见》。事实上，对于这些具有法律意义的文件或政策细则是中央立法和政府文件结合地方特点和需要的具体实施，具有明显的地方性和差异性。显然，地方的金融地方法规、地方规范性文件和相关政府政策细则越明晰化和可操作，该地区的投资者在依据当地的法律制度而制定金融合约时，合约条款就越容易制定和落实。

1.3.2.2 行政执法及其差异

对于行政执法，我们主要是基于法学的角度，针对构成行政法律关系的行政执行行为，即行政主体在行政法所调整和规定的权利与义务范围内，执行由法律法规预先规定的权利和义务，与行政相对人构成行政法律关系的法律事实。在本书的研究中，我们主要考察针对上市公司出现的可能危害投资者权利的经济活动，法律规章能否被执行、法律规章执行的效率和强度，即国家行政机关依照法定职权和法定程序，行使行政管理职权、履行职责、贯彻和实施法律的活动程度。

为了更加清晰地分析行政执法对证券市场发展的影响，我们对行政执法的内容也有必要进行界定。行政执法的内容可以从广义的行政执法和狭义的行政执法来理解。广义的行政执法包括制定行政执法规范性文件、进行法律解释、实施行政处理（主要有行政许可、行政征收、行政给付、行政确认和裁决）、进行行政监督检查、实施行政强制和科处行政处罚（姜明安，2004）。相对于广义的行政执法，社会生活中普遍接受和认同的则是狭义的行政执法，即行政监督检查、行政强制和行政处罚。例如我们通常有着切身感受的立案调查、执法检查、移送、查封、封存扣押、没收、罚款、公告、责令整改等行为（任小铁，2008）。本书对于命题的研究是基于狭义的执法内容，考察行政执法机构依据证券市场相关法律和规章制度对上市公司的执法活动。

行政执法差异主要体现在我国证监会及其派出机构在证券稽查过程中对证券市场出现的投机行为所实施的不同程度的处罚。此外，当前确实有地方政府部门对于处罚对象存在地方保护主义和部门保护主义的行为，或者地方行政执法者的监督存在差异以及在地方行政执法中存在不同程度的寻租活动等现象，这在很大程度上影响了证券执法机构对投机者的稽查强度。

1.3.2.3 司法审判及其差异

司法审判是司法机关根据现有法律对客观事实进行审判。对于司法审判，如何行之有效地解决司法资源的合理化配置，使得稀缺的交易活动达到最优状态是关键的。显然，司法效率低下必然会导致金融合约的资源配置陷入不确定状态，不利于整个证券市场的发展和投资者权益的保护。因此，本书所论述的司法审判主要指司法审判活动中的司法效率。司法效率是司法资源投入和产出的比例问题，即司法资源的利用程度。目前，按照司法效率的衡量标准，司法效率可分为审判时间效率、诉讼成本效率与司法资源效率。确切地说，前两者标准分别从司法活动运行的速度角度和从诉讼活动进行的成本投入角度进行规定，都是与当事人关系最密切的标准，是相互统一的。而司法资源效率则是从政府的财政支出和社会效果进行考量的，有别于本书的研究命题。对比前两者而言，尽管诉讼成本效率能够最直接凸显司法活动中诉讼参与人的微观效果，但是审判时间效率既客观地衡量了诉讼参与人的成本诉求，又体现了整个证券市场运行的司法需求，具有较为深远的意义。因此，本书主要从审判时间效率这一最为重要的维度来探讨司法审判差异对证券市场发展的影响。

对于司法效率差异，从根本上讲主要是由于地区之间的司法资源差异造成的。各地区的司法机构、司法人员和司法活动相关财政保障资源的不同使得具有稀缺性的司法资源的投入和产出比不同。例如，在司法人力资源数量和质量方面，最高人民检察院在 2009 年对云南、广西、陕西、贵州、甘肃和新疆 6 个地区的县级人民检察院进行了抽样调查，其中 131 个基层的人民检察院共出现编制空缺 548 名，尤为严重的是西藏地区 73 个基层法院仅仅拥有 246 名法官，而且令人难以置信的是，有 37 个基层的人民法院只有一两名法官，无法构建合议庭，而我国长三角地区和珠三角地区的司法人员编制却人满为患。不同地区司法人员的质量更是呈现巨大差异，较东部沿海城市，西部地区很多城市的司法人员甚至都没有通过司法考试。另外，在财政资源方面，基于我国司法预算是由同级地方政府编制并实施的，而不是中央政府统一预算和决算的现实情况，各级人民法院的经费支出规模与同级地方政府的经济实力是紧密关联的，这也导致了司法资金投入上存在很大差异的现状。作为一种社会资源，司法资源在我国不同地区的不同分布，使得地区之间的司法效率存在较大差异。显然，司法效率的差异会使得证券市场中当事人参与的法律成本或者诉讼成本发生变化，也就是说，在其他条件和因素都相同的情况下，司法效率高的地区，投资者面临的诉讼成本相对会低。

在司法审判中，多数学者（例如 Weber、North）认为独立而有效的司法体系能够保护产权、保障合同、促进经济发展，是一种有效率的制度安排，因此，作为司法审判重要组成部分的司法独立有必要进行阐述。所谓司法独立主要指司法机构中的法官判决必须根据法律及事实做出判断，不受任何外在干预或影响。然而我国漫长的政治历史始终都遵循司法行政合一的司法模式，这一模式在长久的传承中已深入人心，在我国前期的司法体制改革中，这一模式曾经有助于我们突破改革瓶颈，提高改革效率，但也不可避免地对我国目前的司法制度和理念产生了一定程度的负面影响，再加上我国司法审判机关长期以来都是地方政府的有机组成部分，需要接受地方政府的领导和监管，导致司法对于行政有着强烈的依附关系，即司法行政化（张强，2010）。这一现状为作者研究中国特色的司法独立状况提供了现实的研究基础。

对于中国地方的司法独立状况，尽管不同区域之间在推行司法的技术性改革上存在差异，但是由于中国特殊的政治体制，即政治集权使得行政权主导一切资源配置制度的传统在司法权力体系中逐渐融合，所有地区缺乏自上而下的政治体制改革，这并不能从根本上推进司法独立改革。尽管不同地区间的司法独立强度差异在全国范围内还并不明显，但几乎都面临着投资者所认为的司法公正不足、司法公信低下、司法权威失落的现状。所以本书所强调的司法独立并不是不同地区间的不同法院独立审判案件能力的强度差异，而是指在法院独立审判过程中，由于地方政府干预而带来的投资者对于独立审判预期的差异性。事实上，在司法独立是司法公正的绝对必要条件的历史规律下，司法独立无疑有助于提升司法效率，降低投资者保护的法律成本。

1.3.3 小 结

本书首先从金融合约的角度审视了证券市场的概念范畴，然后按照法律环境的差异带来交易成本的变化，进而引致产权安排的异质，最终形成不同的金融资源配置效率的逻辑，指出证券市场运行及资源配置有效与否的关键取决于交易成本，并根据威廉姆森的观点将投资者在证券市场中所面临的外部法律风险环境分为事前防范法律环境和事后救济法律环境。最后，从法律制度及其差异、行政执法及其差异和司法审判及其差异三个维度详细地分析证券市场中投资者所面临的法律环境及其不同地区存在的法律环境差异。

在衡量法律环境的具体维度时，我们可以明显看出差异化的法律制度、行政执法和司法审判使得投资者在证券市场中将面临不同的法律成本，而该成本将会显著影响投资者的金融合约缔结的行为活动。

1.4 本书的结构安排

1.4.1 研究范围

本书的研究范围主要是从 1990 年的上海、深圳证券交易所成立开始，考察中国法律环境差异对我国证券市场发展的影响。事实上，中国证券市场的发展经历过两次快速扩容。第一次市场扩容是基于国有大中型企业成为市场主体，证券市场的法律法规逐步完善和全国统一的证券监管体系建立的情况下实现的，其标志性事件如：《股票发行与交易管理暂行条例》和《中华人民共和国公司法》等法律法规出台、国务院证券委员会及其监管执行机构中国证监会成立；第二次市场扩容是基于证券市场的深化改革实现的，其标志性事件如：修订后的《中华人民共和国证券法》和《中华人民共和国证券投资基金法》等法律法规的实施和司法机关对投资者保护的一系列司法解释——《内幕交易刑事案件具体应用法律若干问题》《关于审理证券市场因虚假陈述引发的民事赔偿案件的若干规定》等。总的来讲，这些国内证券市场的法律变革在很大程度上改变着中国证券市场的法律环境，进而推动着中国证券市场成功地实施了一系列重要改革，例如股权分置改革、IPO 融资启动改革等。因此，本书的理论研究将以证券市场两次快速扩容为背景，立足于对证券市场中投资者权益的保护，分别从市场中投资者的金融合约缔结的法律风险事前防范和法律风险事后救济两个维度阐述法律环境与证券市场的关系。

1.4.2 研究方法

法律经济学（Law and Economics）是本书主要采用的研究方法，它作为一门以新制度经济学为理论渊源，自 20 世纪六七十年代以来稳健发展的法学与经济学交叉学科，其精髓在于以法律作为研究对象，用经济学原理及方法分析、解释法律现象。著名法学家、法律经济学集大成者波斯纳教授，将法律经济学定义为“将经济学的理论和经验方法全面运用于法律制度分析”“使法律制度原则更清楚地显现出来”的法学和经济学交叉学科。法律如何影响经济行为、经济如何影响法律行为乃法律经济学的两大主题①。一定意义上说，法律经济学是直接探讨法律与经济两者关系的理论，而这里关注的重点是法律如何影响证券市场。

在法律经济学这一基本分析框架下，本书主要运用历史分析、比较分析、计量分析以及定性分析与定量分析相结合的方法进行研究。

1.4.3 研究结构

本书主要是基于中国证券市场20多年的发展历程，运用法律经济学和计量经济学的方法，以投资者在证券市场金融合约缔结过程中所面临风险的事前防范和事后救济为分析角度，从定量的角度试图回答：法律环境是否成为中国证券市场的可持续发展的关键因素？为什么对经济增长存在相同需求的不同地区之间，相对完善的法律环境能够带来更高水平的证券市场发展水平？具体而言，从投资者对于金融合约事前防范层面来讲，加强区域法律制度的建设进程是否有利于金融合约密集度的提升？从投资者对于金融合约事后救济层面来讲，强化行政执法与提升司法环境对于金融合约的救济和实施，到底能产生怎样的效果和作用？尤其是对于司法环境的改善，通过坚持中国司法独立性保护投资者权利能够使金融合约缔结规模产生质的飞跃吗？

本书的主要研究目标在于：通过对法律环境与中国证券市场发展之间的关系进行理论模型说明和实证分析，试图剖析两者之间的作用机制，从中总结出法律环境与中国证券市场发展的一般规律和特殊规律，在一定程度上弥补该领域研究空白的同时，为法律制度在中国证券市场中作用的有

① 现代法律经济学奠基人之一的科斯教授也指出：“（法律经济学）这门学科分为两个部分，而且这两部分已经开始日趋分离。第一部分是运用经济学去分析法律，即法律的经济学分析，大法官波斯纳为这个领域的研究做出了世人公认的最大贡献。这一部分主要包括了使用经济学的方法和概念来研究法学家的研究规则并论述法律系统的运行。目前有关这部分的研究已经有了大量的高质量的文献，这部分研究已经比较成熟。就某种意义上来说，已经不能再令人欣喜若狂了。第二部分也就是我所关心的，是法律系统的运行对经济系统运行的影响。不同的法律系统对特定的经济系统有什么不同？当采用了这种而不是其他法律规则时，对经济系统又有什么不同的影响？”（Epstein etc.，1997：1138）

效发挥以及建立有助于证券市场发展的中国法律体系提供理论依据和思路。本书的研究思路（技术路线）如图 1-3 所示。

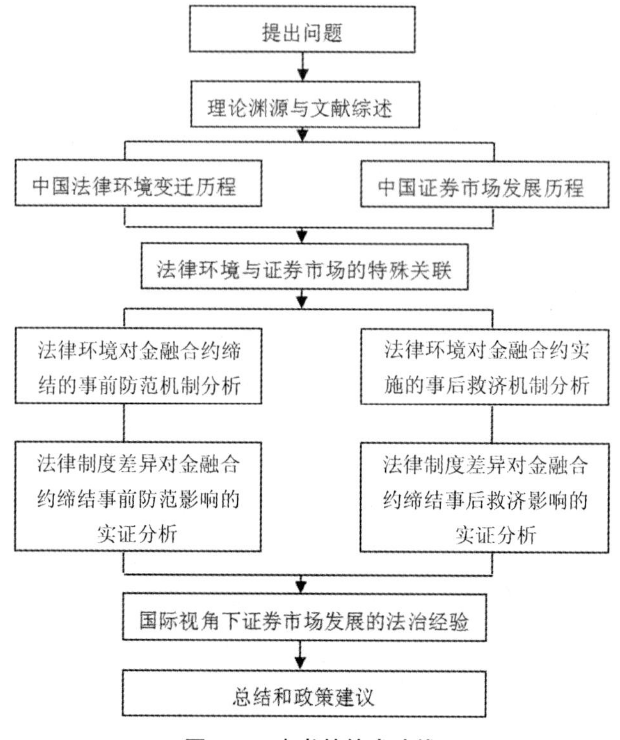

图 1-3　本书的技术路线

本书分为八个部分：

第一部分提出问题，点出选题的理论与实证意义，对所涉及的基本概念——证券市场、法律环境及其差异进行界定，同时对本书的结构安排、研究方法、可能的创新之处进行概述。

第二部分回顾了法律环境与证券市场发展领域的理论渊源，分别从宏观角度和微观角度梳理法律环境与证券市场研究的相关文献，归纳该领域的几个相关研究假设。在此基础上，对目前学者的研究成果从研究背景、研究视角、研究方法和研究机制四个方面分别进行评述，为本书后续章节的分析论述做好研究铺垫。

第三部分结合中国政治体制的特殊性，从历史发展的角度深入阐述法律环境的变迁历程和中国证券市场的发展过程，深入剖析两者之间的特殊关联性，即通过政府主导改革与剩余立法权分配、证券稽查改革与执法权统一集中、投资者权益保护与自主型司法改革、权威机构治理与法律制度不完备四个方面展开论述，我们可以从现实当中直观地感知我国法律环境对证券市场发展历程的重要性。

第四部分结合研究我国法律制度与证券市场改革实践中所体现的中国经验，以投资者在证券市场金融合约缔结过程中以不同类别的交易成本为基准所界定的金融合约缔结的事前防范外部法律风险环境和金融合约履行的事后救济外部法律风险环境为分析角度，分别通过理论模型分析法律环境对证券市场发展的事前和事后作用机制，为识别、探讨法律环境在中国证券市场中的经验分析奠定理论分析基础。

第五部分基于法律环境对中国证券市场的理论分析，运用计量经济学的方法从投资者对于金融合约事前防范层面和事后救济层面角度，分别对理论分析进行实证检验，以期论证中国的特殊经验。

第六部分是国际经验。通过分析美国、英国和日本等世界主要发达国家和中国香港地区证券市场发展的法治经验，为中国证券市场发展的法治治理提供借鉴。

第七部分是政策建议。在前面实证分析的基础上，从法律经济学的角度提出有利于中国证券市场可持续发展的一系列政策建议。

第八部分是结束语，主要提出本书的不足之处和未来的可行研究方向。

1.5 可能创新点

本书的研究重点在于在充分考虑中国转轨经济背景及特殊国情的基础上探讨法律环境差异与中国区域证券市场实践中的特点、法律环境影响中国区域证券市场的作用机制，并在理论分析的基础上构建实证模型，进行实证研究。可能的创新性主要体现在以下几点：

第一，本书的研究突破了目前大部分学者关于法律与金融发展研究集中于跨国对比而忽视单个国家内部特殊性的局限性。本书以中国法律环境与证券市场发展为研究对象，充分考虑中国的特殊国情以及证券市场改革变迁的过程，透彻地分析了法律环境对中国证券市场发展的影响机制。

第二，本书的研究丰富了以往学者的研究仅仅是从立法、执法或者司法角度探索法律对中国证券市场发展影响的研究框架。本书借助威廉姆森对交易成本的阐述，从法律经济学的角度对中国法律环境与证券市场改革实践进行深入分析，将以往研究中分散的考察立法、执法或者司法对证券市场的影响统一纳入法律环境体系中，通过金融合约在缔结和实施过程中涉及的“交易成本”的变化，更加直接地考察我国法律环境是如何影响证券市场发展的。该尝试性的探索在一定程度上弥补了国内相关领域的研究空白。

第三，本书试图深入地探讨法律环境与中国证券市场发展之间的作用机制。以往的学者的研究对于作用机制的阐述往往是考察证券市场的某个微观领域，例如IPO融资和金融产品，而没有从相对宏观的角度考察法律环境对中国证券市场的影响。本书以投资者在证券市场金融合约缔结和实施过程中所面临的外部法律风险事前防范和事后救济为分析角度，系统地考察法律环境对中国证券市场发展的作用机制，而这恰是丰富了目前该领域的研究。

第四，在深入剖析我国法律环境完善在证券市场发展中具有的特殊作用时，本书充分利用实证研究、经验论证支持法律与证券市场中的理论分析，充分结合定量研究与定性研究，提高结论与政策的科学性。其中，如何对法律环境的各个有机组成部分进行量化、如何改善计量分析方法、提高实证分析的可靠性、稳健性和有效性，乃是对法律与中国证券市场发展关系进行实证分析的难点。

2. 法律环境与证券市场发展的理论渊源与文献研究

法律环境与证券市场的关系研究主要是基于法与金融理论开展的。法律起源决定金融发展论（Law and Finance）是20世纪90年代中后期在美国兴起的理论。该理论的产生是以1998年美国四位学者La Porta、Lopez-de-Silanes、Shleifer和Vishny（以下简称LLSV）发表的《法与金融》（*Law and Finance*）为标志。法与金融发展理论文献研究的范围比较宽泛，不但涉及金融领域的信贷市场，而且关注金融市场的证券发展问题。本书主要关注法律环境与证券市场发展的关系，因此在回顾和把握法与金融发展理论的文献综述时，本书主要侧重于金融发展中与证券领域密切相关的文献研究。

法与金融理论关注的问题主要体现在法律制度在金融发展中发挥何种作用、多大作用及其如何实现法律制度对金融发展的促进作用。在全面审视这些文献研究时，首先，回顾法与金融发展的理论渊源，试图说明法律环境与证券市场发展关系研究并不是孤立的研究体系，而是法经济学在金融领域的理论延伸，为后续章节的理论分析进行铺垫；其次，本章从微观领域和宏观领域两个角度全面系统地回顾和评述了学者们对于法律环境与证券市场发展理论的具体研究文献，试图明晰法律环境与证券市场发展的研究现状，为后续章节的具体问题分析奠定基础；再次，在第二节的基础上，提出了补充法律环境与证券市场发展研究的几个主要假设，试图全面透彻地分析哪些因素能够有效影响证券市场发展，为接下来的实证分析能够全面分析法律环境是否成为影响证券市场发展的本质因素进行铺垫；最后，对目前法律环境与证券市场发展的研究现状进行了评述，指出在国际和国内学者研究中国法与金融关系中，存在着与中国特殊背景不够相容的或者有待于改进的方法，以期折射出中国法与金融发展的特殊现象。此外，该部分评述还提出了相比之前学者单一研究视角更新的角度，立足投资者保护，从法律环境差异背后投资者所面临的证券市场的法律风险防范的新视角，是有一定现实意义的。在评述研究视角的同时，本书也对之前法律环境对证券市场的影响机制进行了归类分析，为本书能够创新性地分析法律环境对中国证券市场发展的影响机制奠定研究基调和研究基础。为了更加清晰地理解本章节的研究逻辑，关于法律环境与证券市场发展的文献综述见图 2-1。

2.1 理论渊源

法律环境与证券市场发展研究是法与金融理论的重要研究部分，是法经济学在金融领域的延伸。在理论渊源上，它是在现代西方产权理论的框架下对新古典经济学理论思想的运用与发展。事实上，现代西方产权理论的形成和发展是近半个世纪的事，它不但已经在制度研究领域占据绝对主流的地位，而且该理论体系对新古典经济学的传统思维进行了重要补充，即指出资本主义的市场机制并非像传统经济学所描述的那么完美，由于存在市场参与者含混的产权界区而导致市场的实际运行存在难以消除的交易摩擦和障碍，而产权制度的引入则能够有效克服这种“外在性”，以实现对市场资源优化配置的结果。

在现代西方产权理论体系的建立和发展中，科斯是其主要奠基者和代表人物之一。科斯在 1937 年发表的《企业的性质》中开创了现代西方产权理论体系的先河，他通过研究市场和企业这两种不同经济组织形式及其二者之间的相互替代性首次提出了“交易成本”的概念，并且强调“利用价格机制是有成本的”，即交易成本在众多市场交易中起到决定性的作用。然而科斯的观点在当时并没有得到学界的重视，直到 1960 年之后，在威廉姆森和德姆塞茨等学者的推动下，现代西方产权理论的体系才开始快速发展和逐步完善。系统地讲，从交易费用这一基本概念出发，现代西方产权理论体系在不同时期发展或者丰富了企业产权理论、交易成本理论、制度变迁理论和合约理论这四个重要分支理论。由于这些理论对于本书关于法律环境与证券市场发展之间的作用机制研究具有重要的引导作用，所以我们将对这几个理论进行简单梳理。

2.1.1 产权理论

在 1937 年科斯创立“交易成本”概念的基础上，科斯在 1960 年《社会成本问题》中提出了著名的“科斯定理”，即如果市场机制的运行不存在交易费用，那么无论初始产权如何界定，任何资源都可以通过市场机制达到最优化配置；反之，如果市场机制的运行存在交易成本，那么不同的产权界定将会导致不同的资源配置效率。可以看出，科斯交易成本范畴与社会资源配置的关联有效性将交易成本进一步拓展为社会成本范畴，而社会成本范畴的核心恰恰在于产权界定含混所引致的市场机制失灵所带来的交易成本上升（Coase，1960）。准确地讲，在现实社会中，明晰产权关系和自愿交易是资源配置有效性的必要条件。

在现实社会中，产权界定明晰和零交易成本的情况几乎是不可能的。这就要求我们从产权结构上选择不同的制度安排方式以对比不同制度所对应的社会成本。事实上，科斯提出了三种配置资源的制度安排。一是企业制度，它的设计主要是在明晰界定个人产权的基础上，将个人产权集合于企业产权，并以企业组织形式统领资源要素进入市场，而且在企业制度实施的过程中，企业的管理成本通常会低于市场交易成本；二是市场制度，它的设计主要是在明晰界定企业之间产权的情况下，通过市场价格机制实现资源要素的优化配置，而且在市场制度实施的过程中，企业付出的解决内部交易利益冲突引致的管理成本一般会高于市场付出的解决相同交易利益冲突带来的交易成本；三是政府管制，即在资源交易机制不能够解决矛盾的情况下，政府通过制定相关规则来实现资源配置的有效运营。然而在很多现实情况下，通过政府管制解决交易冲突的成本往往都高于前两种制度设计消除该冲突的成本。显然，科斯定义所强调的是，我们不论采用何种制度形式（市场制度、企业制度和政府管制），产权的清晰程度是实现社会资源优化配置的核心问题。同时，无论运用哪种机制，其成本高低和相应资源配置有效性的高低均取决于产权制度。

在科斯创立产权制度的基础上，威廉姆森、阿尔泰、德姆塞茨等对产权理论进行了扩展研究和丰富补充。这些学者的主要理论观点可以概括为以下几点：首先，资源配置的外部效应是基于社会交往关系所产生的权利无法严格界定而产生的；其次，产权制度是市场经济运行的根基，产权制度决定产权市场的效率；最后，市场资源配置背后的本质不是商品要素的买卖，而是权利的交易。显然，本书所研究的法律环境与证券市场发展关系的初衷正是基于产权理论的思想出发，研究差异化的产权制度环境对证券市场资源配置效率的影响。

2.1.2 交易成本理论

自20世纪70年代以后，在科斯创立的产权理论的基础上，围绕交易成本概念的补充和修订，以威廉姆森为代表的交易成本理论逐步发展起来。他们认为市场运行与资源配置的高低关键取决于两个重要因素，即交易的自由度和交易成本的高度。显然，交易的自由度越大，市场运行的范围也会越大，同时将会有更多资源要素参与配置。对于交易成本的论述，威廉姆森在 1985 年的《资本主义经济制度》一书中对交易成本进行了明确规定，即交易成本包括“金融合约缔结过程中由于交易双方当事人对外来产权产生的不确定性预期而需要明确的参与人的权利和义务的成本集合（例如合约的起草和谈判成本等）和金融合约缔结后为确保契约关系正常实施或保护双方当事人所有者权益而付出的费用”。事实上，我们可以想象相同的交易过程发生在不同法律制度框架中所涉及的交易成本必然是不同的，在某种条件下交易成本的高昂可以完全阻碍市场交易的实现。

与威廉姆森的观点相一致，斯蒂格勒、张五常等学者对科斯定理的解释也丰富了交易成本理论。他们都认为科斯定理的核心是交易成本，而且指出产权界区的明确、法律规章的制定和实施、体制的不断完善与政策的出台推行等等，都是以降低交易成本为基本目标，最终实现市场资源要素的优化配置，即将法律制度安排与资源配置效率两者有机结合在一起。本书的作用机制也是借助交易成本理论的引导，通过投资者在证券市场中所面临的不同外部法律风险涵盖的不同交易成本，将其机制实施分为事前防范机制和事后救济机制。

2.1.3 制度变迁理论

在科斯等创立的产权理论的基础上，诺斯在《西方世界的兴起》和《经济史中的结构与变迁》中研究了产权理论与制度变迁两者之间的关系，并将产权理论与制度变迁相结合形成了制度变迁理论。他的研究重点集中于经济结构和制度是如何影响经济增长和经济制度的发展变迁的。

制度变迁理论主要阐明了制度的内涵及其功能。该理论将制度分为两类，一类是正式制度，包括由权力机构制定和实施的法律、法规和政策等的集合；另一类是非正式制度，包括由习惯、习俗和伦理道德规范等构成的集合。借助于科斯的产权理论，制度变迁的功能在于规范人们的行为以避免冲突摩擦和形成科学合理的理性预期，以减少交易费用。概括地讲，制度变迁理论的核心理念是“制度决定论”，也就是说高效率的制度设计和安排才是实现经济快速增长的关键因素。他认为在现有技术、信息成本和未来不确定因素的各种约束下，能够以最小成本来解决问题的产权形式是最有效率的。同样，在制度和技术的关联上，诺斯认为制度的逐步成熟

(例如专利制度保护技术创新）能够促进技术的创新和发展，进而带动经济的快速发展。因此，在各种因素中，诺斯的制度变迁理论始终强调产权制度的基础性功能，并将该核心要素纳入意识形态、人口理论和国家理论框架中，构建了一整套以产权制度为核心变量的理论模型。

值得关注的是，制度变迁理论详细阐述了制度变迁的动因和规律。事实上，诺斯认为制度变迁的动因主要来源于新制度给人们带来的额外收益。具体来讲，如果社会处于一个制度均衡的状态，那么这说明在既定的条件下，目前的制度安排已经释放了各种资源要素所产生的潜在增量收益，或者现有的制度微调已经无法给经济中的个人或者企业带来任何增量收益，而且能够产生潜在增量收益的制度变迁成本超出其带来的盈余。针对这种均衡状态，什么因素能够改变现有的状况呢？诺斯指出，除了政治环境的突变可能直接重构现有的制度环境外，低成本的制度创新可能成为突破口，而且制度创新能够带来更高的增量收益。显然，从诺斯的阐述中，我们可以确定低成本的制度创新所能带来的高收益是制度变迁的本质动因。此外，制度变迁的过程不一定导致利益冲突，而可能是一种帕累托改进。结合制度变迁理论的精髓，使得中国证券市场受益于法律环境的改善也是不言而喻的。

2.1.4 合约理论

合约理论是基于社会、法律和交易三者的不断融合而逐步产生的。早期合约理论的产生主要是通过康芒斯将交易的思想引入经济活动分析。尽管这些观点与经济学的现代合约理论存在一定的差异性，但是早期的合约理论已经体现了现代合约理论的重要层面，即合约设计和合约的法律环境。

在早期合约理论的铺垫下，现代合约理论是以法律经济学的企业问题研究为切入点展开的。科斯在 1937 年《企业的性质》中将企业视为“合约的集合”，将交易成本纳入企业合约性质的分析，并且引申出分散化交易中组织的存在性。在科斯理论观点的基础上，合约理论重点强调了真实世界的信息不完全和合约参与人的有限理性。具体而言，首先，信息的不完全主要体现在外在环境的不确定所体现出的事后信息不对称[①]，即合约

① “事前和事后”的概念最初是由奈特 1921 年提出的，他认为事前和事后的关键区别在于前者可以预见，而后者不可预见，并且只有不可预测的行为才能带来利润。参见约翰·伊特维尔等：《新帕尔格雷夫词典》，事前和事后词条，Ex Ante and Ex Post，经济科学出版社 1992 年版，第 126 页。

参与人在合约实施的过程中可能存在"偷懒"等道德风险行为（哈耶克，1936）；其次，有限理性主要体现在支配着人类行为的理性是有"边界的"（西蒙，1989）。

结合合约理论的重要层面，在信息不完全和合约参与人有限理性的条件下，威廉姆森（Williamson）、克莱因（Klein）等对合约理论进行了扩展研究，将合约理论分为合约事前缔结的激励约束理论和事后实施的有效治理理论。即前者是从合约是完全的出发的，合约参与人将所有的激励约束性条款集中订立；而后者是从合约是不完全的出发的，强调由于合约的"资产专用性"所引致的机会主义行为导致的交易效率损失，进而重点突出如何进行第三方机构治理是关键。

2.1.5 小　结

从现代西方产权交易理论的分析中，我们基于交易成本的概念可以得出以下几点基本结论：首先，产权界定清晰是决定市场交易及资源配置有效性的先决条件；其次，产权制度中的权利与风险责任是保证外在监督有效的必要条件；最后，资本要素及相关产权相互界定越是严格，市场机制越是有效。本书分析法律环境差异对中国证券市场的影响正是基于现代西方产权理论分析的框架下，按照法律环境的差异带来交易成本的变化，进而引致产权安排的异质，最终形成不同的金融资源配置效率的逻辑思路进行。

2.2 文献研究

在现代西方产权理论发展的基础上，产权制度的重要性极大地拓展了新古典经济学的研究领域，众多经济学者采用"制度是重要的"视角重新审视新古典经济学中与市场行为和政府行为相关的一系列基本问题。在金融发展领域，以拉波塔（La Porta），罗伯特·维什尼（Robert W. Vishny），洛佩兹·西拉内斯（Lopez-de-Silanes），安德烈·施莱弗（Andrei Shleifer）为代表的学者创立了"法与金融发展"理论。在该理论的引领下，法律环境与证券市场的研究在学术界可谓如火如荼。事实上，它是应用金融经济学和计量经济学方法分析、探究法律、证券市场发展的关系、法律和法律制度对国家证券市场体系的构建、市场体系配置资源的效率、公司金融和金融发展以及经济增长的影响，是法律经济学在金融学领域的微观运用和发展。

为了更加清晰地梳理和评述法律环境与证券市场发展关系的研究成果，本章节主要沿着法律金融理论呈现出的两大研究领域进行文献研究。在法与证券市场的微观领域，学者主要关注法律与公司治理、公司所有权集中程度、公司价值和成长规模、公司金融资源配置、公司股息支付。另外，基于本书主要关注证券法对证券市场的影响，而证券法的重点之一是信息披露，所以在法与金融发展的微观领域，本章节专门梳理了法律与企业信息披露的文献研究。在法与证券市场的宏观领域，学者主要是从整体上研究法律和金融的关系，即法律起源和法律移植与金融发展、法律环境与金融发展。对于目前的研究成果主要建立在国际对比的层面和发达国家的具体研究上，而发展中国家的研究成果尚显薄弱，尤其是中国学者在中国特殊的政治体制背景下对该领域的研究虽然很有热情，但进展较为缓慢。尽管如此，笔者从国内外目前的研究成果中也系统地梳理了该领域的文献综述（见图 2-1）。

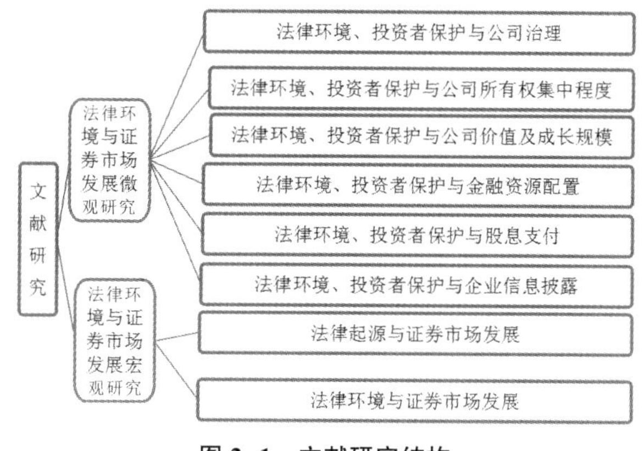

图 2-1 文献研究结构

值得说明的是，本章节之所以沿着法律金融理论呈现出的两大研究领域（法与证券市场的微观领域、法与证券市场的宏观领域）进行研究，是因为在本书后续论证法律环境差异对证券市场发展的定量分析中，不仅会涉及法与证券市场的宏观研究，而且还会运用到法与证券市场微观研究的思路和多种量化方法（例如上市公司盈余管理度量、樊斌和王小鲁的法律环境指数等）。另外，无论是宏观领域的法律与金融研究，还是微观领域的法律环境与投资者保护研究，两个领域的很多研究结果并不是孤立的，而是相辅相成、互相印证的。基于对法律金融理论呈现出的两大研究领域的回顾，本章通过评述研究背景、研究视角、研究方法、研究机制四个维度，不但汲取了目前学者对于该领域研究的科学方法，而且指出了存在的缺陷和不足，以借助本书的论证来丰富和发展现有的研究成果。

2.2.1 法律环境与证券市场发展的微观研究

法律环境与证券市场发展的微观研究是法与金融发展的微观领域的重要组成部分。对于该领域的研究，学者主要是从法律制度对金融市场的投资者保护的角度进行研究的。由于本书的研究对象依旧属于金融市场，所以法律环境与证券市场发展的微观研究主要是沿着法与金融理论发展的研究思路进行，而且文献研究的梳理将会侧重于证券市场研究，即本章节主要通过关注法律环境、投资者保护与公司治理、公司所有权集中程度、公司价值和成长规模、公司金融资源配置、公司股息支付、公司信息披露6个维度开展法律环境与证券市场发展微观研究的梳理和评述。

2.2.1.1 法律环境、投资者保护与公司治理

证券市场的发展离不开公司治理，而学者对公司治理的研究始于对企业中的委托代理问题的探讨，即内部人利用公司的利润使自己受益，而不是对外部投资者的信任进行回报（Jensen and Meckling，1976）。具体地讲，当外部投资者进行风险投资时，他将面临公司内部经理人或者控股股东可能通过资产剥离、股权稀释、转移定价等一系列风险侵害行为。事实上，在很多国家这些行为并不违法，但是它们却给投资者造成了很大的损失，而且该行为的普遍存在可能会严重打击潜在外部投资者的投资积极性，影响证券市场的发展。

面对这个棘手问题，LLSV认为之前学者在研究公司治理问题时，一味地强调金融工具给持有者带来的权利（Hart，1995），而忽略了权利背后的界定和实施的法律基础，也就是说该研究视角有必要转换到通过法律制度对投资者的权利进行保障（LLSV，1997）。随后，LLSV以成熟的法律环境能够有效保护投资者权利的角度着手，研究公司治理及其一系列相关的改革问题，明确指出随着资本市场的发展，通过借鉴和采取更为成熟健全的法律体制或者试图改变一个国家原有的法律结构方式提升投资者法律保护程度和水平来解决公司治理改革问题，就显得更加容易和有效了（LLSV，2000）。然而LLSV的研究是在借鉴前人研究基础之上进行的理论分析，因此在一定程度上缺乏实证结果的支持。

沿着LLSV的研究思路，Leora F. Klapper和Inessa Love（2004）通过14个新兴市场企业层面公司治理的数据进行了实证分析。显然，在这些

样本中，国家层面的法律环境成熟度水平不同，公司层面的治理效率也存在很大差异。在实证分析中，样本国家的投资者保护水平与公司治理机制的供给必要性呈现负相关的关系，公司治理机制的提升尽管可以在很大程度上改善中小投资者的所有者权益保护水平，但是该机制的存在仍然不能完全取代成熟的法律作用。

国内学者对于法律环境、投资者保护与公司治理的研究，主要是利用证券市场中不同法律环境下公司治理因素对中小投资者保护的影响。例如，魏安莉（2005）提出，通过注重公司内部治理和外部治理要素构建中小投资者利益保护的理论框架。相比国外的研究，由于存在法律环境指标量化的困难，国内学者的研究一般只是定性地进行理论分析，缺乏相应的经验分析。

2.2.1.2 法律环境、投资者保护与公司所有权集中程度

公司股权集中度是证券市场中学者研究的焦点之一。事实上，对股权集中度的研究主要始于世界范围内很多企业所有权的巨大差异性。当时很多学者争论该现象背后的原因到底是“银行主导型”还是“市场主导型”，而 LLSV 指出用法律起源来解释该现象将更为有效。沿着法与金融理论的思路，学者对于证券市场中公司所有权集中程度的研究，主要是基于法律环境所提供的投资者保护与所有权集中度的关系。该领域的研究主要是通过实证研究进行阐述的。

LLSV（1998）重点考察了投资者法律保护程度与公司所有权集中度的关系。他们对每个样本国家前 10 家最大的公开交易的非金融性私有公司进行数据分析，分析表明不同的法律环境所具有的所有权集中度不同，即法国大陆法系国家的所有权集中度最高，德国大陆法系和斯堪的纳维亚法系国家所有权集中度最低，普通法系国家居中。该分析结果结合 LLSV 的相关研究可以解释为大陆法国家的企业所有权高集中度是对投资者保护薄弱的替代机制，而且这些企业的外部融资约束会更加紧缩，进而带来市场流动性弱等问题。事实上，在 LLSV 的研究之前，一些学者的研究也印证了相关结论。学者们发现在德国（Gortno and Shcmid，1996）、意大利（Bacra，1995）的很多大型公司都有很大程度的股权集中现象，而且他们还论证了大股东在公司治理中所起到的积极作用。LLSV（1999）进一步指出，在法律环境成熟的国家，只有在控股比例起点高的时候，公司的股权分散和家族控制的比例相接近，如果将控制比例起点降低或者在投资者保护水平比较差的国家，公司的股权集中形式主要为家族控制形式。对于股权集中度与投资者保护程度的关系，其他学者也进行了更加细致微观的

研究。该研究主要是将股权集中度分类为外部所有权集中度和内部所有权集中度，然后分别探讨他们和投资者保护的关系及相互作用的结果。例如，Stepanov（2003）通过对比弱法律环境保护体制下股东利益同盟权衡监督成本与私人侵占利益带来的损失两者的大小，研究了法律环境与外部所有权集中度的关系。Burkart 等（2003）指出，内部所有权的集中与否主要取决于法律环境保护体制的强弱，即弱的法律环境保护体制往往产生内部所有权集中，而强的法律环境保护则容易使得所有权和经营权分离。针对 Stepanov 和 Burkart 的研究，Mike Burkart 和 Fausto Panunzi（2006）进一步指出公司管理层对于股东的掏空行为以及公司股东对管理层的监督管理均受到法律环境保护的影响。具体而言，法律环境保护与股东监督互相补充时，成熟的法律将有效约束管理层（Monitoring Incentives），股权集中和法律环境保护负相关；反之亦然。

国内学者关注法律环境、投资者保护与公司所有权集中程度的关系研究主要是在中国股权分置改革之后，而且该研究成果是基于经验分析获取的。部分学者认为投资者保护程度同股权集中度呈"倒 U"型关系（石泓、刘金霞，2013），部分学者认为两者关系仅限于正相关或者负相关关系（侯宇、王玉涛，2010），这些实证分析的结果相互之间并不矛盾，因为法律对投资者的保护和股权集中度之间的关系，主要取决于法律保护与监督动机之间是替代关系起作用还是补充关系起作用（LLSV，1998）。然而，在股权集中度和投资者保护的问题上，国外和国内研究都面临着内生性问题。

2.2.1.3 法律环境、投资者保护与公司价值和成长规模

公司价值和成长规模与证券市场发展有着密不可分的联系。学者发现不同法系国家的证券市场中所拥有的公司平均价值及其规模具有较大的差异性。很多学者开始考虑投资者保护与公司价值和成长规模之间的关系。

在法律环境、投资者保护与公司价值的关系研究中，LLSV（2002）通过 27 个富裕国家 539 家大型企业的数据分析了小股东的法律环境保护和控股股东的现金流控制权对公司价值的影响，发现具有良好投资者保护的法律环境能够很好地抑制控股股东对小股东的侵吞行为，对公司价值具有积极的效应。然而在 LLSV 的研究中，这些大型企业没有包含金融类企业，Caprio、Gerard 和 Levine（2003）弥补了这一研究空白，他们选取了来自 44 个国家的前 10 大上市银行，研究了银行价值（Tobin Q）与控制权、股东保护法律和政府监管政策的关系，发现控股股东的现金流控制权越大，越有利于提升公司价值，即良好的投资者法律保护会增加银行

价值。

除了关于发达国家投资者保护与公司价值关系的研究，很多学者也对比了发达国家和发展中国家该领域的企业数据。他们分析了每个国家中超过预期增长率的企业占所有企业的比例与对应国家的法律环境体系特征的关系，结果表明良好的法律环境体系对推动公司价值增长是至关重要的（Demirgog-Kunt and Maksimovic，1998）。此外，Claessens（2002）研究了东亚地区（菲律宾、泰国、中国香港地区、中国台湾地区、韩国、日本、新加坡、印度尼西亚、马来西亚）的状况。他们采用了LLSV（1998）中股东权利的指标度量投资者保护水平，结果同样是支持强的投资者法律环境保护有利于提高公司价值的观点。

在投资者保护与公司规模的关系研究中，Brockman和Chung（2003）基于中国的H股、红筹股和香港的蓝筹股指标数据分析了来源于差异化法律环境下的公司由于受到来源地法律环境成熟度不同而产生的不同的流动性。显然，处于法律环境较成熟的香港上市公司具有优良的投资者保护，而处于弱法律环境保护的中国内地上市公司则存在保护力度不足的问题。进一步分析，公司的流动性与公司所在地的投资者保护水平呈现显著正相关。事实上，该研究的意义在于给出了一个问题：在法律制度层面或者法律执行层面，弱的投资者保护实际上是否会受到流动性差所引致的成本损失（LLSV，1998）。此外，Beck、Demirgog-Kunt和Maksimovic（2002）通过研究发现，一国企业获取国外融资的规模与该国家债权人权利保护和法律执行效率呈现负相关关系。该研究结果说明，在弱债权人权利保护的国家中，企业的规模化程度可以实现资本投资保护内部化。而且他们在后续研究中也发现，企业规模成为不同的市场、法律和腐败问题制约企业增长程度的关键因素（Beck，Demirgog-Kunt and Maksimovic，2003）。具体而言，对于规模较小的企业，市场、法律和腐败问题均会制约企业的增长，尤其是对于这三类问题比较严重的国家。因此，提升金融与法律环境和出台降低腐败程度的举措对于发展中小型企业的国家来讲显得更加必要。

国内学者对于法律环境、投资者保护与公司价值及成长规模研究较为丰富，而且研究结论基本都是认可投资者保护与公司价值的正相关关系。关于研究的思路，学者基本上采用构建投资者权益保护法律指数的方法来进行。例如，姜付秀（2008）在调查问卷的基础上设计了我国上市公司投资者利益保护指数；王鹏（2008）则从法律条款和法律执法力度两方面构建了衡量地区投资者保护水平的综合法律指数；樊纲（2007）构建了衡量投资者保护的地区法制化指数。我们可以看出这些指标的刻画进一步丰富了投资者保护与公司价值的关系研究。然而在衡量法律环境差异方面，樊纲的指数显然存在区域差异，而且樊纲的指数的动态评价只是反映了 2000 年、2001 年、2004 年、2007 年这几个年份，缺乏一定的连续性。

2.2.1.4 法律环境、投资者保护与公司金融资源配置

法律环境对证券市场中金融资源的配置主要通过两个层面开展，即法律环境体系对投资者权利的保护不仅影响上市公司外部融资渠道和成本，而且还会影响金融资源在证券市场的配置效率情况。

首先，LLSV 的其中一位成员 Andrei Shleifer 研究了在对公司股东处于外部法律保护程度不完善的情况下，企业上市融资所呈现的市场均衡模型。该分析说明了法律环境保护的水平决定了企业家对项目规模的决策和融资量。基于该学者的研究，Beck（2003）通过经验分析研究了企业的融资能力与所在国家法律渊源的关系。研究表明，由于法国民法系起源的国家存在法律判定的单一性和司法独立的薄弱性，而普通法系国家的法律环境能够灵活满足商业活动的需要，所以后者的企业更容易获得外部融资。此外，Claessens 和 Laeven（2003）进一步研究了投资者保护法律如何影响公司融资类型的问题。

其次，法律对外部投资者的保护，影响证券化资本在证券市场的配置效率情况。行业发展和金融要素分配效率明显受制于法律对投资者的保护程度，尤其是高度依赖外部融资的行业（Rajan and Zingales，1998）。Beck 和 Levine（2002）基于 Rajan 和 Zingales 的研究深入发现，金融发展和法律环境是影响不同国家行业增长和金融要素分配效率差异的主要因素。具体而言，高度依赖外部融资的行业更易于金融发展水平高的国家，而高度依赖内部融资的行业更易于法律环境水平成熟的国家，尤其是以中小型投资者占主流的成长性企业。

国内学者对于法律环境、投资者保护与金融资源配置的研究主要是从上市公司权益资本成本的角度展开的。例如，沈艺峰（2005）指出，针对我国证券市场的发展历程，伴随着中小投资者法律保护措施的加强，我国上市公司权益资本的成本呈现出一个逐步递减的过程。但是也有学者提出了质疑，认为中小投资者保护立法的作用有限，只是在某些特定阶段对权益资本成本产生影响，更重要的则是法的实施（肖珉，2008）。上述关于金融资源配置和投资者法律保护的研究，基本上都是基于国家或者地区层面的法律保护，忽视了微观企业中不同程度的投资者保护在资源配置中的作用。因此，根据不同程度的外部投资者权益保护探讨企业资源配置效率问题，将有益于全面认知法律在证券市场资源配置中的作用。

2.2.1.5 法律环境、投资者保护与公司股息支付

股息支付是证券市场中投资者获得证券化资产回报的重要渠道，也自然成为大股东侵占小股东利益的主要手段（Lee and Xiao，2002；Chen Donghua et al.，2009）。国外学者 Ferris 等对此的研究通常是基于 LLSV（2000）的投资者保护与股利政策的关系研究，即具有较好的投资者保护的普通法系国家比大陆法系国家有更高的股利支付率，而且在普通法系国家中，增速较快的企业往往比增速较慢的企业支付较低的、相差较大的股利。

借鉴 LLSV 的研究思路，国内学者对中国上市公司的股息支付现象进行了深入研究。很多学者认为在法治水平较差的地区，通过股息支付手段进行利益输送的现象越常见，投资者权益受损越严重（于静，2012）。此外，学者也对目前转型的发展中国家存在的强制性股息政策进行分析，指出以中国为代表的发展中国家的强制派发股息是对投资者权益在证券市场机制不完善、价格发现不能对公司行为形成积极激励的情况下所进行的保护（孙莉、王新蕾，2012）。

2.2.1.6 法律环境、投资者保护与公司信息披露

上市公司信息披露对证券市场投资者是至关重要的，一个国家弱的法律环境不能支持外部投资者对于企业信息披露的所有权，那么企业的信息很难在股票市场的价格体系中反映出来，投资者就无法对资产权益进行分配和处理。例如，国外学者 Bris（2000）研究了收购活动中利用内幕信息可以掠取总收益的较大比例。此外，Johnson（2000）指出，在国内外投资者的所有者权益不能获取有效保护的情况下，脆弱的金融市场一旦受到外来冲击就会遭遇投资者的抛弃。因此，在很大程度上，法律对市场投资者的弱保护是导致亚洲金融危机的重要原因。

事实上，在金融危机之后，法与金融理论的创始人 LLSV 建立了一个规范证券发行的法律法规数据库，强制信息披露是其中重点关注之一，通过经验研究该数据库的各项指标与证券市场发展若干指标之间的关系，证明证券法中要求的信息披露制度对证券市场的良好发展具有重要的作用。

国内学者对于上市公司信息披露和投资者保护的研究主要是在 1999 年的《证券法》颁布之后。在研究结果上，国内学者也非常认可证券市场中重大消息披露对于投资者保护的价值（何基报、何佳，2001），而且指出我国普遍存在重大事件信息提前泄露的现象（张宗新、朱伟骅，

2007）。然而，国内绝大多数研究都是着眼于实证分析，许多指标的内生性问题并没有予以考虑，所以研究结果的可靠性有待商榷。

2.2.2 法律环境与证券市场发展的宏观研究

法律环境与证券市场发展的宏观研究是法与金融发展的宏观领域的重要组成部分。在解释证券市场发展的国别差异时，LLSV（1998）的研究主要是通过创新性地引入量化法律指标，直观地揭示了法律环境和证券市场体系之间的量化关系，衍生出法律起源、法律环境和证券市场发展的关系研究领域。在法律环境与证券市场的宏观研究中，学者们主要是基于法与金融理论的理论观点和研究思路开展的，即不同的法律起源和不同的法律环境造就了国家间不同的证券市场体系。

2.2.2.1 法律起源与证券市场发展

在研究法律起源与金融发展之间的关系时，LLSV 将 49 个样本国家分类为四个法系：普通法系、法国民法系、德国民法系及斯堪的纳维亚国家（主要是北欧国家）民法系，然后引入了一系列量化的并且能够反映保护外部投资者和债权人权利程度的法律指标，例如衡量股权人权利保护程度的指标包括 LLSV 在 1998 年文章中采用的“一股一票制、通信投票权、无障碍出售权、累计投票权或比例投票权、受压少数股东机制、召开特别股东大会、优先认购权、强制分红权，衡量债权人权利保护的指标包括资产自动保全、担保财产撤出权、管理层的单方面寻求保护权、清算时强制解雇管理层及法定准备金”，依据学者的经验分析，在四大法系中，法国法系国家的分值是最低的，普通法系国家的得分高于大陆法系国家。这也说明了各个国家不同的法律渊源营造了差异化的法律环境，进而形成了不同发达程度的金融发展水平。此外，四大法系中所体现的法律标准不同也带来了法律执行方面的差异，即斯堪的纳维亚法系在法律实施和会计标准方面最好，德国法系和普通法系国家（地区）居中，法国法系最差。

基于 LLSV 的研究结论，该领域的学者进行了更加深入的研究。例如，Beck、Kunt 和 Levine（2003）借助于工具变量的方法，探索了法律起源是如何影响证券市场发展的，即政治机制（the Political Channel）和适应性机制（the Adaptability Channel）。具体而言，前者主要侧重法律传统的差异给予投资者和国家权力内容不同的权利保护，进而反映到产权市场的发展；后者主要侧重法律传统对外界不断变化的商业环境的适应能力。显然，相比僵硬固化的法律传统，能够快速适应并弥补市场经济变化引致的法律缺口的法律传统将会更加有效地促进金融市场的发展。与此同时，中国学者在法律起源对证券市场发展作用机制的研究中，也指出不同的法律渊源中法律的约束作用存在差异，一方面是法律对政府行为约束的力量，例如，政府对经济资源的滥用和对证券市场的干涉；另一方面是法律约束经济主体的行为，包括产权的界定和保护等方面（钱颖一，2000）。显然，法律渊源和证券市场发展的关系研究主要是针对不同法系的国家或者类似欧美的洲际之间存在巨大法律差异的地区而言的。对于中国的实际研究，我们仅仅能够借鉴研究的方法和技巧，制定中国特色的经验道路，但并不能直接复制他们的改革举措。

2.2.2.2 法律环境与证券市场发展

法律环境与证券市场发展的研究主要从法律体制和法律法规的制定以及这些法律制度的执行情况对证券市场发展影响的角度开展的。国外学者在该领域的研究主要从立法层面和执法层面展开。在立法层面上，国外学者 LLSV（1998）采用了“国内上市公司/每百万人口、IPO 公司/每百万单位人口、全市场股本/GNP”等衡量指标分析了 49 个国家和地区资本市场的发展与对投资者权利保护程度的法律之间的关系，分析得出了法律制度提供的投资者保护能够深刻地影响金融市场效率的结论。此外，Wurgler（2000）的研究进一步指出，成熟的法律制度提供了更高水平的投资者保护，这不仅有利于证券市场的健康可持续发展，而且还能使证券市场中的资本要素得到更有效率的合理配置；在执法层面上，学者认为执法效率可能比立法本身更加重要，有效的执法能够抵消立法缺陷造成的一些负面效果，尤其是在法制环境不甚完善的国家更是如此（LLSV，2000；Pistor，2000）。

中国法律环境与证券市场发展关系的文献研究在很多国家本土化研究的基础上取得了一定的成果。在立法环境与证券市场之间，许年行、杨熠（2004）指出，中国法律制度的制定是一个历史实践过程，并且有着由弱到强的普遍特点，在这个实践过程中，随着法律制度的立法实施，我国法律制度的建设对证券市场成长和发展的作用逐步显现。回顾历史，我们发现从近代资本主义在中国清代末期发展到现在，中国工业化背景下的法规和公司对投资者权利保护的章程等纸面立法数量不断增多，由此所带来的投资者保护程度和金融发展的变化趋势明显由弱变强（张俊生，2005）。同样，针对中国目前股票市场长期低迷的局势，学者曾亚敏（2005）从股票市场的有效性上验证了法律制度的积极作用，并指出随着我国法律制度的不断出台和落地，中国的股票市场也将逐渐呈现出更为有效的状态，因此建议中国政府除了促进证券市场自身发展与技术革新外，还应积极推动证券市场制度建设。

相比立法，执法效率涉及法律制度在保护证券市场良性发展中能否有效地贯彻和实施，如果一国执法效率低下，那么静态的法律制度则会成为“花架子”。中国证监会一直是我国证券市场的主要行政执法部门，它的执法效率对于证券市场的可持续发展的影响是不言而喻的。Chen 通过研究中国上市公司遭遇处罚公告前后显著为负的市场反应指出处罚是有效的，中国证监会绝非“纸老虎”（Chen，2005）。同时还有学者研究执法机构对证券市场上市公司的财务报表披露的影响。例如，耿建新（2002）考察了公司因操纵会计质量信息而受到监管部门处罚前后的净利润现金流差异，得出了监管部门的处罚减少了违规公司的业绩水分的结论，提升了法律环境中信息披露的真实性，从而保护了投资者的利益，有利于证券市场的长期发展。然而，我国学者也指出，由于我国证券市场发展时间短，监管执法经验不足，导致我国证券监管效率低于国际平均水平，惩戒实效较弱，投资者保护水平较差，这无不说明证券监管执法体系有待完善（张宗新，2007）。

相比西方国家，司法独立在我国目前的法治建设上还十分欠缺，因此在中国研究司法独立和金融发展之间关系的成果相比立法层面和执法层面少之又少。回顾中国的司法历程，学者关注过 2002 年 1 月最高人民法院颁布的《关于受理证券市场因虚假陈述引发的民事侵权纠纷案件有关问题的通知》，通过采用事件法研究那些存在虚假陈述或有虚假陈述嫌疑的上市公司样本，得出我国司法独立性对投资者保护和证券市场的发展具有积极的影响的结论，但是地方政府对当地法院的影响降低了这些投资者保护法律得到实施的可能性（陈信元，2009）。此外，卢峰和姚洋（2004）通过选取各地法院每年经济案件的结案率作为法制建设的指标，研究了金融压抑下的法治环境和金融发展两者之间的特殊关联。然而，由于他们在选取该指标的时候存在一定的片面性和主观性，所以导致研究样本存在重大缺陷。

通过回顾立法、执法和司法与证券市场发展的文献研究，我们不难看出法律环境对证券市场发展的影响研究在中国还局限于国家层面或者个别地区层面，而学者对于国内各个省份地区之间的法律环境对区域证券市场的发展影响研究相对比较缺乏，有待于进一步丰富和完善。

2.2.3 法律环境与证券市场发展的相关研究假设

如前所述，在研究法律环境与证券市场发展的过程中，部分学者发现，有些国家的证券市场发展中存在着一些并不能被法律制度所完美解释的现象，并提出了一些其他的理论假说，主要观点归纳为利益集团假设、社会规范假设、资源禀赋假设、法律不完备和贸易需求假设。

2.2.3.1 利益集团假设

利益集团假设最早是由 Olson（1965）和 Stigler（1971）提出的。该假设的基本观点是在民主社会的政治决策中，小而集中的利益集团将会发挥相当重要的作用。例如，在现实世界中，政府颁布了一项对普通大众有益的政治决策，而该决策通常会伤害到小部分人的公平和利益，该小团体将会团结在一起对决策的实施提出反对意见。与此同时，受益于该政策决策的大众由于分散，再加上大众全体搭便车的现象，最终导致利益受损且集中的小团体相比受益的分散大众具有更强的话语权。

Olson 和 Stigler 的基本观点在很多领域的发展中可以得到验证，尤其是证券市场发展领域。具体来说就是一个国家的政治制度能够左右本国的证券市场发展。显然，随着国家证券市场的发展，金融资源的竞争势必会日趋激烈，原有的金融经济秩序和金融利益格局会被打破，这会引起既得利益者的强烈反对。尽管社会发展的规律会促使证券市场的改革步伐加快，但是在短期内，无法做到让所有人都在金融发展改革领域达成政治共识。纵使达成一致的政治理念，改革的进程也可能由于反市场的利益集团拥有强大的力量或者由于金融危机和社会危机等特殊时代因素而被搁浅甚至停滞。

随着利益集团理论在影响金融发展研究领域的认可，学者开始关注该理论在金融发展宏观与微观方面的研究。在宏观研究方面，利益集团理论强调如果一个利益集团开始执掌国家政权，那么它势必会形成为该集团自身利益服务的政策和制度（North，1990）。具体讲，在一国金融发展过程中，如果利益集团觉得自由和竞争的市场有益于自身发展，那么它会通过各种有效手段对国家施加压力以创建法律和制度来刺激金融发展；如果利益集团（或贵族政党）受到来自于竞争性市场的威胁，它则会通过各种方式有效地限制私人交易，从而限制市场自由运行的压力（Rajan and Zingales，2000）。事实上，该理论研究也符合目前英国、法国和德国历史发展的现状。这些国家的金融发展与国内精英利益相关的政府权力取向紧密相连。法国的历史发展告诉我们，基于法国贵族对王权施压反对竞争的缘故，法国大革命废除君主制建立了中央集权政府，并且视不受约束的金融市场为国家权力强化的障碍和威胁，所以法国的金融市场规模一直处于较低水平；德国的历史发展同法国一样，中央集权政府一直警惕本国金融市场的发展；而英国的情况却截然相反，势力强大的议会注重保护个人投资者的权利，由此形成了相对繁荣的金融市场。此外，从利益集团角度分析金融发展问题，更显著的作用是体现在历史中经济的时代对比或者经济衰退时期。例如，部分国家在 1980 年的金融发展水平低于 1913 年的金融发展水平，而最近几年才逐步超过 1913 年的金融发展水平；1913 年法国的股本市值占 GDP 的份额是美国的两倍（法国为 0.78，美国为 0.39），到 1980 年该比率下滑至 1/5（法国为 0.09，美国为 0.46），而到了 1999 年，两国的这一比率基本持平（法国为 1.17，美国为 1.52）。在法国金融衰退的时候，既得利益集团常常利用社会中贫困人员对自由市场的反对和批判来抵制国家金融市场的创新和发展，而后期当削弱利益集团的正能量强大的时候，才真正实现了金融发展历史的逆转（Rajan and Zingales，2004）。因此，集团利益理论强调，与其他金融发展影响因素相比，政治因素影响金融制度发展，而且与分权、开放和竞争的政治体制相比，中央集权的封闭式国家的政治体制更可能阻碍本国金融市场的良性发展。

在微观研究方面，利益集团理论对金融发展的影响主要通过两个维度开展。一方面，学者质疑法律起源理论在法律与金融制度关系中的指导作用，而是强调政治因素决定金融市场中投资者保护程度、私人合约执行程度而引起的竞争性金融市场的发展（庞德，2001；Pagano and Volpin，2001）；另一方面，政治因素在公司治理结构中的重要作用。例如，Roe（1994）指出，美国选择银行和保险公司等权利受到限制的金融机构作为金融体系的主导者，让其在公司治理中扮演重要角色，而德国和日本则选择金融中介作为金融体系中公司治理的主导力量。相比美国、德国和日本的政府规定而言，英国则是一个没有政府约束规定，允许任何金融机构可以介入公司治理的，但事实却是银行和保险公司都没有选择扮演公司治理的角色（Allen，1995）。

2.2.3.2 社会规范假设

社会规范假设最早是由 Wesley Perkins 和 Alan Berkowitz 在 1986 年提出的，其基本观点是人们在社会互动过程中所衍生出的非成文的社会行为规矩和准则在社会发展中具有相当重要的作用。例如，在相互交往的社会活动中，人们会很自然地形成相习成风、约定俗成的包括风俗、道德、宗教等各种具体形式的社会规范，而且该社会规范通常会长期存在并指导人们的思想行为。

社会规范假设对金融发展影响的研究是从20世纪末期才开始的。金融发展的社会规范理论的代表人物是Coffee，该学者认为，投资者放弃大陆法系国家投资而选择普通法系国家投资的原因在于，可能不是由于普通法系国家赋予可实施的法律权利能够约束公司内部人，而是由于投资者相信在普通法系国家的公司内部人将更加遵守无法通过法律实施的社会规范，而该规范能够引导公司良好的行为，进而促进一国金融发展水平的影响。同时Coffee还认为，社会规范在正式法律不足或变弱的时候将起到更加重要的作用（Coffee，2001）。

基于社会规范假设内容的多元化，在分析社会规范理论对金融发展影响时，笔者主要通过信任，社会资本和文化、宗教两个维度评述学者在此领域的相关研究。

首先，金融市场基于信息不对称会产生道德风险和逆向选择问题，所以信任能够有效降低交易成本，提高金融市场交易效率，并成为影响金融市场发展的重要因素。例如，金融合约是典型的基于信任而实施的合约，即贷方在金融合约中将资金借出的前提是相信借方会在未来约定的某个时期归还借款本金和利息。所以该产品在非正式制度欠发达的经济中对金融市场发展的影响会更加突出（Knack and Keefer，1997）。值得注意的是，社会资本水平和融资合约的使用与获得性呈显著正相关，尤其是当一国具有弱的法律实施质量时，社会资本更加重要。在社会资本高的社会，由于存在社会网络惩罚不遵守规范人的机制（Coleman，1990），彼此拥有更多信任的投资者可以通过更低的交易成本实施合约和配置资源，从而促进金融市场的发展（Guiso，Sapienza and Zingales，2001）。该理论也得到了Allen和Qian对于中国研究结果的支持，他们发现相比中国的国有企业和公开上市的企业，所有其他企业经济在缺乏足够法律保护和融资来源的情形下增长得更快一些，原因在于中国的社会关系在金融活动中相当重要，即良好的社会关系对于减缓企业的融资壁垒以及促进金融发展存在不可忽视的作用（Allen and Qian，2002）。

其次，资本主义的兴起是一种根源于宗教信仰的文化现象，现代资本主义衍生出的发达的金融市场与文化、宗教有着千丝万缕的联系（Webber，2002）。事实上，在金融发展的债权人保护国别差异方面，一个国家的宗教信仰比法律起源、经济开放程度和语言等因素影响更大，而且不同宗教对债权人的态度不同，比如，天主教和伊斯兰教对债权人索取利息的行为持消极态度，基督教则保护债权人获得利息的权利（Guiso，Sapienza and Zingales，2003）。与此同时，Licht、Goldschmidt 和 Schwartz（2001，2003）在国际范围内考察了文化分类与投资者权利保护之间的关系，他们将研究的国际样本国家按照一定划分标准分为非洲、东欧、西欧、远东、英语国家、拉丁美洲六种文化区域和北欧人、大不列颠人、日耳曼人、不太发达的拉丁美洲、更发达的拉丁美洲、亚洲以及亚洲东部国家七类文化区域，从中发现 LLSV 之前所认为的大陆法系国家的各个指数低于普通法系国家的反董事权利指数的研究结果在本研究中并没有出现类似情况，也就是说，各类地区对债权人的保护水平并不存在实质性的区别。因此，在一定程度上，文化比法律更能解释各国公司治理的差异。在该领域的实证研究中，部分学者建立了研究文化和金融发展与经济增长之间关系的理论模型，研究发现社会的道德水平越高，腐败越少，产权越强大，经济增长率越高；此外，强调宗教信仰的国家比例越高，经济增长率越高，金融发展水平越高（Kanatas，Stefanadis，2005）。因此，他们认为文化既是经济繁荣和经济增长的引擎，又是金融市场发展至关重要的一个因素。

2.2.3.3 资源禀赋假设

资源禀赋假设最早是由 Heckscher 和 Ohlin 在 1919 年提出的。资源禀赋论的提出主要是针对不同国家所具有的先天生产要素优势给自身贸易发展所带来的优先发展。随着国际金融市场的发展和一体化，资源禀赋论在解释影响金融发展的本质因素上逐步受到关注。具体地讲，资源禀赋论强调地理和疾病在金融发展和制度形成中的作用（Smith，1776；Diamond，1979）。

法与金融理论认为各国法律渊源的不同引致对投资者财产权利保护程度的不同，进而带来各国金融发展水平的差异。而 Acemoglu、Johnson 和 Robinson 提出一个国家的禀赋资源（主要是指移民的死亡率）对制度形成的影响。具体而言，殖民者是采取定居策略还是掠夺策略，主要取决于殖民地国家的地理环境和疾病环境。依据目前制度的分布状况，我们可以看出一类是以欧洲国家没有建立产权制度为代表的“掠夺殖民地”，另一类是以欧洲国家定居下来而且建立产权制度为代表的“居住殖民地”。显然，沿用殖民地国家成熟制度的地区由于建立了保护私有产权制度而促进了当地的金融发展。相反，被殖民地国家掠夺一空没有建立保护私有产权制度的地区的金融发展则相当滞后。因此，殖民地国家的资源禀赋和侵占过程中带来的法律传统对殖民地国家的金融发展的影响，是同等重要的。

基于 Acemoglu、Johnson 和 Robinson 的研究，Beck、Demirguc-Kunt、Levine（2003）按照之前“掠夺殖民地”和“居住殖民地”的殖民地国家分类标准研究了法律传统、资源禀赋与金融发展之间的关系。Beck 等的实证检验证实了在影响金融系统的发展以及私有产权的保护因素中，法律传统和禀赋条件所起到的作用是同等重要的，而且禀赋条件比法律传统更能有效地解释原殖民地国家之间金融市场发展存在的差异性。

2.2.3.4 其他假设

在质疑 LLSV 的法与金融理论并探索影响金融发展本质因素的其他学者中，也出现了一些其他理论。这些理论无疑对金融发展的研究提供了更加多元化的思考角度，然而因为他们目前在金融发展领域的研究相对比较局限，影响力相对有限，所以不再详细评述所有理论，这里主要介绍“法律不完备论”和“贸易需求论”。

法律不完备论是由 Pistor 和 Xu Chengang 借鉴 Hart 的“不完备合同”提出的。该理论认为通过法律手段不能够完全解决现实世界中的所有问题，当然也包含金融发展中的问题。该观点的形成主要是基于两方面原因：一方面是在很多情况下，由于该法律风险点的立法权和执法权没有完全分离，导致立法者有意设计模糊法律或者不完备的法律；另一方面由于社会经济的快速变化和发展使得法律在制定的时候，纵使考虑得很全面和精准，但是依旧难免遗漏一些影响未来案件裁决的关键点。面对这样的情形，学者们认为如果法律完备则只需要保证拘捕效率高和惩罚程度适度，而无须通过政府进行监管。然而，如果法律存在不完备性，那么监管者将在社会和经济发展中具有无可替代的作用（Pistor and Chengang Xu ，2003）。后来，Pistor 和 Chengang Xu 在 2005 年进一步对比研究中国和俄罗斯的资本市场发展，发现虽然俄罗斯相对于中国而言拥有更严格的法律制度，但它的资本市场发展却不及中国的资本市场发展。他们认为转型经济国家的资本市场发展更多地依赖于政府监管而非法律的强制执行。

贸易需求论主要是从国际贸易与金融发展的经验性研究中总结提出的。该理论以 Levchenko 在 2005 年发表的文章为代表。该学者认为贸易模式差异比法律因素差异更能够解释金融市场的发展。具体而言，他们通过调查 1970~1999 年 96 个国家的贸易数据和金融市场发展程度的关系，发现各国贸易模式对外部融资的要求不同会导致各国金融市场发展的差异化，也就是专注于外部融资依赖型产品的国家对金融市场的需求更高，而对外部融资依赖不足的国家则具有相对落后的金融市场。

2.3 文献评述

通过上面对法律制度与证券市场发展文献研究的梳理，我们可以看出国际研究成果显然证实了“对投资者权利保护的法律环境有利于国家证券市场的发展”的结论。然而当我们进行更加细致的对比研究时，就会发现由于中国证券市场处于法律制度不完善、产权保护与契约实施不力、政府主导经济发展这一现状中，因此，该领域的文献研究目前在国内还存在很多局限性和不确定性。

2.3.1 研究背景评述

中国法律环境与证券市场的关系研究与国外学者关于该问题的研究背景不同，主要体现在两个方面。

一方面，国外学者采取国际上通用的法律度量标准，缺乏地区适用性，忽略了中国法律的宽泛性。中国法律的宽泛性和统一性要求法与金融理论的发展要更加个性化。中国法律的宽泛性体现在一系列政府政策、条例和法律在本质上具有很强的一致性，在很大程度上二者都具有正式法律制度的效应（黄健梅，2007），因此政策的实质效应需要考虑其中。

另一方面，中国中央政府与地方政府的立法权关系与国外联邦政府与州政府的立法权关系不同，导致区域法律环境存在很大差异。例如，美国宪法列举的联邦权力较窄，主要限于维护共同体的存在所必需的权力和维护基本的经济生活统一性所必需的权力，而管理社会事务的基本权力都不在联邦的列举权力之列，这说明州政府的立法权限较大。与中国地方政府出台的法律和政策都是积极响应中央政府出台的法律和政策，两者情况差异较大。

本书的研究背景主要是在考察中国法律环境特殊性的基础上，对其与证券市场发展之间的关系进行分析，研究的过程具有中国特色，在一定程度上发展了法与金融理论在中国的具体研究。

2.3.2 研究视角评述

对于法律环境与证券市场的关系研究切入点有三点需要注意：第一，

国外学者的很多研究整体偏向跨国分析。例如，国外学者 LLSV 对于法律环境与证券市场的关系研究主要是从国际上多个国家的法律起源差异性来研究不同国家证券市场的发展程度。第二，国内学者对于法律环境与证券市场的关系研究，主要是从国家整体层面来探讨法律制度对证券市场的影响，缺乏从区域层面或者微观个体层面来考察法律环境的差异与证券市场之间的关系研究。第三，关于法律环境的组成要素较为单一，更多研究仅仅是从立法环境开展的，较少涉及执法环境和司法环境。

在国内外学者的研究成果基础上，本书以投资者在证券市场金融合约缔结过程中所面临风险的事前防范和事后救济为分析角度，一方面从中国省级区域层面研讨中国法律环境的差异性与证券市场发展的关系，另一方面还以中国行政执法机构和司法机关作为投资者保护过程中事后救济的中坚力量作为切入点，基本实现了本书命题论证的全面性和系统性，这在一定程度上丰富和发展了该领域的研究成果。

2.3.3 研究方法评述

在法律环境与证券市场之间的研究方法上，从国外文献研究看，学者主要是运用 Panel 数据分析方法通过跨国分析进行研究，而对于单个国家或者地区的实证研究相当匮乏。纵使部分学者对单个国家进行了研究，但实证分析却总是局限于描述性或者定性分析。

从国内文献研究看，首先，国内学者对于该领域的研究很大程度上还是基于经济学的思维进行分析，将法律因素作为一种外生变量很武断地纳入影响证券市场发展的因素之中，并没有完全应用法律经济学的研究方法来看待问题。事实上，本书对于该领域的研究是在现代西方产权理论的框架下，按照法律环境差异带来交易成本的变化，进而引致产权安排的异质，最终形成不同的金融资源配置效率的逻辑思路进行，既结合了法律经济学的研究方法，也运用了正统经济学的研究工具，丰富了现有的文献研究成果。

其次，国内学者关于衡量国内法律系统的各项指标还有待完善。例如，在考察中国各个省级地区法律环境对当地证券发展的作用程度的相关文献中，江春和许立成（2007）采用官员受贿金额占 GDP 的比重来近似代替一国的法制程度；随着中国法律环境建设实践的深入，国内很多学者大量使用樊纲和王小鲁等发展的法律环境指数（2000，2001，2004，2007）作为反映中国制度环境对投资者保护的代表变量。郑志刚和邓贺斐（2010）采用法律环境指数研究了法律环境改善对于推动区域证券市场规模以及银行信贷规模发展的显著影响，并指出在我国法律环境指数较高的地区大多具有规模较大的股票市场、较多数量的上市公司以及较大规模的银行信贷水平，或者说是较高的金融发展水平。然而，该法律环境指数虽然能够在一定程度上反映各地区的法律执行效率，而《中国市场化指数》是以不同时间段作为基准期进行编写的，每年由于统计口径不一致所导致的数据非精准度和非客观性是确实存在的。

值得注意的是，在法与金融理论的实证研究领域中，如何将法律环境进行量化一直是困扰学术界的难题。不同学者从不同角度运用不同方法，试图解决该难题。他们取得了可喜的成绩，但存在的问题依然很多，学术界目前尚未就法律制度变量量化指标达成共识。本书度量法律环境主要是从事前防范的立法层面、事后救济的执法层面和司法层面三个具体的组成要素全面系统地进行刻画：在立法层面采用地方政府出台的关于规范证券市场金融交易的立法数量及其具有法律效应的政策和规章制度数量；在执法层面采用证监会对上市公司的处罚程度；在司法层面采用法院审理案件的结案率。相比之前文献研究中采用的法律度量指标，存在小幅度的优化。该创新点在一定程度上拓展和丰富了该领域的实证研究。

2.3.4 研究机制评述

在研究法律环境与证券市场之间的作用机制时，虽然大量的法与金融理论文献为本书的研究提供了良好指引，但比较成熟完善的理论机制并不多见。基于本章前面的文献梳理，我们可以将学者们已经在法律制度与金融发展作用机制上得出的研究结论概括为两类：一类是以 Gale 和 Hellwig（1985）所创造的关于信息不对称、法律制度与状态验证成本，即在信息不对称的前提下，法律制度可以有效降低交易成本；另一类是以 LLSV（2002）与 Shleife 和 Wolfenzon（2002）所创造的关于投资者保护、法律制度与隧道效应，即在委托代理的前提下，法律制度可以有效降低隧道行为的发生。

两类模型在中国证券市场与法律环境的关系研究机制上都存在一定程度的局限性。首先，从机制的适用范围上，几乎没有从法律环境的综合角度去审视证券市场发展的合理机制。具体而言，第一类模型仅仅研究了法律制度本身的功能性机制，没有进一步考察法律制度的实施等前提条件，缺乏整体性和系统性；第二类模型的应用尽管较好地刻画了法律制度的实施是投资者保护的必要条件，但是部分学者利用中国的样本数据对模型进行了实证检验，结果显示并不理想，缺乏科学的适用性。其次，从机制的实施过程上，几乎没有较为全面的机制实施过程既能够反映法律环境对投资者保护的事前防范作用，又能够凸显法律环境对投资者权益受到侵害后的事后救济作用。具体而言，第一类模型主要反映法律环境在证券市场发展中对投资者保护所起到的事前防范作用，即良好的法律环境能够以较低的信息交易成本建立相对完全的契约关系，促进证券市场发展；相反，第二类模型主要反映法律环境在证券市场发展中对投资者保护所起到的事后救济作用，即良好的法律环境能够有效惩处隧道行为的发生，提升投机者的交易成本以降低不完全契约引致的机会主义行为，改善证券市场发展环境。

鉴于时间与精力所限，本书主要探讨我国的法律环境差异与证券市场发展中所揭示的中国经验和特殊性，并在此基础上进一步解释法律环境差异对中国证券市场发展的作用机制。具体而言，本书是在现代西方产权理论的框架下，按照法律环境的差异带来交易成本的变化，进而引致产权安排的异质，最终形成不同的金融资源配置效率的逻辑思路，借助于威廉姆森在 1985 年的《资本主义经济制度》一书中对交易成本的分类界定，将法律环境对证券市场发展的影响分解为法律环境对投资者在证券市场金融合约缔结过程所面临的外部风险事前防范作用机制和法律环境对投资者在证券市场金融合约实施过程所面临的外部风险事后救济作用机制，即本书的作用机制一方面从立法层面揭示了法律环境对证券市场发展的事前作用机制，另一方面从执法层面分析了法律环境对证券市场发展的事后作用机制，直接从法与金融的角度探讨了法律与证券市场之间的综合作用机制，以期丰富该领域的理论研究。这也是本书研究的主要创新与难点所在。

3. 法律环境与中国证券市场的特殊关联性

基于法律环境与证券市场发展关系研究的文献回顾，我们可以看出明细的产权制度和完善的信用环境是成熟国家构建证券市场的基本要素。目前，中国证券市场的发展道路显然有异于正统法律经济学的理论，但其证券市场所体现的“中国奇迹”暗含了中国证券市场发展与其所处的法律环境变化之间存在着有别于西方社会的特殊情结。在揭示这种特殊情结的过程中，我们首先分析中国金融法律环境的变迁历程和中国证券市场的发展历程，然后结合中国政治体制的特殊性，从历史发展的角度深入阐述法律环境与中国证券市场发展的特殊关联性。

3.1 中国金融法律环境的变迁历程

法律环境的构建与演进是建立在社会发展基础上，深刻地蕴含在一个社会本身的变化之中。著名代表人物埃利希曾在《法律社会学原理》一书中指出：“在当代以及其他任何时代，法律发展的重心既不在于立法，也不在于法学或者司法判决，而在于社会本身。”显然，金融法律的演进与金融市场供需及其变迁密切相关，金融市场供需的改善也必然最终引发法律秩序的变革。因此，通过审视我国金融法律环境的变迁历程，我们可以透析中国金融市场的一系列调整与变化。

我国金融法律环境是对金融市场参与主体及其他利益相关者活动产生影响的各种法律因素。这些法律因素包括国家法律规范，国家司法机关和社会组织的法律意识等。本章节主要通过回顾金融领域的法律制度、行政执法和司法审判的变化发展，考察中国金融法律环境的变迁历程。

3.1.1 中国金融法律制度的变迁历程

我国的金融制度变迁经历了一个完全国家垄断的中央集权的典型的计

划金融制度到一个逐步自由开放的市场化金融制度的转型。我国金融制度的变迁历程是在制度供给绝对匮乏的状态下开始的，到目前为止整个过程可以划分为四个阶段。

3.1.1.1 国民经济恢复时期的金融制度变迁

新中国成立时期，中国人民政治协商会议第一届全体会议通过的《共同纲领》中关于没收官僚资本归人民国家所有的规定，人民政府对以“四行二局一库”为主体的国民党官僚资本银行及其他金融机构进行接管改组工作。在银行体制集中统一的基础上，中国人民银行在 1952 年 9 月通过《中国人民银行综合信贷计划编制办法（草案）》。第一次较为全面地提出了包括信贷计划编制依据、内容、管理体系、权限划分、审批流程和检查制度等的信贷计划管理办法，基本构建成了一个由中国人民银行总行“统存统贷”的纵向型信贷资金管理体制。

3.1.1.2 我国金融制度变迁的准备和起步阶段

1976 年之后，国家的工作重心重回经济建设，社会主义商品经济的发展和经济体制改革重新回到正轨。国民经济恢复时期中国人民银行包揽金融管理、信贷业务的体制机制显然不能适应当前经济发展的需要，1981~1982 年，国务院出台了一系列文件，如《关于切实加强信贷管理，严格控制货币发行的决定》《关于人民银行的中央银行职能及其专业银行的关系问题的请示》《关于设置中央银行的几点意见》等，对中央银行的职能和职责提出了原则性意见。1986 年 1 月，国务院制定《中华人民共和国银行管理暂行条例》，对中国人民银行的有关事项做出了明确规定。此后，为更好地适应经济发展和经济体制改革需要，我国政府通过一系列政策法规展开了金融体系的变革，颁布的各项条例如表 3-1 所示。

表 3-1 1978~1986 年国务院关于金融体系改革的主要条例

时间	文件名称	主要内容
1978 年 12 月	《中共中央关于加快农业发展若干问题的决定（草案）》	恢复中国农业银行、大力发展农村信贷事业，并于次年正式恢复中国农业银行
1979 年 3 月	《关于改革中国银行体制的请示报告》	扩大中国银行权限并将其从中国人民银行分设出来作为国家的外汇专业银行，其总管理处成为中国银行总行；成立国家外汇管理总局

续表

时间	文件名称	主要内容
1986年7月	《关于重新组建交通银行的通知》	建立国务院直属局级经济实体、以公有制为主的股份制全国性银行的交通银行

该时期金融制度的变革是适应我国金融自身发展需求的变化路径。基于金融制度的规定，中国人民银行由政策性银行转化为中央银行，工商银行、农业银行、中国银行和建设银行四大国有专业银行的成立与当时我国经济的二元结构体制相吻合，对于我国金融市场的发展具有积极意义。

3.1.1.3 我国金融制度变迁的探索阶段

该阶段的发展是我国金融市场走向市场化的重要基础。在金融制度准备基础之上，从1986年开始，我国金融制度进行了一系列制度创新，主要包括以下几个方面：针对中央银行的巩固和发展，我国政府在1995年颁布《中华人民共和国中国人民银行法》，随后又颁布了《货币政策委员会条例》，这些制度的出台对中央银行的职能定位稳固化和清晰化具有重要意义；针对多元化金融组织机构的发展，我国政府颁布了《商业银行法》，确立了商业银行自主经营、自担风险、自负盈亏和自我约束的经营机制，并从制度层面明确了商业银行资产负债比例管理、风险管理和内部控制管理等方面；针对银行间市场的发展，我国央行1990年下发《同业拆借试行管理办法》，对拆借市场参与主体和拆借资金期限、用途、利率等做了较为严格的规定，使拆借市场更加规范；针对票据市场的发展，全国人大在1995年通过《中华人民共和国票据法》，使得商业汇票成为我国企业非常重要的融资渠道，同时也为我国人民银行进行宏观经济治理新增了重要信贷政策工具。我国金融制度变迁的探索阶段不仅局限于以上制度创新，还包括其他金融立法，比如全国人大常委会在1995年5月通过的《票据法》，该法律制度的实施规范了票据行为，能够有效保障当事人的合法权益；全国人大常委会在1995年6月通过《保险法》，该法律制度的实施对保险业的监督管理进行了有效规范。

该时期金融制度的变革整体上对我国金融市场的发展起到了重要的推进作用，使我国金融市场的主导权由过去的政府计划管理和行政调控模式逐步转向市场参与和行政干预模式，金融市场制度创新取得的有效发展，为我国证券市场的发展奠定了前期的制度基础。

3.1.1.4 我国金融制度变迁的深化阶段

随着我国经济体制改革进程的快速推进，在中国共产党十四届三中全会通过《中共中央关于建立社会主义市场经济体制若干问题的决定》的基础上，我国从1996年对金融市场体制进行了深入改革。相比较金融制度变迁的探索阶段，具体的变化体现在以下几个方面：针对中央银行的职能，国务院颁布了《中国人民银行货币政策委员会条例》，该制度的出台为央行实施区域性的货币政策奠定了制度基础；针对多元化金融组织机构的发展，国务院在1996年颁布《关于农村金融体制改革的决定》，该制度的实施在实现“一个以合作金融为基础，商业性金融与政策性金融分工协作的农村金融体系”的目标方面取得了实质性的进展；针对金融市场的监管制度，我国政府1998年出台《中华人民共和国证券法》，又在2003年出台《中国银行业监督管理法》，这些法律的实施构建了分业监管的格局，使得整个金融市场（银行业①、保险业②和证券业③）都具有了相应的基本法律法规；针对信托市场的发展，我国政府在2001年4月制定《信托法》规范信托行为，保护信托当事人的合法权益，规范促进信托市场发展；针对证券市场的发展，我国政府在1999年出台《证券法》，该法律的实施为证券市场的主体认定、证券发行方式、证券交易方式、证券监管方式以及相关的法律责任进行明确，为证券市场规范运行提供重要保障。为了有效实施《证券法》，国务院还制定了一系列配套法规，比如《中国证监会股票发行审核委员会条例》《中国证监会股票发行核准程序》《关于进一步完善股票发行方式的通知》《上市公司向社会公开募集股份操作指引》《上市公司检查办法》《股票发行上市辅导工作暂行办法》等。基于《证券法》的制度漏洞，我国政府在2005年修订《证券法》。例如，《证券法》的修订内容在发行品种上扩展到股票、公司债券、政府债券证券投资基金份额以及证券衍生品种等；在发行制度上明确了公开和非公开发行证券的界限。此外，该阶段我国政府还对金融市场的其他诸多法律制

① 中国银行业监督管理委员会成立于2003年4月，主要职能是依据法律法规对银行机构、信托投资公司、财务公司、城市信用社、农村信用社进行监督管理。

② 中国保险业监督管理委员会成立于1998年11月，主要职能是依据法律法规对全国商业保险机构进行监督管理。

③ 中国证券业监督管理委员会成立于1992年10月，主要职能是依据法律法规对证券和期货市场进行监督管理。

度进行了修改和完善，如表3-2所示。

表3-2 金融制度深化阶段（1996~2017年）的部分修订法律制度

修订时间	文件名称	主要修改内容
1997年1月	《外汇管理条例》	《国际货币基金组织协定》；人民币经常项目可兑换等
2003年12月	《中国人民银行法》	人民银行不再审批、监管金融机构的修改；加强人民银行执行货币政策职能的修改；人民银行必要监管职责的修改等
2003年12月	《商业银行法》	商业银行经营原则和设立条件的修改；取消特定贷款和同业拆借期限；监督管理的修改等
2004年8月	《票据法》	票据流通性的限制修改；票据的技术性规定等
2009年8月	《保险法》	保险人诚信要求的修改；保险监督管理强化的修改；资金运用渠道的修改

该时期金融制度的深化变革基本构建了我国金融交易的市场化模式，为金融市场日益复杂的交易活动提供制度依据，能够发挥金融市场对资源配置的决定性作用。同时，该阶段的制度变迁有利于我国金融市场与国际金融市场的融合发展。

3.1.2 中国金融行政执法的变迁历程

我国金融行政执法是金融监管部门按照金融法律法规的要求，对金融市场参与主体及其利益相关者的权利和义务形式与履行情况进行监督检查的行为。该变迁历程的形成与发展经历了政府过度干预到政府规范干预的变化。具体分为四个阶段。

3.1.2.1 我国金融行政执法的计划经济时期

由于该时期政府计划是配置社会资源的基础方式，政府通过价格计划、物资计划、财政信贷计划等对社会资源分配，所以金融资源的配置完全靠国家计划安排，也就是金融中介按照政府意志进行信贷投放，而且承担所有的经济风险。该时期的金融行政执法主要表现为政府意志在金融市场的贯彻和执行。针对金融行政执法部门主要由中国人民银行负责，具体是在总行设立检查处，行使国家对金融业的监督管理职能。事实上，计划经济时期的金融市场运行基本上只有中国人民银行，它不但承担着商业银行、政策性银行和中央银行的职能，而且扮演着金融监管者角色，所以高度集中统一的双重职能定位在当时国家统存统贷的信贷资金管理体制和统收统支的财务管理体制下，几乎没有发挥金融监管的有效性，也就是不存在现代意义的金融行政执法。

3.1.2.2 我国金融行政执法的统一监管时期

改革开放后，我国金融行政执法的统一监管开始建立。十一届三中全会之后，以农村家庭联产承包责任制和企业放权让利的经济体制改革进行，随之我国的金融领域也开始发生变化，一系列多元化金融机构进行恢复和重建，金融竞争格局初步形成。面对金融市场发展的新气象，1982年中国人民银行设立了金融机构管理司，探索金融监管的实施路径。具体内容包括负责研究金融机构改革，制定金融机构管理办法，审批金融机构的设置和撤并，后又从该司分设出条法司、非银行金融机构管理司和保险司，原金融机构管理司改称银行司，另外成立了外资金融机构管理司。1985 年，中国人民银行将稽核部从行政监察机构中分离出来，从总行至分支行都单独设置了稽核机构。同年 7 月，国务院颁布《中华人民共和国银行管理暂行条例》突出了中国人民银行的金融监管职责。该时期的金融监管主要体现在宏观金融的监管，比如信贷管理业务、保值储蓄业务、存款准备金率等。此外，微观金融的监管是对消费基金的控制，对违犯当时“十不贷”规定的金融机构进行严厉处罚。相比计划经济时期，我国改革开放后的十多年间基本建立起来了以中国人民银行主导的统一监管。由于当时并没有良好的金融秩序以及有效的金融监管手段，所以金融行政执法的效果很难显现。

3.1.2.3 我国金融行政执法的分业监管时期

随着金融机构种类多样化和金融业务品种的多元化，证券市场、保险市场的快速发展以及分业经营格局的基本形成，以中国人民银行主导的原有的监管体制已不能适应新的金融格局和加强金融管理的要求。1992 年，中国证监会成立，专门负责对证券业进行监管。1998 年，中国保监会成立，专门负责对保险业的监管，同时中国人民银行将证券机构的监管和保险业的监管工作分别移交中国证监会和中国保监会，从而完善了银行、证券、保险业分业监管的体制。与此同时，中国人民银行进一步改进和完善了对银行业的监管。1998 年 7 月前，中国人民银行设有银行司、非银行金融机构司、保险司、外资金融机构管理司、农村合作金融管理司、稽核监督局。1998 年 7 月后，一方面，调整内设监管部门，撤销了稽核监督局和外资金融机构管理司，调整为银行监管一司、银行监管二司、非银行金融机构监管司、合作金融机构监管司，改变过去对同一法人金融机构由多个部门分割监管的格局，实行由同一职能部门负责对同一个法人机构从市场准入到市场退出、从现场到非现场的全过程监管；另一方面，1998 年底，中国人民银行管理体制进行重大改革，撤销省级分行，跨省区组建分行，以增强金融监管的独立性和有效性。同时建立金融监管责任制，明确总行、分行、中心支行和支行在金融监管方面的权力和责任，并将金融监管任务落实到各部门、各个监管人员。2003 年成立银监会，专门负责对银行业金融机构的监管，人民银行主要承担制定和执行货币政策、开展金融宏观调控、维护金融稳定、提供金融服务的职责。这标志着金融监管领域“一行三会”制度的基本形成，中国金融业分业监管的框架最终建立。

基于分业监管体系的建立和逐步发展，我国金融监管的手段不断丰富，其监管力度也不断加大。针对我国金融监管的手段方式，1994 年对商业银行全面推行以风险管理为核心的资产负债比例管理，并制定了具体的指标体系和考核办法，建立不良贷款认定、考核制度。金融监管从单纯的行政管理逐步向规范商业银行经营行为转变。1995 年 6 月，中国人民银行召开全国银行经营管理工作会议，确定了商业银行按照效益性、安全性和流动性的经营原则。中国人民银行逐步按巴塞尔委员会的关于资本标准要求和有效银行监管的核心原则等协定，不断地改革金融监管方式和手段，逐步向金融监管的国际惯例靠拢，初步实现了本外币、表内外、境内外业务的并表监管，完成了从合规监管到合规性和风险性监管并重的转变，不断完善对金融机构的现场检查与非现场监管，风险监管已贯穿到金融监管的全过程。总之，中国人民银行的金融监管正在逐步深化，已经从以审批机构、检查违规为主要内容的金融行政管理及合规监管转向以防范和化解风险为核心的审慎性监管。

针对我国金融监管的力度，针对 1992 年和 1993 年上半年金融领域一度出现的违章拆借、变相提高利率、向银行自办经济实体注入信贷资金等情况，1993 年 7 月开始大力整治金融秩序，实行“约法三章”，严肃金融纪律。1995 年 8 月，针对以证券回购名义违规拆借问题，中国人民银行对证券回购业务进行清理规范，证券回购债务余额由 1995 年 8 月的 700 亿元下降到 1999 年的 80 亿元左右。为全面摸清金融风险状况，进而为进一步深化金融改革奠定基础，1996 年中国人民银行开展“四项清理”工作对非银行金融机构全面清理，重新登记，取缔非法设立的金融机构对国有商业银行资金来源和运用情况进行专项稽核，彻底清查账外账、证券卖空回购、信用卡恶意透支、套汇等问题清理企业账户、制止多头开户清理银行房地产业务。1997 年，党中央、国务院召开了全国金融工作会议，进一步整顿金融秩序，加大金融风险防范力度，出台了 15 条政策措施，成立了 12 个金融整顿小组，其中中国人民银行负责和参与各个小组的工作。为了有效防范金融风险，1998 年中国人民银行集中力量对国有商业银行各县级支行进行了检查，在全国开展外汇大检查。1999 年，中国人民银行从各省抽调监管干部，集中力量对国有独资商业银行湖北、湖南、广东、广西四省区分行本部的信贷业务进行异地交叉检查。对 10 家股份制商业银行总行营业部统一授信制度执行情况、不良贷款情况、信用证和银行承兑汇票业务、利润真实性、计算机等问题进行了检查。2000 年以来，中国人民银行组织全行主要力量，集中对被监管金融机构的资产质量和盈亏真实性等进行现场检查，基本掌握了所监管金融机构的风险，且已取得了阶段性成果。

3.1.2.4 我国金融行政执法的综合监管时期

十八大之后，我国经济进入新常态，金融改革和金融创新催生的金融衍生产品使得经营业务的界限逐步模糊，金融业已经跨越分业经营的界限，混业经营逐步成为金融机构发展的方向。在混业经营的趋势下，我国目前实行的“分业经营、分业监管”的行政执法机制已经面临一些问题，所以十八大报告明确要求“完善金融监管，推进金融创新，提高银行、证券、保险等行业竞争力，维护金融稳定”。目前，我国金融行政执法的综合监管处于起步阶段，主要表现为金融表外业务监管和金融协调监管。

针对金融表外业务监管，监管部门对金融机构表外业务的银行理财以及银证、银基、银保、银信等合作类交叉性业务领域风险可能引发系统性和区域性金融风险的高度关注。截至 2013 年 1 月末，银行理财产品余额达 7.4 万亿元，超过信托业、保险业资产规模。目前许多交叉、跨界的金融产品、金融服务越来越多，通过机构合并、业务重组等方式，各金融机构之间的关系也日益错综复杂。从我国实际来看，监管部门从分业监管向统一监管转变并不是一蹴而就的事情。就目前具体情况而言，我国根据国内金融市场的实际情况进行缓和的、渐进式变革，逐步完善混业经营下的金融监管体制。针对金融协调监管，在政策协调方面，为了推动监管协调和防范风险跨市场传染，我国监管部门间的协调机制进行过几次重要改进。特别是在 2013 年 8 月，国务院批复同意建立由中国人民银行牵头的金融监管协调部际联席会议制度。建立监管协调部际联席会议的目的是在既未打破原有监管体制又未新增机构的情况下，加强系统性风险的分析和防范，强化宏观审慎监管。一是联席会议重点围绕金融监管开展工作，不改变现行金融监管体制，不替代、不削弱有关部门现行职责分工，不替代国务院决策，重大事项按程序报国务院。二是联席会议不刻制印章，不正式行文，按照国务院有关要求认真组织开展工作。三是联席会议由中央银行牵头，充分发挥中央银行优势；同时采用灵活的工作方式，一方面，联席会议通过季度例会或临时会议等方式开展工作，落实国务院交办事项，履行工作职责；另一方面，联席会议建立简报制度，及时汇报、通报金融监管协调信息和工作进展情况。

3.1.3 中国金融司法审判的变迁历程

我国金融司法审判的发展变化源自于全面深化金融改革的过程，通过有效贯彻金融法律和相关政策实现投资者合法权益的保护、社会秩序和公共利益的维护以及金融市场的健康发展。我国金融司法审判的改革过程蕴含于中国整个司法体系的变迁之中，其具体发展历程可以分为三个阶段。

3.1.3.1 新中国成立初期的金融司法审判

我国该时期并没有设立专门的金融司法审判机构，而是通过常规的司法机关负责。从 1949 年 9 月中国人民政治协商会议第一届全体会议召开到 1954 年 9 月第一届全国人民代表大会第一次会议召开，是我国司法体系构建的初创时期。基于司法审判机关、法律监督机关和行政司法机关的设立，国务院提出“对破坏国家建设和财产及破坏社会秩序和侵害人民正当权益的犯罪者，必须给予惩罚”。随后，一届人大一次会议通过的《中华人民共和国宪法》和《中华人民共和国人民法院组织法》《中华人民共和国人民检察院组织法》，标志着我国司法制度的正式确立。这些司法制度为包括金融领域在内的司法审判的具体化和深入化提供了行为依据。

3.1.3.2 金融司法审判的恢复和重建

党的十一届三中全会以后，我国的司法体制建设重新被确立。1982 年 12 月，五届全国人大五次会议通过新宪法，把十一届三中全会以来我国推进法制建设的成功经验列为宪法规范，强调任何组织和个人都不得超越法律。同时中央的“九月指示”在党的领导和司法机关独立行使职权的体制机制上进行明确，即加强党对司法工作的领导，切实保证司法机关行使宪法和法律规定的职权，强调党委对司法工作的领导，切实保证检察院独立行使检察权，法院独立行使审判权，使之不受其他行政机关、团体和个人的干涉。1983 年 9 月，六届全国人大常委会第二次会议明确全国各级法院按照需要设立的助理审判员由各级法院直接任免，取代司法行政机关的任免权力，另外基于“五四宪法”以及法院组织的领导原则，法院的监督实行上级法院对下级法院负责，这些举措在一定程度上保证了司法审判的独立性，显著地提升了包括金融领域在内的诸多司法审判的公平性。

随着我国改革开放和市场经济的发展，司法改革深入推进的紧迫性越发凸显。1997 年 10 月，党的十五大提出依法治国、建设社会主义法治国家的任务，强调推进司法改革，从制度上保障司法机关依法独立行使审判权和检察权。该时期的司法审判改革主要涉及审判方式改革、审判组织改革、审判人事管理改革等方面。针对审判方式改革，推行立审分立、审执分立和审监分立“三个分立”，建立和完善审判流程管理制度，形成了促进司法公正的审判运行机制；继续完善并且严格执行公开审判制度，不仅一审案件基本实现了开庭审理，而且二审案件开庭审理的比例也在明显提高；建立民事诉讼证据制度和行政诉讼证据制度，深化民商事审判方式改革，刑事审判方式改革和行政审判方式改革亦日趋活跃；审判监督制度改革逐步展开，力图实现从有错必纠到依法纠错，从无限申诉到有限申诉，从无限再审到有限再审的转变。针对审判组织改革，强化合议庭的审判职权，依法将做出案件裁判的权力交由合议庭行使，少数重大疑难案件才提交审判委员会讨论决定；院长、庭长个人无权决定对案件的裁决，更无权改变合议庭评议的结论；加强合议庭的力量，实行庭长、分管副院长直接参加合议庭担任审判长。在合议制的长期实践与不断探索的基础上，最高人民法院于 2002 年 8 月 12 日颁行了《关于人民法院合议庭工作的若干规定》，明确了合议庭的组成方式、基本职责、运行机制以及与审判委员会的关系等相关事项，优化审判资源的合理配置，巩固和深化审判组织改革的成果。针对审判人事管理改革，强调严格法官的职业准入，强化法官的职业意识，培养法官的职业道德，提高法官的职业技能，加强法官的职业保障，完善法官的职业监督，并且提出了实行法官员额制度、改革法官遴选制度、推行法官助理制度等具体措施。

在我国司法审判的“第一个五年改革纲要”实施的基础上，2002 年 11 月，党的十六大继续推进司法审判体制改革，进一步构建权责明确、相互配合、相互制约、高效运行的司法体制，强调从制度上保证审判机关和检察机关依法独立公正地行使审判权和检察权；强调要改进司法管理制度，改革司法机关的工作机制和人财物管理体制，逐步实现司法审判和检察同司法行政事务相分离。党的十六大期间，我国司法审判改革的具体内容包括改革和完善诉讼程序制度，实现司法公正，提高司法效率，维护司法权威；改革和完善执行体制和工作机制，健全执行机构，完善执行程序，优化执行环境，进一步解决“执行难”；改革和完善审判组织和审判机构，实现审与判的有机统一；改革和完善司法审判管理和司法政务管理制度，为人民法院履行审判职责提供充分的支持和服务；改革和完善司法人事管理制度，加强法官职业保障，推进法官职业化建设进程；改革和加强人民法院内部监督和接受外部监督的各项制度，完善对审判权、执行权、管理权运行的监督机制，保持司法廉洁；不断推进人民法院体制和工作机制改革，建立符合社会主义法治国家要求的现代司法制度。此外，在改革和完善案件管辖制度、改革和完善司法审判管理制度、完善诉讼调解制度和人民法庭工作机制、深化法官管理制度改革、推进诉讼收费制度改革和司法鉴定制度改革等方面，也都获得了不同程度的进展。总的来讲，该时期司法审判的重建和恢复周期较长，而且金融司法审判的变迁也包含于我国司法改革的全过程。随着司法审判的恢复发展，投资者的权益保护逐步建立起来，整个市场经济的发展及其金融市场的发展也就获得了有效的法治保障。

3.1.3.3 金融司法审判的发展与创新

在党的十五大“推进司法改革”，继而到党的十六大“推进司法体制改革”的基础上，十七大继续“深化司法体制改革”。该时期金融司法体制改革相比于之前阶段变得更加突出。2007 年 8 月由美国次级房屋信贷危机引发的全球金融危机对我国经济产生了极为不利的负面影响，并随之产生了许多社会问题，对司法领域产生了严重冲击，所以传统的司法审判面临新的挑战。针对金融司法审判的发展与创新，2008 年 12 月最高人民法院出台了《关于为维护国家金融安全和经济全面协调可持续发展提供司法保障和法律服务的若干意见》，2009 年 6 月最高人民法院出台《关于应对国际金融危机做好当前执行工作的若干意见》，这些意见表明该时期金融司法审判改革的方向主要侧重于事后监督，比如设立专业部门优化司法职权配置，重点保证审判机关、检察机关依法独立公正地行使审判权和检察权。

继党的十七大之后，党的十八大时期金融司法审判得到了更加有效的推进。例如，最高人民法院和最高人民检察院发布了《最高人民法院关于适用〈中华人民共和国保险法〉若干问题的解释（二）》《关于办理内幕交易、泄露内幕信息刑事案件具体应用法律若干问题的解释》等一系列金融领域的司法解释，对于正确适用保险法、打击内幕交易和泄露内幕信息等违法犯罪行为、支持清理整顿交易场所、化解民间借贷纠纷、审理金融创新涉诉案件和金融知识产权案件、保护金融信息安全等方面的司法实践工作具有重要的指导意义。最高人民法院还发布了《最高人民法院关于公布失信被执行人名单信息的若干规定》，建立人民法院公布失信被执行人名单信息制度，对社会信用体系的建设起到了重要的作用。与之前司法体制的改革相比，显然本次的体制改革更加侧重于金融领域，不但优化金融司法职权配置，解决好法院系统内部权力结构问题，而且加强保障依法独立公正行使审判权的制度建设，解决好法院在处置金融案件上如何公正司法的问题。同时在一定程度上建设高素质的具有金融专业知识的法官队伍，规范法官行为，解决好法官的组织配置和司法作风问题。

3.2 中国证券市场的变迁历程

中国证券市场的变迁历程是中国经济发展的缩影，是我国从计划经济体制向市场经济体制转型改革的重要成就。同时，中国证券市场的改革历程也是我国建设社会主义市场经济过程中的有机组成部分。本章节主要回顾和总结了中国证券市场的主要发展阶段，剖析证券市场的发展特点，以此更加深刻地理解我国证券市场的变迁历程。

3.2.1 中国证券市场的发展阶段

从新中国成立初期到现在，中国的证券市场历经了从无到有、从小到大的发展历程，目前走上了一条快速发展的现代化轨道。在这几十年的艰难曲折中，中国的证券市场大体经历了四个阶段。

3.2.1.1 新中国成立初期的证券市场

由于国民党的长期恶性通货膨胀和战争时期经济政策引致的市场秩序混乱，大量资本家在金银、外币、粮食、棉布和股票市场上进行投机，干扰金融市场的正常运转，所以政府命令停止证券交易活动。新中国成立初期，在接收原天津市证券交易所官僚资本的基础上，成立天津市证券交易所。1950 年 2 月 1 日，北京市证券交易所正式成立。然而，自“三反”“五反”运动之后，天津和北京两个证券交易所关闭，证券市场的发展一度中断。显然，证券市场的建立和发展与国家的市场经济理念和市场经济体制存在着紧密联系，针对当时的环境，证券市场的夭折具有其历史必然性。

3.2.1.2 证券市场的萌芽和初步发展阶段

证券市场的萌芽起步于改革开放之后，经济体制改革使得社会资金的分配趋向于分散化，而我国政府又急于经济建设，所以在 1981 年政府债券恢复发行。该时期的国债具有很强的计划经济特征，由财政部确定国库券发行额度后进行部门之间和个人之间层层派购，尤其是在国营和集体企业、地方政府和事业单位；同时国债品种单一、债期长、收益率低、流通性差。在国债恢复发行的同时，一些企业通过内部企业职工筹集资金。但是“以资代劳”“以产品偿还利息”的方式，折射出当时企业债券的非市场性。20 世纪 80 年代以来，上海、广东改革试点的试行，成就了部分企业在企业内部或者行业系统内发行股票筹集资金。尽管企业股票和债券数量少、规模小、不规范，但是我国政府也使其进驻二级市场开始试验。在证券市场起步的基础上，1988 年 4 月，经国务院批准，首先在沈阳、上海、重庆、武汉、广州、哈尔滨和深圳进行国库券流通转让试点。通过渐进式改革，1988 年底，国库券转让业务基本上在全国铺开，100 多个城市可以办理国债二级市场业务，这大大促进了中国国债发行市场的发展和整个证券市场的发展。例如，1989 年和 1990 年，国债品种多元化，而且发行额也分别达到 201.84 亿元和 234.16 亿元；至 1990 年上海股票上市交易公司已有 7 家，社会公众股（0.66 亿元）大约占到了股本总额（2.4 亿元）的 27.5%。国债市场取得进展的同时，企业债市场也有较大的发展，尤其是发行对象从企业内部集资为主转变为社会公众为主；同时银行金融债和政策性金融债也进入并扩大了发行范围。例如，1985 年各专业银行发行金融债券，1988 年以后其他金融机构也开始发行金融债券。1988 年全国发行金融债 65 亿元，期末余额 85 亿元；1990 年发行金融债 64.40 亿元，余额 89.88 亿元。但该发展阶段并没有建立交易和健全各种法律制度，所以始终处于比较低级的发展阶段。总之，该阶段的发展是中国经济发展转轨的内生需求，证券市场的发展整体上处于一种自我演变的状态，而且以分离的区域性市场为主。

3.2.1.3 证券市场的规范发展和快速发展阶段

1990 年 12 月，上海证券交易所（以下简称上交所）正式成立，标志着我国证券市场规范发展的开始。上交所的成立使我国证券市场由场外交易进入场内交易，由分散交易进入集中交易，也标志着我国证券市场步入逐步推进和规范发展的阶段。1990 年，全年证券交易额 91 亿元，中债券 75 亿元，股票交易额 16 亿元。继上交所之后，1991 年 7 月深圳证交所正式营业。1991 年共有 6 种股票上市交易，全年交易总额为 35.55 亿元。这一时期，部分国债发行采取承购包销的新方式。由于证券公司和信托投资公司组团承购国债和负责推销，使得国债的发行日趋市场化和规模化。例如，我国国债发行额从 1991 年的 281.25 亿元，迅速增加到 1995 年的 1537 亿元。与此同时，我国政府还分别通过 1991 年的发行人民币特种股票（B 股）改革和 1992 年的国家体改委关于股份和股票市场扩大试验的报告，拓展了股票市场引进外资的新渠道，扩大了股票发行市场的硬基础。在改革的推动下，我国证券发行规模增长较快。1992 年，全国范围内各类有价证券的发行总量为 1280 亿元（不包括内部发行的股票）。其中国债 410 亿元、国家投资债券 127 亿元、企业债券 379 亿元、金融债券 255 亿元、股票 109 亿元（其中人民币特种股票 12 亿多元）。同时一些新的金融商品开始出现，如沈阳、大连、重庆、厦门先后发行了多种投资基金类受益券，深圳宝安公司发行了认股权证和可转换债，淄博乡镇企业投资基金和深圳天骥基金都经批准而顺利发行。1993~1998 年的上市公司数量如图 3-1 所示，该阶段的证券市场概况如表 3-3 所示，各类证券的融资情况如图 3-2 所示。

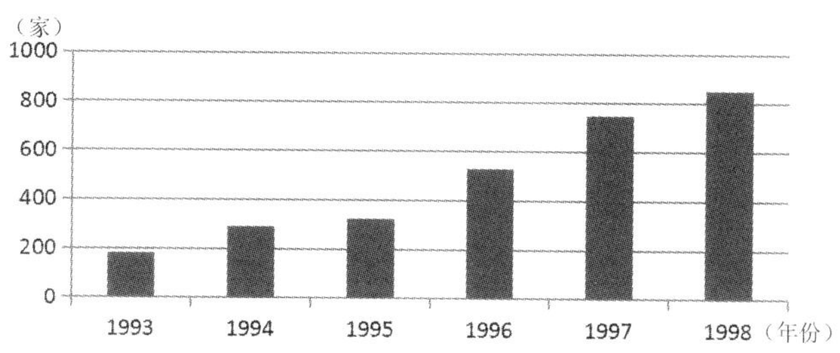

图 3-1 1993~1998 年上市公司数量

资料来源：《中国证券期货统计年鉴（1999）》。

表 3-3 1993~1998 年证券市场概况

年份	A 股筹资（亿元）	B 股筹资（亿元）	投资者开户数（万户）	股票市价总值（亿元）	股票流通市值（亿元）	股票成交金额（亿元）
1993	276.4	38.1	835.2	3541.5	861.6	3627.2
1994	99.8	38.3	1107.8	3690.6	968.9	8127.6

续表

年份	A 股筹资（亿元）	B 股筹资（亿元）	投资者开户数（万户）	股票市价总值（亿元）	股票流通市值（亿元）	股票成交金额（亿元）
1995	85.5	33.4	1294.2	3474.3	938.2	4036.5
1996	294.3	47.2	2422.1	9842.4	2867	21332.2
1997	825.9	107.9	3480.3	17529.2	5204.4	30721.8
1998	778	25.6	4259.9	19521.8	5745.4	23527.3

注：由于 2005 年以前国有股和法人股暂不流通，故有股票市场总值和股票流通市值的区分。另外，A 股筹资包含股票和可转换公司债。

资料来源：《中国证券期货统计年鉴（1999）》。

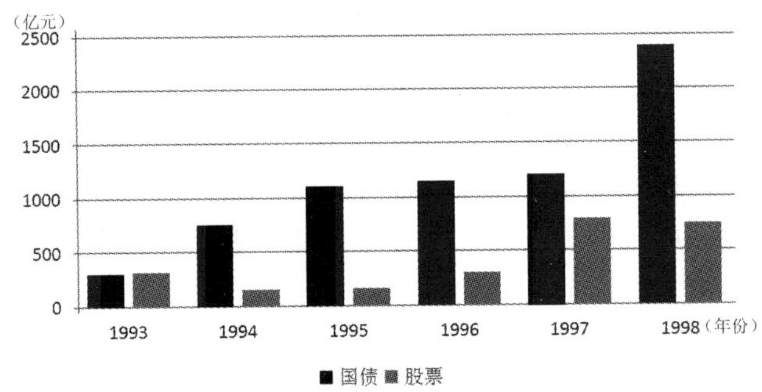

图 3-2 1993~1998 年各类证券融资情况

注：债券融资量为当年发行额减去当年兑付额，金融债包括政策性金融债和普通金融债。

资料来源：《中国证券期货统计年鉴（1999）》。

为了加强对迅速发展的证券业的领导，1992 年 10 月，国务院证券委员会和中国证券监督管理委员会成立，这是中国证券业管理走向规范化的重要信号。1993 年，国家证券委和中国证监会制定了一系列的条例、法规，使我国证券业的管理逐渐走向法制化轨道。这些法规有《股票发行与交易管理暂行条例》《证券交易所管理暂行办法》《禁止证券欺诈行为暂行办法》《公开发行股票公司信息披露细则（试行）》《招股说明书的内容与形式（试行）》等。随后，我国的证券市场进入快速发展阶段。1996 年 3 月 17 日第八届全国人民代表大会第四次会议批准的《中华人民共和国国民经济和社会发展“九五”计划和 2010 年远景目标纲要》明确提出：要“积极稳妥地发展债券和股票融资，进一步完善和发展证券市场”，为我国资本市场发展与完善提出了战略目标，推动和促进了“九五”期间资本市场的快速发展。从国债发行市场化程度来看，1996 年国债市场的发展以全面走向市场化为主要特色。年初提出的“发行市场化、品种多样化、券面无纸化、交易电脑化的目标基本实现。国债的发行机制基本上实行了市场化。在1995年一年期记账式国债试行指标式发行方式的基础上，1996年国债发行方式实现了由承购包销向公开招标的全方位过渡，初步建立了“基数承购、差额招标、竞争定价、余额分销”的发行模式。此外，基于国债市场的规模发展，1994~1995年，国债期货市场得到迅速发展。总之，该阶段使得中国证券市场从早期的区域性市场迅速发展为全国性统一市场，同时证券市场的机制和体制问题仍然存在，有待于进一步规范发展。1999~2007年的上市公司数量变化如图3-3所示，本期证券市场的概况如表3-4所示，各类证券的融资情况如图3-4所示。

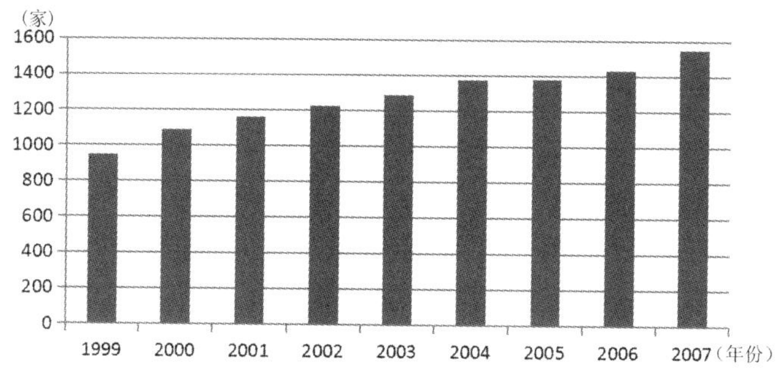

图3-3 1999~2007年上市公司数量

资料来源：《中国证券期货统计年鉴（2007）》。

表3-4 1999~2007年证券市场概况

年份	A股筹资（亿元）	B股筹资（亿元）	投资者开户数（万户）	股票市价总值（亿元）	股票流通市值（亿元）	股票成交金额（亿元）
1999	893.6	3.8	4810.6	26471.2	8214	31319.6
2000	1527	14	6154.5	48091	16087.5	60826.7
2001	1182.1	0	6965.9	43522.2	14463.2	38305.2
2002	779.8	0	7202.2	38329.1	12484.6	27990.5
2003	819.6	3.5	7344.4	42457.7	13178.5	32115.3
2004	835.7	27.2	7588.3	37055.6	11688.6	42334
2005	338.1	0	7712.3	32430.3	10630.5	31664.8
2006	2463.7	0	8249.3	89403.9	25003.6	90469
2007	7728.2	0	13887	327140.9	93064.4	460554.9

注：投资者开户数含A股、B股和基金。

资料来源：《中国证券期货统计年鉴（2007）》。

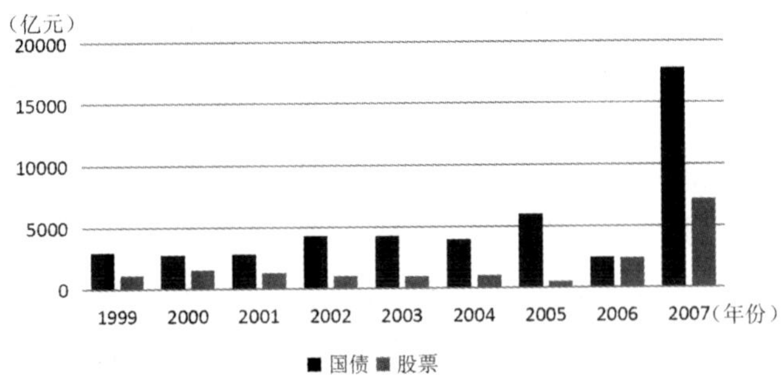

图 3-4 1999~2007 年各类证券融资情况

资料来源：《中国证券期货统计年鉴（2007）》。

3.2.1.4 证券市场的深入发展和创新发展

该阶段证券市场的深入发展主要围绕社会主义市场经济体制和全面建设小康社会的改革，大量国有和非国有企业进驻证券市场。同时，我国加入世界贸易组织也使得金融市场改革更大程度地面向世界。随着证券市场的发展，前期的诸多体制机制问题有待于解决，比如股权分置问题、上市公司改制不彻底问题、治理结构不完善问题、机构投资者规模小和类型少问题、金融衍生品缺乏问题，等等。针对这些问题，证券市场进行了进一步的规范和改革。国务院 2004 年 1 月发布《关于推进资本市场改革开放和稳定发展的若干意见》明确提出积极稳妥解决股权分置问题。随后，为丰富资本市场层次，深圳证券交易所于 2005 年 5 月设立中小企业板。除了市场层次的细化，证券市场的产品也更加多元化，比如可转换公司债券产品、银行信贷资产证券化产品、住房抵押贷款证券化产品、企业资产证券化产品、银行不良资产证券化产品、企业或证券公司发行的集合收益计划产品以及权证等新产品，以满足投资者的多样化需求。

该时期债券市场的规模也不断扩大，主要包括交易所债券市场、银行间债券市场和银行柜台交易市场。对于交易所债券市场，2002 年采用的国债净价交易方式使得市场的流动性有所增加，2004 年实现了买断式国债回购交易，2006 年实行可分离交易可转债，同时也完善了市场登记、托管与结算业务规则，促进了交易所债券市场的成熟发展。对于银行间债券市场，中国人民银行于 1997 年建立，以中央国债登记结算公司为平台，以机构投资者为主进行交易的无形市场。该市场的发展主要集中在审批方式、参与者和具体产品的变化方面。审批方式由审批制改为备案制；参与者有境外机构投资者、非金融机构等；具体产品先后推出外币金融债券、商业银行次级债券、证券公司短期融资券、工商企业短期融资券、商业银行普通金融债券、商业银行混合资本债券、债券远期交易、信贷资产支持证券等。对于银行柜台交易市场，2002 年设立商业银行柜台市场，主要开展个人投资者和中小企业的国债零售业务。

该时期证券市场的国际化步伐明显加快。中国在 2002 年发布《外资参股证券公司设立规则》和《外资参股基金管理公司设立规则》，同时上海和深圳交易所也分别发布《境外特别会员管理暂行规定》。截至 2007 年底，我国拥有 4 家外资证券机构驻华代表处成为交易所的会员，有 39 家和 19 家境外证券机构直接从事 B 股业务。此外，境外机构投资者与境内机构投资者的参与和交易机制建立，截至 2007 年底，已拥有 52 家境外机构投资者。2008~2015 年的上市公司数量变化如图 3-5 所示，证券市场的概况如表 3-5 所示，各类证券融资情况如图 3-6 所示。

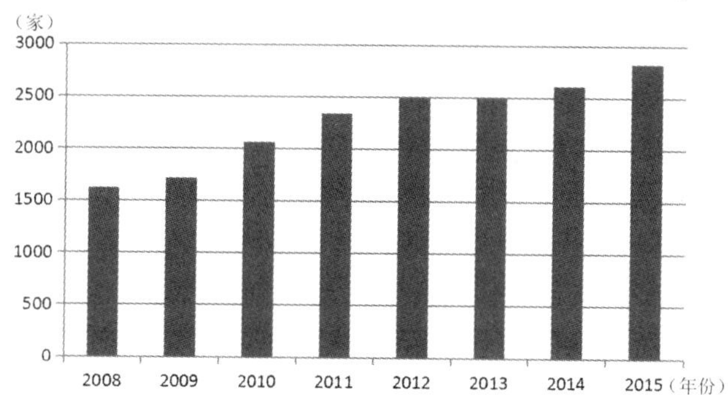

图 3-5 2008~2015 年上市公司数量

资料来源：《中国证券期货统计年鉴（2016）》。

表 3-5 2008~2015 年证券市场概况

年份	A 股筹资（亿元）	股票市价总值（亿元）	股票流通市值（亿元）	股票成交金额（亿元）
2008	3457.75	121366.43	45213.90	267112.66
2009	5004.9	243939.12	151258.65	535987
2010	9606.31	265422.59	193110.41	545634
2011	5073.07	214758.10	164921.30	421645
2012	3127.54	230357.62	181658.26	314667.41
2013	2802.76	239077.19	199579.54	468729
2014	4834.04	372546.96	315624.31	742385.26
2015	8295.14	531462.70	417880.76	2550541.31

注：投资者开户数含 A 股、B 股和基金。

资料来源：《中国证券期货统计年鉴（2016）》。

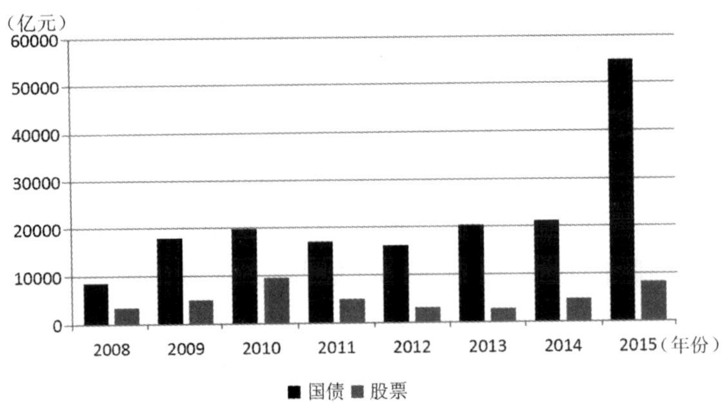

图 3-6 2008~2015 年各类证券融资情况

资料来源:《中国证券期货统计年鉴(2016)》。

该时期证券市场的创新发展始于 2008 年全球金融危机之后。基于美国次贷危机的影响，我国证券市场的避险功能显著缺失，为了完善金融市场的功能，证券市场的创新发展拉开序幕。2009 年 3 月，我国创业板正式开板，股票发行定价市场化，市场参与主体权责分明，收益与风险完全自主承担。随后，2010 年我国证券市场推出股指期货和融资融券试点，对于市场的买空卖空机制具有积极作用。2013 年 11 月 30 日，中国证监会发布《关于进一步推进新股发行体制改革的意见》，寓意着我国的新股发行制度正式启动。同年 12 月，新三板准入条件放开，市场正式扩容到全国范围。在围绕多层次资本市场建设方面，我国在 2014 年 11 月开通沪港通，进一步深化金融市场发展。显然，这些创新对于证券市场的可持续发展具有重要作用。

3.2.2 中国证券市场的发展特点

基于我国证券市场的变迁历程，我们可以看出证券市场的发展是在“摸着石头过河”中起步的，经过多年积累逐步走上法治化和规范化道路。为了透析我国证券市场的本质特点和内在规律，我们以法治视角审视并分析证券市场的发展特点。

3.2.2.1 “不完全”的证券市场

所谓“不完全”，就是有明显的体制缺陷，即资本市场有行政机制介入，甚至支配，市场机制尚未完全起作用。事实上，从 20 世纪 90 年代末期政府急于经济建设而由财政部确定国库券发行额度进行层层派购开始[①]，到股市确立后采取按投资者出身来划分股份并设立流通规则的做法[②]，再到后来政府在股票一级市场采取额度控制、行政保荐的办法完全垄断股票发行市场的行为[③]，以及目前仍然存在的公司上市准入机制，就可以看出目前中国证券市场的运作充分反映了其不完全性，这极大地制约着证券市场的健康和稳定的发展（唐宗，2001；古志辉、郝项超，2010[④]）。当然，中国资本市场发展史也是在逐步消除“不完全”性中不断完善的。例如，针对国库券的改革，1988 年关于国务院批准的《开放国库券转让市场试点实施方案》的通知，允许试点企业行业内发行股票筹资和债券，使其进驻二级市场。同时也允许持有 1985 年、1986 年国库券的所有者出售债券等一系列条例；针对股权分置的改革，1994 年 7 月 1 日生效的《公司法》对股份公司不再设置国家股、集体股和个人股，而是按股东权益的不同，设置普通股和优先股。2001 年 6 月，国务院颁布《减持国有股筹集社会保障资金管理暂行办法》则在法律层面开始进行国有股减持的探索性尝试。2004 年 1 月，国务院发布《国务院关于推进资本市场改革开放和稳定发展的若干意见》，明确提出“积极稳妥解决股权分置问题”。次年，中国证监会于 4 月发布了《关于上市公司股权分置改革试点有关问题的通知》，9 月颁布了《上市公司股权分置改革管理办法》，标志着股权分置改革的全面展开，截至 2006 年 12 月，股权分置改革已取得决定性胜利。针对公司上市的准入机制，2001 年 3 月将之前的

---

① 1981 年 1 月，国务院通过《中华人民共和国国库券条例》，决定重新发行国库券来弥补财政赤字。1981~1987 年，中国国库券的年均发行规模为 59.5 亿元，尚不存在国债的一级市场（发行市场）和二级市场（流通市场），国库券的发行采取的是行政摊派的形式，面向国有企事业单位和个人，且存在利率差别（个人购券的年利率要高于单位 4 个百分点）。发行的券种也很单一，除 1987 年发行过 54 亿元的 3 年期重点建设债券外，其他各年份均为 5~9 年的中长期国库券。

② 1992 年 5 月的《股份制企业试点办法》规定，“根据投资主体的不同，股权设置有四种形式：国家股、法人股、个人股、外资股”。

③ 行政审批必须有“条条”（企业主管部门）或者“块块”（地方政府）的批准，企业搞不到额度、指标，就无法进入上市程序，证券中介机构的作用得不到充分发挥。

④ 古志辉、郝项超（2010）通过建立随机最优控制模型和市场数据对中国资本市场的不完全程度和存在的信息不对称问题进行了实证研究。发现 2006 年和 2007 年资本市场内生的日平均风险收益率分别为 0.135%和 0.256%，折合为年收益率则分别为 33.83%和 64.06%，大大超过我国同期法定利息，表明中国资本市场满足不完全市场的基本特征。

股票发行上市的“审批制”改为“通道制”为核心的核准制，该条例的颁布是股票发行和监管制度的一次飞跃（张宇润，2004）。2003年7月和12月，证监会分别发放和公布了《公开发行和上市证券保荐管理暂行办法》《保荐暂行办法》，尤其是次年提出的关于《保荐暂行办法》在有关事项通知中，首次明确了券商可以作为保荐机构的资格①，极大地提高了保荐效果。2008年8月实施了《证券发行上市保荐业务管理办法》及年底的修改则是基于后来成立的创业板进行的必要调整。不可否认的是，法律制度在消除中国体制缺陷的证券市场中起到了非常重要的作用。

3.2.2.2 “效率渐变”的证券市场

所谓“效率渐变”实质上是指缺陷机制的填补和不断成熟，即中国资本市场每一次的发展和进取的动力都来源于该市场机制的构建和逐步完善。回顾过去，我们不难发现中国资本市场的机制缺陷主要体现在三个方面：竞争机制、约束机制与激励机制。具体而言，竞争机制缺失主要体现在缺乏产权关系明确的市场主体、缺乏通过正常竞争形成的市场价格，缺乏市场主体间通过价格形成的有效竞争，不仅导致资本市场上资源流动和动态组合机制不健全从而不能形成有效的资源配置机制，而且资源配置的失效在一定程度上又加重了行政权力和行政机制排斥或在一定程度上取代了市场竞争和市场机制；约束机制缺失主要体现在，由于我国特殊的国情和体制，上市公司的绝大部分都是由国有企业改造而来，国有股都处于绝对的控股地位，加上这些国有股大都处于“产权虚置”与“所有者缺位”状态，这就使得任何一个行政部门特别是上市公司的原主管部门可以以国有股代表的身份来干预企业，但却不对这种干预的后果承担任何责任，最终的后果便是这些上市公司中比较普遍地存在着“转轨”不转制现象，主要表现为“翻牌”和“圈钱”效应，以及现代企业制度所要求和所固有的财产制衡机制与组织制衡机制或者不存在，或者流于形式；激励机制缺失体现在我国的上市公司中，由于普遍没有长期薪酬激励计划，公司管理层持有的数额极少的股票在任职期内也不能出售，上市公司股票价格的变化与公司决策者和经营者在利益上也无任何联系，因而这些决策者就很难有进行长期和有效决策进而实现“阳光下的利润”的积极性。在这种情况下，一些上市公司的决策者往往采取在暗地里与庄家配合的办法，不惜牺牲公司长远利益进行大比例送股和转股，通过“跟庄”而获取“灰

① 2004年5月17日，江西洪城水业股份有限公司公开发行5000万股A股，汉唐证券担任保荐机构，首次亮相新股发行市场。

色”甚至“黑色”收入。即使是即时薪酬，其总水平也比较低，远远起不到激励决策者和经营者积极进取的作用。当然，中国资本市场发展史也是在逐步消除“低效率”机制的过程中使其不断完善的。例如，针对竞争机制缺失，我国改革开放以来，于1988年通过的《企业法》以及1992年颁发的《全民所有制工业企业转换经营机制条例》通过建立企业财产国家所有权与企业经营权相分离的原则和厂长负责制解决了之前企业的产权问题，使企业成为一个相对独立的经济实体和市场主体。而后在1993年颁布的原《公司法》，在之前的基础上进一步解决了政府具有行政管理者和国有财产所有者代表的双重身份问题，突破了《企业法》规定的“依法处分”的问题。到2005年10月，第十届全国人大十八次会议通过的新《公司法》尽管具有若干问题，但是在产权明晰方面已经做出了巨大贡献。后来在2007年10月和2009年5月相继实施的《物权法》和《企业国有资产法》都进一步明确了资本市场的产权关系，优化了竞争机制；针对约束机制缺失，1993年党的十四届三中全会提出“建立现代企业制度”的要求后，监管部门以《公司法》和2000年国家经济贸易委员会关于贯彻落实《国有大中型企业建立现代企业制度和加强管理的基本规范》的通知为基础，先后发布了《上市公司章程指引》和《关于在上市公司建立独立董事制度的指导意见》，在一定程度上满足了现代企业制度所要求和所固有的财产制衡机制与组织制衡机制。从2002年初开始，证监会和国家经贸委又联合颁布了《上市公司治理准则》和《关于上市公司治理结构披露有关问题的通知》等后续很多法律条文条例（包括2006年《公司法》和《证券法》），对关于如何解决国有“产权虚置”与“所有者缺位”状态及其“圈钱”问题进行了逐步回答，虽然没有从根本上解决这些问题，但是这些条例的出台已经在很大程度上缓解了这些矛盾问题；针对激励机制缺失，党的十五届四中全会《关于国有企业改革和发展若干重大决定》充分肯定了经营者“持有股权”的激励方式，标志着激励机制缺位开始步入解决的进程。党的十六大报告更是明确提出“要确立管理与其他要素一起按贡献参与分配的原则”。2005年12月，《上市公司股权激励管理办法》推出，它在前者的基础上，对上市公司长效激励进行了更进一步的规范，而高级管理人员薪酬结构也因此发生了重大变化。

3.2.2.3 “跛足”的证券市场

所谓“跛足”，就是有明显结构缺陷的市场结构和单调的交易环境。主要体现在：单方向交易、股强于债、三层次市场。具体而言，单方向交易是指我国资本市场只有现货市场（股票和债券）和有限制的期货期权市场，而没有建立更多种类的金融衍生品市场，造成现实交易中只有做多机制而不具备做空机制，无法有效发挥市场中特有的价格发现功能、套期保值功能和风险规避功能；股强于债则是指资本市场中融资的两个轮子，股权融资与债券融资，与国外相比存在着上市企业融资反向失衡的局面。在沪深两个证券交易所内，股权市场远远大于债券市场①。三层次市场指目前我国的主板市场、二板市场和场外交易市场②。虽然多层次资本市场已成雏形，但各层次之间缺乏有序通道使其三层次市场之间不同公司的股权、产权、债券和转让交易互通互融。针对单方向交易，虽然新中国的期货市场产生于20世纪80年代初期，但是真正的期权期货市场发展在1998年以后。为了有效地促进双向市场的发展，继1994年《国务院证券委员会关于坚决制止期货市场盲目发展若干意见请示的通知》要求禁止境外期货业务之后，1999年，国务院发布了《期货交易管理暂行条例》，在很大程度上振兴了低迷的期权期货市场的发展。此后，为了更进一步地有效规范和发展国内的期权期货市场，“十五”期间，中国期权期货市场已形成了“一个条例”“一个司法解释”“四个办法”的法律法规基本框架，即2001年5月24日，五部委联合制定《国有企业境外期货套期保值业务管理办法》；2002年1月，证监会修订了《期货经纪公司高级管理人员任职资格管理办法》和《期货从业人员管理办法》，同年5月，证监会修订颁布了《期货交易所管理办法》和《期货经纪公司管理办法》；2003年7月，《最高人民法院关于审理期货纠纷案件若干问题的规定》施行，使得期货纠纷案件审理的法律依据又一次扩展；2005年底，证监会又发布了《关于进一步加强期货公司内部管理制度建设，完善法人治理结构的通知》，期货公司治理结构有望走出目前的混乱局面，这些法律和条例的出台，使我国的期权期货市场得到了快速发展，这体现在全国期货市场2001年到2005年从行业亏损到行业盈利。2006年后，新的《证券法》和2007年新修改的《期货交易管理条例》及相关政府出台的文件在促进更多“金融衍生工具”市场的发展方面打下了良好的基础。截至目前，证监会已经开始对部门券商作为直接卖空机制落实的试点，同时对于国债期货、外汇期权等部分金融衍生工具发展所需的法律也在筹备之中，这些都为后续证券市场多头和空头机制的发展打下了坚实的基础。针对股强于债，基于我国股利分配的政策引导和1987年《企业债券管理暂行条例》的政府管制，企业债券市场一直滞后发展。后来，从1993年的《企业债

① 证监会数据显示，2011年全年共有282家企业在A股市场首发上市，220家企业实施股权再融资，全年股票融资5073亿元，上市公司债券融资1707.4亿元。

② 主板市场指上海和深圳证券交易所市场，二板市场指中小企业板块和创业板市场，场外交易市场指产权交易板块和非上市股权转让。

券管理条例》，2003 年的《证券公司债券管理暂行办法》及其配套的五个文件，2004 年的《国家发展和改革委员会关于进一步改进和加强企业债券管理工作的通知》，2005 年的《短期融资券管理办法》等一系列行政条例在一定程度上刺激和发展了债券融资市场，但规模有限。后来在 2007 年证监会颁布实施的《公司债券发行试点办法》（该条例丰富了证券投资品种）和 2008 年发改委发布的《关于推荐企业债券市场发展、简化发行核准程序有关事项的通知》（该条例是企业债券发行制度转为“核准制”市场化发行的重大变革）重磅刺激下，债券融资市场得到了大规模的发展。由于债券融资市场受限于我国目前信用机制的制度性障碍，所以资本市场“股强于债”的特殊性仍没有得到根本性的改变。针对三层次市场，一直是目前国内关注的焦点，如何通过各项法律和条例尽快建立多层次的市场和彼此之间的互通互融仍是需要解决的难点。

3.2.2.4 “非均衡”的证券市场

所谓“非均衡”，主要是指我国东部、中部、东北部和西部地区资本市场发展存在明显的不均衡①，在长期范围内会加大我国各经济区域的不均衡发展。针对“非均衡”的资本市场，我国改革开放以前实行高度集中的传统计划经济体制，社会资金的分配采取“强财政、弱金融”的形

① 从上市公司数量来看，东部 10 省市共有 1516 家上市公司，平均每省市 151.6 家上市公司；中部 6 省市共有 347 家上市公司，平均每省市 57.8 家上市公司；东北部 3 省共有 133 家上市公司，平均每省 44 家上市公司；西部 12 省市自治区共有 348 家上市公司，平均每省市 29 家上市公司。东部区域上市公司数量明显高于其他三个区域上市公司数量。从上市公司市值的比较来看，存在东部经济区域上市公司市值最高、所占比例最大，而其他三大区域市值较小的现象。截至 2011 年 7 月底，东部经济区域（10 省市）上市公司市值总量占 A 股市值总量的 76%；西部（12 省市自治区）占 A 股市值总量的 11%；中部（6 省市）占 A 股市值总量的 10%；东北部（3 省）占 A 股市值总量的 3%。从各省市值平均量来看，东部区域平均每省市值总量为 23568.69 亿元，中部区域平均每省市值总量为 5157.09 亿元，东北区域平均每省市值总量为 2852.97 亿元，西部区域平均每省市值总量为 2734.29 亿元。平均来说，东部省份是西部省份的 8.62 倍，是东北省份的 8.26 倍，是中部省份的 4.57 倍。从各区域证券市场上募集到的资金量来看，自中国设立证券市场以来我国四大经济区域募集资金量最多的是东部区域，共募集资金 198233 亿元，其他三个经济区域募集到的资金分别是：西部 11224.7 亿元，中部 10677.5 亿元，东北部 3833.71 亿元。可以看出，东部占有绝对优势。从四大区域人均募集到的资金量比较，仍然是东部区域占绝对优势，为 4.09 万元/人，其次分别是东北部 0.352 万元/人，西部 0.306 万元/人，中部 0.2999 万元/人。

式，财政垄断了固定资产投资领域，银行对经济的支持仅限于短期信贷和流动资金范围之内。当时，金融体系形成的“大统一”社会主义计划金融体制由于建立在全国上下银行信用全部集中于“中国人民银行”一家办理一切金融业务的特点，所以国内各个地区都是金融结构单一，且资金价格无差别，整个金融的运行都是均衡的、低速的、低水平的。

1979 年以后，在国家改革开放一系列政策和《企业法》的颁布下，我国按照“分权化”和“市场化”两个要求进行改革，国家对区域经济的发展采取非均衡经济增长策略，加强了对经济特区、沿海开放城市的投资，对东部沿海开放地区给予财税、金融等方面的诸多优惠政策，例如“七五”期间制定的“三大地带”发展战略。[①] 这些法律和政策促进了整个经济金融制度的变迁，加速了金融体制由计划型向市场型转变的进程，且带来了区域经济发展的二元格局，即东西部地区市场化进程的差异造成了金融资源的供给和需求在空间上呈现非均衡的分布特征和金融资源配置的区域差别。总的来说，截至 2004 年，我国区域梯度推进的政策对我国整个资本市场的发展做出了一定的贡献，尤其是促进了东部沿海地区资本市场的优先发展，但是也加剧了区域资本市场的失衡。

随着国家对西部大开发和中部崛起等一系列政策的实施和落实，我国区域资本市场极度不平衡的现状得到了一定程度的控制，但是目前我国区域资本市场不平衡的现状仍然明显存在，我们用相对差异系数 Vuw（TCF）[②]、Vuw（CDR）[③] 和 Vuw（BSR）[④] 衡量其市场不平衡的

---

① 三大地带发展战略指加速东部沿海地带的发展，同时把能源、原材料建设的重点放到中部，并积极做好进一步开发西部地带的准备。

② 资本市场融资额（TCF）：反映资本市场融资能力的指标，等于中长期信贷市场融资量与股票市场融资量之和。作为存量指标，为了计算方便，本书用每年底的余额水平来代表 TCF 的当年值，同时对其他存量性质的指标，将都采用同样的计算方法。需要说明的是，由于贷款需要偿还，而股票不需要，所以这两个存量概念还有一定的区别。贷款的存量是减去偿还额以后的一个余额概念，而股票的存量则是历年融资额加总后的一个总量概念。可以由下面的公式表示：$TCF_i = BBL_i + TSF_i$，其中 TCF_i 表示第 i 年的资本市场融资额，BBL_i 代表第 i 年底的中长期贷款余额，TSF_i 代表 i 年中从股票市场获得的资本总额。

③ 资本依存率（CDR）：资本依存率从严格意义上是指经济发展对资本市场融资量的依存率，是反映资本市场宏观效率的一个重要方面，资本依存率越高说明资本市场在经济发展中的作用越重要。资本依存率可采用下式计算：CDR = TCF/GDP。

④ 直接与间接融资比例（BSR）：如前所述，在结构性差异的分析中本书主要研究直接融资与间接融资比例的差异，我们选择的指标是中长期贷款与股票市场的比例（BSR），它等于某一年中的中长期贷款余额（BBL）除以该年的股票融资总额（TSF）。

水平，如图 3-7 所示①。如何通过针对性的法律制度缓解区域资本市场的差距将成为今后的改革重点。

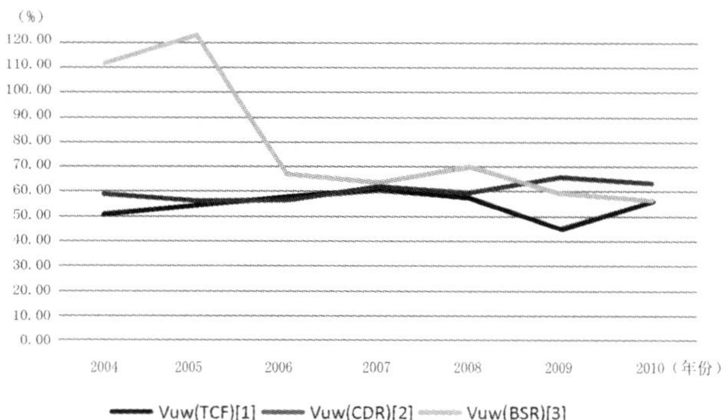

图 3-7 全国 2004~2010 年区域相对差异系数

资料来源：《中国金融年鉴数据》。

3.3 中国法律环境与证券市场的特殊关联性

本书立足于法制环境与中国证券市场的变迁历程，分析两者之间的特殊关联性，即政府主导改革与剩余立法权、证券稽查改革与集权式执法权、投资者权益保护与能动型司法权、“重执法、轻司法”与法律制度不完备，由此打开中国法制环境与证券市场发展二者关系的“黑匣子”，以总结实践改革中的特殊性和规律性。

① 资本市场的区域性可比较指标分为两类——规模指标和结构指标。资本市场的规模指标包含两方面含义：一是资本市场的融资能力；二是资本市场规模与其他重要经济变量的比例关系。资本市场的融资能力可以通过两个指标来反映：资本市场的融资量、资本市场的融资成本。资本市场与其他经济变量的比例关系可以用资本依存率来反映，这也是资本市场宏观效率中的一个重要方面。资本依存率，是指经济发展对资本市场融资量的依存率，是 GNP 对资本市场工具的依存程度，即股权、债券等融资工具占 GNP 的比重。资本市场的结构性指标分两个层次：一是直接融资与间接融资的比例，本书以金融机构贷款总额与股票市场融资总额之间的比例来代替直接融资与间接融资之间的比例；二是直接融资市场和间接融资市场内部的各种比例关系，即信贷市场和股票市场上的各种比例关系，比如中长期信贷市场上融资的主要使用方向、股票市场上融资的企业行业结构、股票市场首次发行融资和配股融资的比例关系，等等。在本书中将以第一个层次的结构作为分析重点。

3.3.1 政府主导改革与剩余立法权

回顾中国证券市场的发展历程我们可以发现，与国外证券市场的市场自发型驱动相比较而言，我国政府主导证券市场的改革是显而易见的。实际上，相比西方社会的横向民主，中国则与自身的文化传统和国情相适应，实行了一种中央政府自上而下的指令与地方政府自下而上的参与相结合所形成的新政治模式。因此，中国证券市场的发展改革历程可以认为是中央政府针对证券市场的合理性产权制度实施的顶层设计改革，和地方政府在证券市场创新试验型改革中所积累的局部渐进改革制度安排的集合。

法经济学的观点认为，所谓的中央顶层设计与地方摸着石头过河其本质上是政府主导的强制性制度变迁与地方自发的诱致性制度变迁。具体而言，强制性制度变迁赋予中国国情的特点在于中央政府主导改革，进行顶层制度安排，而地方政府则通过丰富的行政法规、部门规章、地方法规和指引、规章以及具有法律效力的政府规范性文件因地制宜地细化和完善制度安排，进行自上而下的制度安排或创新①。在强制性制度变迁的过程中，制度安排的表现形式一般由政府行政命令或法律引入和实行。诱致性制度变迁的特点则是在中央允许和地方政府的支持下，由个人和非政府组织在追求潜在利润时自发倡导、组织和实行。改革主体主要来源于基层，程序上体现为自下而上，具有所谓的边际革命和增量调整的性质。显然，中国这种自上而下与自下而上的改革模式一方面使得证券市场的发展处于一个国家和地方所营造的有序统一的法律环境中，另一方面也使得证券市场的发展在不同地区差异化承接落实制度安排和因地制宜自发创新制度设计的过程中得以总结经验吸取教训，快速弥补中国从改革开放前的计划经济金融体制向现代市场经济金融体制转型过程中所暴露出的制度缺失和缺

① 林毅夫根据制度变迁的主导方式不同，将制度变迁区分为诱致性（Induced）与强制性（Imposed）制度变迁。根据林毅夫的定义，诱致性制度变迁指的是“现行制度安排的变更或替代，或者是新制度安排的创造，它由个人或一群（个）人，在响应获利机会时自发倡导、组织和实行”，而强制性制度变迁则是必须由某种在原来制度安排下无法得到的获利机会引起。强制性制度变迁由政府通过自上而下的正式制度安排进行制度创新，具有强制性的特点。诱致性制度变迁由民间通过自下而上非正式制度安排进行制度创新，具有自发性的特点。有关强制性与诱致性制度变迁的著述，参见《财产权利与制度变迁》一书中拉坦所著的《诱致性制度变迁理论》以及林毅夫的《关于制度变迁的经济学理论：诱致性变迁和强制性变迁》一文。

位的问题。

依托中央政府自上而下的指令与地方政府自下而上的参与，使中国证券市场的规模在短短十多年的时间内便达到了西方发达国家上百年取得的发展目标。显然，这种揠苗助长方式的发展模式并非建立在市场自发催生的信用环境日益成熟的基础上，而是政府强制改造的结果。实际上，在政府主导的制度变迁过程中，政府以“国家信用”在证券市场的过度倾斜为工具，为证券市场发展提供一种隐性的制度担保，以政府信用取代市场信用，有力地促进了证券市场的快速发展。值得追问的是，政府为证券市场发展所提供的隐性制度担保是通过什么形式表现出来的呢？实际上，我们发现，由于我国证券立法所具有的宏观性和原则性，中央政府自上而下的指令与地方政府自下而上的参与是无法进行微观操作的，更多的是依据相对低位阶的制度（法规、规章、指引、判例以及具有法律效力的政府规范性文件）。从本质上讲，这种隐性制度担保可以看作是中国立法机关之外的制度安排，是立法机关转移给政府机构的一种“剩余立法权”行使的结果。

首先，在“剩余立法权”带来的隐性制度担保下，中央对于证券市场发展过程中的顶层设计以及地方政府因地制宜的细化和落实制度安排往往伴随着一个典型表现，即中央与地方的行政法规及其规范性文件的泛化。截至 2008 年底，中央及地方颁布有效的专门规范证券市场的法律文件有 435 个，其中法律 3 部，行政法规和政府规章 17 个，规范性文件 415 个。可以看出，在证券市场的发展改革中，行政法规和各种规范性文件在整个证券市场的法律体系中具有毋庸置疑的影响力。以股权分置改革为例，国务院在 2004 年 1 月颁布《国务院关于推进资本市场改革开放和稳定发展的若干意见》，提出“积极稳妥解决股权分置问题”。2005 年 4 月和 9 月，中国证监会发布了《关于上市公司股权分置改革试点有关问题的通知》和《上市公司股权分置改革管理办法》，对股权分置改革的实施进行制度安排。针对中央政府所制定的安排，地方政府在股权分置改革的战役中积极响应，因地制宜地开展工作。例如河南省、海南省、江苏省等一批省政府分别出台了《河南省人民政府关于积极推进上市公司股权分置改革工作的意见》《海南省人民政府办公厅关于加快推进上市公司股权分置改革工作的通知》《江苏省关于做好全省上市公司股权分置改革工作的若干意见》等指导意见，对本地区的情况进行细化和说明。显然，这些具有法律效力的地方规范性文件不但确保了中央制度安排的顺利实施和落地，而且在实施过程中能够微调制度设计在不同地区之间的适应性，在短时期内有效提升改革效率和发展速度。但是值得注意的是，尽管中央与地方行政法规及其规范性文件具有一定的法律效力，但是中国证券市场的法律法规依然是不健全的，这也导致了市场参与者的合同严肃性得不到有效维护的问题，在执行过程中一直依靠政府享有的剩余立法权所带来的隐性担保，这容易滋生许多违约问题，再加上我国政府的“角色错位”①，证券市场参与者的合约关系十分容易异化。

其次，地方政府在证券市场的经验创新也往往通过“剩余立法权”表现出来。具体而言，在中国证券市场的发展中，由于缺乏足够的信用环境基础，针对区域证券市场的金融创新，中央政府和地方政府会达成一个不完全契约，即地方在事前投入专用性人力或物力资产进行自发倡导的改革试验，这也就是地方证券市场发展中所采取的“摸着石头过河”。事实上，地方政府的经验创新将通过政府机构享有的“剩余立法权”呈现出来，并在全国加以推广。例如，在期货市场的发展初期，中国整个期货市场是缺乏法律体系的，以郑州粮食批发市场的成立为标志，地方期货市场在地方政府的监管下摸索前进，并在 1994 年 4 月出台了我国第一部关于期货市场的地方性法规《河南省期货市场管理条例（试行）》，与此同时，上海市人民政府也发布了地方性政府规章《上海市期货市场管理规定》。伴随着地方期货市场发展的经验积累，中央政府在 1999 年实施了《期货交易管理暂行条例》。显然，地方证券市场的诱致性制度变迁成果最终以中央政府通过“剩余立法权”出台的法规、规章、指引、判例以及具有法律效力的政府规范性文件呈现出来，这给证券市场的发展带来了金融产品创新并丰富和完善了中央立法机构对证券市场的制度安排。

基于现代西方产权理论的分析，“剩余立法权”的益处表现在两个方面：第一，以地方政府出台的法规、规章、指引、判例以及具有法律效应的政府规范性文件为代表的地方法律，能够快速对中央政府的顶层制度设计进行因地制宜的细化，有利于加速实现从中央制度改革到地方制度改革的制度变迁，提高改革效率，实现帕累托改善。例如，许多学者通过实证分析考察了我国上市公司股权分置改革的效果，几乎都支持股改对企业业绩和证券市场的长远发展具有显著的积极效应（周生春、徐萌娜，2010；陈璇、淳伟德，2010）。第二，地方政府通过“剩余立法权”激励产生的制度创新有利于减少改革阻力，保证改革在市场稳定的基础上推进。例如

① 政府在证券市场中身兼数职，一身三任，即一是作为证券市场监管者承担规范股市责任；二是作为上市公司最大股东，承担国有资产保值增值的责任；三是肩负着保护投资者利益的重任。

本书之前提到的中央政府在 1999 年实施的《期货交易管理暂行条例》就是在郑州、上海地方政府规章制度已经实施一段时间的基础上，吸取经验和总结教训后形成的。显然，通过将新制度、新法规的实施限定在一定地区内，可以有效实现在经济稳定的状况下推动市场资源配置的优化改进。

总的来讲，政府主导证券市场的各项改革离不开中央与地方政府机关通过“剩余立法权”所出台的大量发生实际作用的低位阶制度规范。正是这些丰富的法规、规章、指引、判例以及具有法律效力的政府规范性文件才使得我国证券市场的立法供给不仅仅局限于最高立法机关颁布的全国性法律，从而满足证券市场的运行需求。

3.3.2 证券稽查改革与集权式执法权

中国证券市场的快速发展得益于中央政府主导的自上而下所进行的改革，然而中央顶层的制度安排却缺乏证券市场的实践检验，存在很多潜在的法律不完全性。这也就导致了证券市场的投资者权益保护仅仅依赖于《证券法》《合同法》和《公司法》等一系列与证券市场相关的法律，然而订立的合同是远远不够的，尤其是在我国缺乏市场信用培育的证券市场。回顾我国证券市场投资者权益保护的发展历程，其权益保护的改善程度与我国行政执法机构的稽查和监管息息相关。

中国证券稽查机制改革经历了分散监管稽查、多头监管稽查到集中统一执法三个发展阶段。20 世纪 90 年代，证券市场的融资初衷主要是为国有企业服务，所以上市公司的选择主要是基于中央政府与地方政府之间的行政关系进行的，由此形成了我国上市公司特殊的治理结构。事实上，在分散监管和多头监管之下，地方政府与中央政府基于上市配额制的存在，使得地方政府的证券执法机构在证券稽查过程中既是“裁判员”又是“运动员”。具体而言，由于中国经济分权的同时伴随着政治集权，晋升激励使得地方政府官员有着非常强劲的动力促进地方经济的快速发展，因此地方政府为了争夺证券市场的经济资源，上市公司的数量和上市公司的业绩也会被作为地方政府、官员政绩考核的潜在标准（张琼芳，2010）。在这种情况下，对于上市公司不易察觉的而又在一定程度上侵害投资者权益的坏行为很容易发生，而地方政府往往通过大面积的税收优惠和财政补贴对上市公司进行政府干预，以达到上市公司的扭亏、ST 保牌、平滑利润、资产保值增值等目的（陈晓、李静，2001）。尤其是具有国有背景的上市公司，其公司负责人通常由地方国资委任命，与地方政府具有很强的政治关联，也容易导致隐藏或忽视公司风险，形成进一步的公司造假。总的来讲，在地方政府主导证券稽查的模式中，地方政府出于地方公共治理和地方政绩的需要，直接干预或者通过政治关联隐蔽上市公司侵害投资者权益的行为，在很大程度上削弱了执法的功能性。

随着证券市场的发展，中国证券监督管理委员会对全国证券市场负责统一监管。尤其是2007年之后，证监会提出了交易所、证监会、派出机构“三位一体”的稽查体系，即证监会在全国共设36个派出机构（地方监管局）和上海、深圳两个证券专员办事处，对派出机构实行统一垂直领导，而地方证监局则按照辖区监管责任要求，对本辖区证券市场进行监管执法。显然，中央集中统一监管摆脱了地方政府的直接干预，在形式上有利于证券市场中“异化合约关系”的改善。实际上，政府作为国有上市公司的最大股东，基于维护现有体制、维护既得利益集团的需求，仍然会运用政府行为对上市公司进行直接干预，这种干预无疑破坏了证券市场中投资者订立金融合约的机会和自由选择，潜在地提升了投资者所面临的交易成本。而中央集中监管在很大程度上引致地方证券稽查权利上移，从而使地方政府对于上市公司的干预有所减弱，这在一定程度上保护了证券市场中金融合约的规范化。

与西方国家不同的是，证券市场中很多上市公司的国有背景导致了金融合约主体缺陷的“中国式不完全合同”。在这种合同背景下，国家股东和个人股东的地位、权利存在较大差别，一旦违约行为发生，分散化的监管稽查往往由于稽查资源有限或者地方政府的强势干预导致证券市场的违法公司逍遥法外，合约的严肃性遭遇挑战。中央统一集中监管机制依靠自身的高级别政府平台，能够在证券市场中查处一大批内幕交易、市场操纵、虚假陈述等侵害投资者权益的重大案件，维护合约的严肃性，有效保护市场投资者的利益。从图3-8描述的上市公司违法违规行为的变化趋势中，我们可以看出从2000年到2003年，违法违规行为数量占上市公司的比重上行于违规上市公司数量，而从2004年到2008年，违法违规行为数量占上市公司的比重下行于违规上市公司数量，这说明稽查执法在我国证券市场中起到了较强的威慑力，有效地降低了市场违法行为的发生。然而，在实际运行的过程中，由于证监会行政管理和行政处罚权的过度集中，证券市场中的自律组织完全受到中国证监会的实际控制，造成中国证券的监管体制存在天生残疾，丧失了市场所认可的诚信与理性，这也是造成我国证券稽查效率低下的主要原因。

基于现代西方产权理论的分析，中国集权式执法权的益处在于：首先，中国集权式执法权运用行政执法权影响上市公司融资的隐性交易成本，可以有效地监管证券市场参与者的行为，实现资本要素的市场资源优化配置。具体而言，资本逐利的本质属性决定了证券市场的投机行为具有一定的伴生性，内幕交易、信息欺诈、操纵市场等投机违法行为也就成了市场的伴生物。中央统一集中监管机制正是依靠自身的高级别政府平台，能够在证券市场中查处一大批内幕交易、市场操纵、虚假陈述等侵害投资者权益的重大案件。不可否认，集中式执法权加大了投机者的交易成本，可以有效遏制违法行为的蔓延，使市场功能正常发挥（肖刚，2012）。

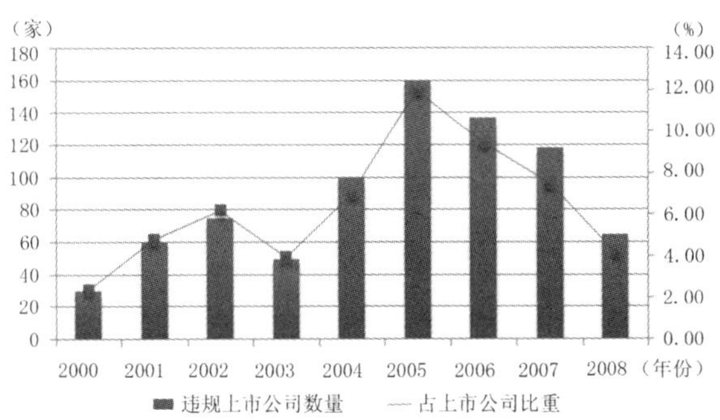

图 3-8 2000~2008 年上市公司违规行为分布

资料来源：中国 CSMAR 数据库。

中国集权式执法权运用 IPO 遴选权调动地方政府治理积极性，通过调整社会分权抬高违法行为或者具有违法行为嫌疑的上市公司进驻市场的门槛，实现了市场投资功能的回归。具体而言，在执法权集中统一的模式下，地方保护、工作环境和人员结构等因素很难完全超脱地方政府的影响和干涉，但是证监会一旦发现存在可能损害投资者保护的坏行为的上市公司，那么该地区的 IPO 资源分配将会受到严重影响。具体而言，相比其他市场经济国家或地区证券监管机构，中国证监会在公司上市实行“审批制”的国情下拥有 IPO 的遴选权。面对地方企业上市 IPO “华山一条路”的局面，证监会通过自身具备的遴选权来影响地方政府在证券市场融资中汲取的巨大利益，从而迫使地方政府担当起监管企业的责任。事实上，在各地区争取 IPO 资源分配时，证券监管机构通常会权衡各地区上市公司是否发生了丑闻以及发生丑闻的严重程度和频率。在这种无形的游戏规则下，证监会实质上与地方政府达成了一种隐性契约，该契约要求理性的地方政府与地方证监局的证券稽查进行合作，积极查处公司可能存在的坏行为，尽量降低公司丑闻的发生频率（陈冬华、章铁生，2008）。显然，隐性契约可被称为一种来自地方政府的隐性保险，如果能够得到执行，可在一定程度上强化证监会的执法力度，对投资者形成一定程度的保护。相应的作用机理如图 3-9 所示。

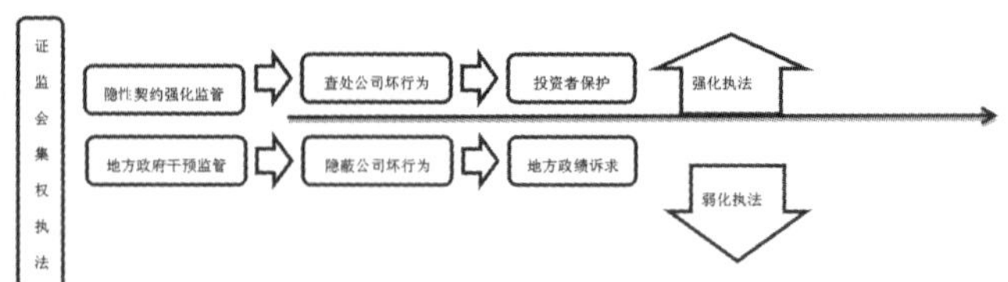

图 3-9 中国证监会证券稽查与地方政府行为的关系

基于执法权集中统一，地方政府的短期利益行为也可能存在，但是伴随着证监会统一集中执法力度的加强，地方政府的短期行为会逐步收敛。随着中央和地方政府对于证券市场保护投资者立法工作的加强，尤其是2006年修改的《证券法》的实施，反映出证券稽查过程基本得到了地方政府的积极配合①，而证券稽查的效果则反映在上市公司的个体效应中。然而，目前中国的证券稽查模式仍然建立在中央与地方经济分权和政治集权的体制下，地方政府对于证券集中统一稽查从本质上讲还可能存在"阳奉阴违"，并没有调动其对投资者保护的积极性，这也是我国目前证券市场行政执法效率低下的主要原因。

3.3.3 投资者权益保护与能动型司法权

对于证券市场发展出现的各种丑闻和黑幕，很多学者开出的"药方"就是借助能动型司法进行市场权益的有效保护。虽然我国证券稽查部门对市场上存在的违法行为进行了行政处罚，但是只有证券市场的司法介入才能通过民事诉讼程序给予市场权益受损后的司法救助。事实上，借助于我国司法资源，各级法院审理了大批因内幕交易、操纵市场、虚假陈述等证券市场违法违规行为而引发的民事侵权纠纷。显然，借助司法体系不断加大对投资者的保护力度和回归证券市场的投资功能已经成为我国证券市场快速发展的关键。由于我国与西方国家在政治、经济、文化方面存在本质性差异，相比西方发达国家司法体系对证券市场权益保护的经验，中国则具有自己的特殊经验。在我国司法资源总量稀缺的情况下（见图 3-10），

① 《国务院关于清理整顿各类交易所切实防范金融风险的决定》，即"38 号文"规定，建立由证监会牵头，有关部门参加的"清理整顿各类交易场所部际联席会议"制度。联席会议的主要任务是：统筹协调有关部门和省级人民政府清理整顿违法证券期货交易工作，督导建立对各类交易场所和交易产品的规范管理制度，完成国务院交办的其他事项。各地证监局开展清理整顿工作担当的是"配角"，各地省级人民政府是"主角"。

司法效率和司法的独立与公正密切关系着证券市场投资者的切身利益，所以本节分别从以上两个维度阐述司法改革与投资者权益保护的特殊关联性。

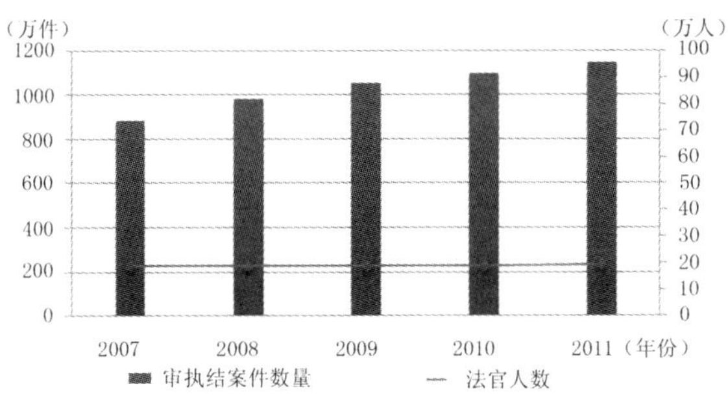

图 3-10 2007~2011 年人民法院审执结案件数量与法官人数情况

资料来源：中国最高人民法院工作报告（2011）。

3.3.3.1 投资者权益保护与司法效率改革

证券市场投资者的诉讼效率极大地影响着我国证券市场的投资信心。回顾证券市场投资者的维权道路，我国政府主要通过依附型与自主型司法效率改革相结合的方式逐步提升证券市场的司法效率，扫清投资者的维权障碍。具体地讲，在证券市场发展初期，由于我国的司法体制相当不完善，所以我们主要通过模仿苏联司法理论和司法制度进行了依附型的尝试改革。基于当时依附型司法改革的功利主义、形式主义和教条主义，我国司法领域的改革具有很大的局限性。从本质上讲，依附型司法改革对包括证券市场投资者在内的很多诉讼人群并没有起到很好的司法保护作用（何勤华，2011）。

党的十一届三中全会之后，基于国体和政体的特殊性，我国的司法效率改革开始采取技术上的“拿来主义”和自主型司法效率改革相结合。一方面，中央政府在技术上积极学习和引进西方司法体系中的仲裁机制、简易程序机制和多元化纠纷解决机制等。例如，证券市场的多元化纠纷解决除了诉讼之外还包括仲裁、调解方式来解决民事纠纷。值得注意的是，仲裁和调解所具有的灵活性、效率性、经济性和专业性等特点在很大程度上提升了司法效率，① 降低了投资者的诉讼时间成本，使投资者权益得到

① 灵活性表现在当事人可选择仲裁员，仲裁员不仅可以依据法律，还可以依据自律组织的规则、行业惯例或公平合理的原则审理案件；效率性表现在一裁终局；经济性表现在费用成本一般比诉讼低；保密性表现在一般不公开审理；专业性表现在仲裁员中包含大量相关领域的专家。

了一定的保障。另一方面，为了从整体上提升司法效率和强化投资者诉讼保护，最高司法机关创造性地将中国特色的司法解释引入司法实践活动。例如，在证券市场上，《关于受理证券市场虚假陈述引发的民事侵权纠纷案件有关问题的通知》《关于审理证券市场因虚假陈述引发的民事赔偿案件的若干规定》《关于审理涉及会计师事务所在审计业务活动中民事侵权赔偿案件的若干规定》《关于依法审理和执行被风险处置证券公司相关案件的通知》等一系列重要的司法解释相继出台。① 作为法律适应的重要手段，这些司法解释有效地架起了从法律制度到案件审理的桥梁，使投资者在面对虚假陈述和欺诈交易时，能够通过相关诉讼在短期内维护自身权益。

在全国自上而下的自主型司法效率改革道路上，由于我国特殊的财政预算管理体制和地区之间解决民事纠纷技术的不同，带来了区域投资者权益保护的差异性。首先，我国特殊的财政管理体制形成了地区司法资源的差异性，而稀缺的司法资源是提高投资者司法诉讼效率的有效保障。目前我国实行“一级财权，一级预算”的财政预算管理体制，也就是说，地方司法机关的财政预算是同级政府财政预算的有机组成部分，所以地方财政资源会显著影响一段时期司法资源的投入，自然也就造成了地区之间投资者诉讼效率的差异。其次，在对待证券市场投资者的民事纠纷中，不同地区对解决纠纷的机构和方式选择存在较大差异。在我国法律对解决纠纷机制的要求和规定中，诉讼、仲裁和调解实际上都具有公共权力性质并且对应不同的机构，所以不同的机构选择也会间接地影响投资者的诉讼效率，从而带来证券市场发展的差异性。

3.3.3.2　市场功能回归与特色司法独立

伴随我国证券市场的发展，司法承担着越来越多解决投资者各种权利义务主体之间矛盾和争议的重任，司法独立则成为公平解决诉讼的内在要

① 《关于受理证券市场虚假陈述引发的民事侵权纠纷案件有关问题的通知》和《关于审理证券市场因虚假陈述引发的民事赔偿案件的若干规定》对审理和执行关于虚假陈述类案件进行了指导；《关于审理涉及会计师事务所在审计业务活动中民事侵权赔偿案件的若干规定》解决了长期困扰虚假陈述民事赔偿诉讼案件审理过程中会计师事务所的审计责任承担问题；《关于依法审理和执行被风险处置证券公司相关案件的通知》对审理和执行正处于风险处置中的证券公司的案件进行了指导，尤其是对个人债权处理、经济业务托管、证券类资产处置以及破产程序中的财产保全和执行中止等进行了明确规定。

求。事实上，中国证券市场的逐步发展始终围绕着中国特色的司法独立（许成钢，2013）。需要特别指出的是，由于我国国家制度、政治体制和司法制度与西方国家存在根本性差异，所以我们所说的司法独立并不是一般意义上的司法独立，而是党领导下的司法独立，即党在尊重司法依法独立行使审判权的前提下对司法的思想和政治的领导。毋庸置疑，尽管我国20年前才开始步入发展司法改革的道路，但党的领导所赋予司法独立的权威性与正当性的政治性保障是证券市场一系列自主型司法改革的关键所在。

借助于现代西方产权的理论指导，中国特色的司法独立有益于确保证券市场中关于监控和约束所有市场参与者的“游戏规则”能够实现独立的可行性。显然，市场交易中产生的违法投机行为将依据相关法律制度进行有效的司法认定和审判，并会产生巨额的诉讼成本，这不但能够显著抵消投机者所获取的盈余收益，而且更重要的是其所体现的司法权威能够引导投资者采取正确且合理的预期，实现市场的功能从投机回归投资。例如，在我国股票市场中，司法独立性能够有效影响投资者对法律实施的预期（陈信元，2009）。也就是说，司法独立能够改变投资者在面对存在或者可能存在违法交易行为上市公司的投资预期，引导股票投资者采取“用脚投票”的市场行为寻求救济保护自己的利益，使投机者从根本上杜绝碰触违法交易的高压红线。

尽管中国特色的司法独立给证券市场投资功能的回归提供了保障，但我国真正的法制现代化建设历程短暂，不可避免的是，传统中妨碍司法独立的特质仍然会通过政治体制延缓司法进程，阻碍证券市场的投资者获取及时公正的司法救济，主要体现为司法行政化。具体而言，基于我国单一的司法体系和按照行政区划设置司法机关的现实情况，法院的人事管理和财政收支都没有实施严格的垂直管辖，所以地方党委和地方政府部门通过财政预算和人事资源很容易干涉地方各级的司法活动（田百龙，2008）。而我国证券市场建设的初衷是服务于国有企业上市的，这些国有上市公司与地方政府的利益联系最终会使地方法院缺乏应有的独立性，甚至不得不承担起“看家护院”的职责。显然，正是这种地方保护主义，导致证券市场的投资者诉讼无门。因此，在肯定中国特色的司法独立具有优越性的同时，我们更应该注意到中国目前的司法独立还具有很大的不完全性，这也是证券市场投机行为屡禁不止的主要原因。

3.3.4 “重执法、轻司法”与法律制度不完备

在证券市场的发展中，行政执法机构和法院之间的有效分配对于投资

者的权益保护具有重要意义。从理论上讲，如果法律可以被完备地制定出来，那么只需要通过司法体系就可以完全实现对证券市场投机者的最优威慑，而无须行政部门的证券稽查（黄韬，2012）。然而在我国证券市场的立法进程中，尽管多元化的法规、规章、指引、判例以及具有法律效力的政府规范性文件丰富了证券市场的立法供给，但是由于证券市场的发展缺乏信用市场的孕育，法律制度的不完备性表现尤为严重。[①] 在这种情况下，我国的权威机构治理（证监会和法院）在打击不断出现的各种丑闻和黑幕过程中，也呈现出更显著的格局。

相比国外成熟的证券市场，对于打击机会主义行为的证券稽查权和司法权在处理能动性上虽然也存在本质区别，即证券稽查具有主动性，而司法救济则具有被动性，但是这种区别在我国的证券市场表现得更加淋漓尽致，而且在二者权利配置上近乎极端地表现出“重行政、轻司法”的特征。实际上，在对待我国权威机构治理的权力现状分配上，主要可以从我国证券市场上法律不完备所体现的外部性和标准化上理解。

在外部性上，[②] 由于我国证券市场是政府主导改革，所以证券市场从本质上是一种政策市场，短期内证券产品的价格大幅波动几乎是常态，而这就给不当行为者创造了攫取利润空间的机会。例如，对于证券市场常见的内幕交易，投机者可以将自己对证券产品的价值判断归因于产品的不完全理性（龙超，2003），而逃避众多私人诉讼的可能性。而证券稽查则可以通过其自身拥有的各种资源进行调查取证，并且其执法所避免的违法行为预期损害在一定约束条件下要大于设立证监会给社会增加的专制成本。

在标准化上，[③] 我国司法发展历程的短期性使得在对待证券市场不当行为时，对法院的改善以适应私人诉讼的标准化是非常困难的。因此，在我国证券市场从萌芽逐步发展的过程中，投资者理所当然地认同证监会是证券市场投资者权益保护的权威治理主角。例如，2003 年 1 月最高人民法院颁布了《最高人民法院关于受理证券市场因虚假陈述引发的民事侵

① 如果法律能够准确无误地规定出所有相关的使用情况，而且如果证据充分即能切实地加以执行，则认为法律是完备的。这要求法律能够自我说明（即所有法律的适用对象都对法律的含义持相同的观点），并且不需要进行司法解释。否则，法律就是不完备的。事实上，法律的不完备才是现实中法律的常态。

② 外部性是指预期损害程度，详见 Katharina Pistor & Chenggang Xu, Incomplete Law — A Conceptual and Analytical Framework and its Application to the Evolution of Financial Market Regulation, Journal of International Law and Politics, Vol.35, No.34, 2003.

③ 标准化是一种能力，即以合理成本对损害行为及其结果进行描述，以便监管者能够有效行使主动式执法的能力。

权纠纷案件有关问题的通知》，尽管对虚假陈述的民事赔偿诉讼实施了“解禁”，但是最高法院的司法解释给该类民事诉讼设立了严苛的前提条件，这种非标准化的设定无异于增加诉讼的难度和成本，使被动执法的司法权力再往后退了一大步。

总的来讲，我国证券市场投资者权益救济所体现的“重行政、轻司法”的格局，实际上是由于法律的极度不完备性所引致的。因此，在如何合理配置行政执法机构与法院之间的权利上，不断完善法律制度以争取二者权利的逐步优化。

3.4 小 结

本章节通过从政府主导改革与剩余立法权、证券稽查改革与集权式执法权、投资者权益保护与能动型司法权、“重执法、轻司法”与法律制度不完备四个方面阐述了我国证券市场发展与法律环境的特殊关联性。事实上，这些特殊的关联性一方面直观地展现了法律环境的中国式改善给予证券市场短短几十年内取得巨大成就的特别经验，另一方面也表明了我国证券市场发展在塑造良好的法律环境诉求中有必要进一步改革的方向。另外，本章节对于我国证券市场发展与法律环境特殊关联性的直观阐述意图为后续二者之间作用机制的分析进行铺垫。

4. 法律环境差异影响证券市场发展的作用机制

基于法律环境与中国证券市场发展的特殊关联性分析，我们可以直观地看出法律环境要素在证券市场发展改革中的重要作用。那么法律环境差异对证券市场发展产生影响的本质原因是什么呢？科斯的产权理论告诉我们制度安排是经济交往活动的前提，它通过权力的界定最终形成不同的资源配置效率。事实上，很多学者在产权理论的引导下，对法与金融领域的问题进行了研究，并取得了丰硕的成果。但是在法律对金融发展问题领域的机制阐述中，学者很少就产权理论的核心概念“交易成本”展开详细论述，最终引致其本质原因并没有阐述得很明白。

本章节将结合之前法律环境与中国证券市场发展的现象分析，在现代西方产权理论的框架下，借助威廉姆森在1985年出版的《资本主义经济制度》一书中对交易成本的界定分类，按照法律环境的差异带来交易成本的变化，进而引致产权安排的异质，最终形成了不同的金融资源配置效率的逻辑思路，详细解析法律环境差异影响证券市场发展的作用机制。通过进一步分析，证券市场从本质上讲是各种金融合约的密集集合（LLSV，1998），市场中的投资者通过与合作方谈判、缔结金融合约达成合作意向，并在保障合约实施的基础上获取合作盈余。因此，从法律环境差异与金融合约实施的角度来考量法律环境差异对中国证券市场发展的影响机制是科学而又直白的。

产权理论指出交易成本（如签约、谈判、保障契约等成本）对契约缔结和实施过程起到决定性作用（Williamson，1985）。值得注意的是，证券市场中的金融合约相比普通的商品合约更具有特殊性，即在金融交易中，因融资者的财富约束，缔约方难以重新谈判，使得金融交易效率和质量非常依赖于初始的金融合约。金融合约在执行过程中，一旦违约或者毁约，投资者将会面临巨大的交易成本，这非常不利于契约的实施，对证券市场发展造成非常恶劣的影响。所以在分析法律环境差异对证券市场发展的影响机制过程中，我们将依据威廉姆森、克莱因、格罗斯曼、哈特等在研究企业与市场关系中采用的企业内部合约的视角方法，以威廉姆森对交易成本的分类为基础，即“金融合约缔结过程中起草、谈判、对交易双方当事人未来产权产生不确定性困扰而需要明确的双方权利、义务、责任的交易成本集合和金融合约缔结后为确保契约关系正常，实施或保护双方当事人所有者权益保护而付出的交易费用”来进行本章节的论述。

本章节关于法律环境差异对证券市场发展的影响机制可以概括为事前的制度设计和安排、事后的治理和救济两个部分，来分析法律环境差异对市场中金融合约制定的事前防范和金融合约实施的事后救济的影响机制。在分析过程中，前者机制的传导是在金融合约是完全的条件下，所有契约的设计和定制都在事前的谈判协议中，即在给定的条件下，考察金融合约的参与人将所有的游戏规则集中到事前的激励性协议中；而后者机制的传导则是建立在金融合约是不完全的情况下，强调金融缔结实施过程中机会主义行为的存在性和普遍性，而且交易参与人是如何寻求事后治理和救济来抑制机会主义行为，降低投资者的交易费用。

4.1 法律环境对金融合约缔结的事前作用机制

在证券市场完整的金融合约过程中，合约设计和签订是投资者所要讨论的主要内容。基于金融合约的完全性，法律环境差异对金融合约的事前作用机制主要体现在：不同的法律环境使得金融合约中产权安排引入激励和风险监督机制的设计产生了差异性，即投资者在交易过程中设计和安排了具有差异性的激励约束机制，该差异化的机制将会带来金融合约缔结过程中所面临的两类法律成本，即由于投资者可能存在的机会主义所导致的无法达到帕累托最优收益而产生的风险成本和投资者合作中可能存在的合作不足所导致的低于期望产出收益的差额成本。因此，法律环境差异对金融合约的事前影响主要是基于不同法律环境中金融合约制定和预期可执行的法律成本不同。

科斯定理告诉我们，不同法律环境中具有差异化法律成本的金融合约将会影响投资者对于金融合约的选择行为。我们可以通过一个简单的模型进行分析。我们假设两维变量 Φ（x，y）来表示一个金融缔约活动，其中，x 表示投资者在该金融交易中所获取的合作剩余，y 表示科斯定理所界定的交易成本，包括与金融产权转让相关的成本（例如，产权界定的费用、用于交易的产权选择费用）、与合约本身相关的成本（合约的谈判、拟定、执行等环节）、选择成本等。为了突出本书的分析，假设在证券市场中内容相同的金融交易发生在不同地区，Φ（x，y）取值相同。

首先，在不考虑投资者所面临的法律成本的前提下，如果 $x>y$，那么该项金融交易就会达成，而且该项金融交易所产生的合作剩余是 $x-y$；相反，如果交易成本大于合作剩余，即 $x<y$，那么投资者则会放弃该金融合约。其次，我们考虑不同地区差异化的法律环境所带来的不同法律成本对金融合约缔结活动的影响。假定我们用 z 来表示上面分析的金融合约面临的法律成本。如果 $x>y+z$，那么金融合约则会被顺利缔结，相反则要被重新配置。下面我们将通过图示法来更加直观地说明不同地区的法律环境如何影响金融合约成交的选择范围，进而影响证券市场的资源配置和发展。在图 4-1 中，横轴代表交易盈余（x），纵轴代表交易成本（y）和法律成本（z），直线 L1 表示 $x=y$，L2 表示 $x=y+z$。在不考虑投资者所面临的法律成本的前提下，只有 $x>y$，金融交易才能发生，即 L1 与横轴围成的区域；在考虑投资者所面临的法律成本的前提下，法律成本的存在降低了投资者的交易盈余，使得直线 L1 平移为直线 L2。显然，金融交易发生的范围则是 L2 与横轴围成的区域。由此可见，法律成本的存在导致投资者选择的金融合约缔结的范围缩小，即直线 L1 与 L2 之间的区域范围。值得注意的是，当一个地区金融活动的制度设计存在创新时，例如，证券市场准入的新金融产品或者交易效率的提升，金融合约缔结的合作剩余则会扩大，带来新的金融合约缔结的空间，如图 4-2 所示。总的来讲，法律环境对金融合约缔结的事前作用机制主要体现在不同程度的制度设计所带来的法律成本的差异，进而影响金融合约缔结的空间范围。

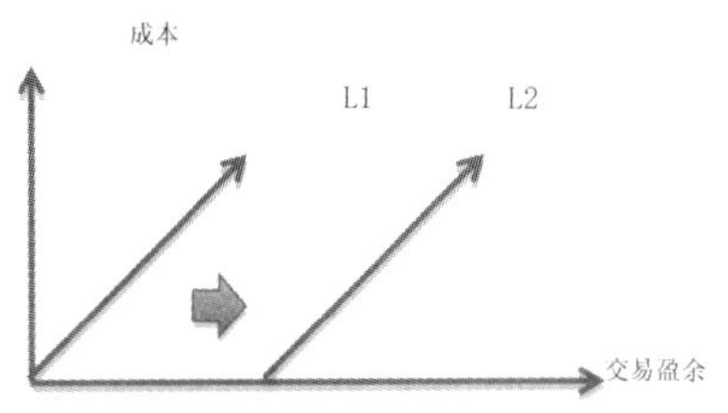

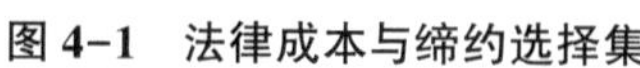
图 4-1 法律成本与缔约选择集

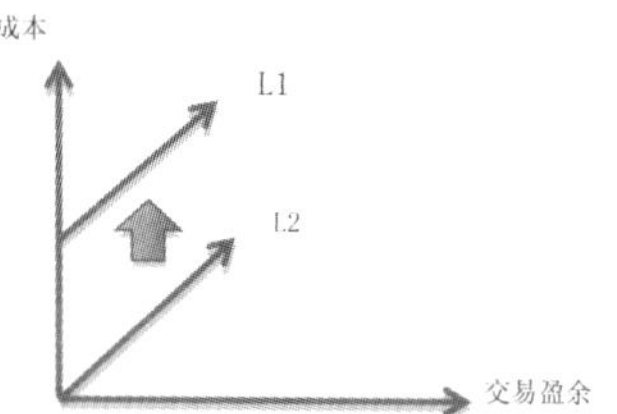

图 4-2 法律成本与缔约选择集

通过本章第一节法律环境与中国证券市场发展的特殊性分析，我们可以看出，尽管中央对于证券市场发展过程中存在顶层设计，但是地方政府依据自身情况而出台的制度细化和制度落实才是中国证券市场自上而下贯彻法律制度的核心，也正是这些丰富的法规、规章、指引、判例以及具有法律效力的政府规范性文件，才使得我国证券市场的立法供给不仅仅局限于最高立法机关颁布的全国性法律。也就是说，地方行政法规及其规范性文件出台的频次越高，对证券市场金融合约参与人的游戏规则的细化度越高，而且可操作性越强，预期执行程度越高。那么投资者所面临的法律成本（z）越低，金融合约的缔结范围越宽泛，证券市场则越繁荣。与此同时，对于这些丰富的法规、规章、指引、判例以及具有法律效力的政府规范性文件所包含的金融创新制度和常识性的改革经验总结，也为证券市场中投资者在金融合约的合作盈余（x）带来了创新的空间，使证券市场发展拥有新的空间和活力。

4.2 法律环境对金融合约实施的事后作用机制

在证券市场的金融交易中，金融合约的设计和签订是基于投资者当时所掌握的信息。由于投资者的有限理性，不可能预见金融合约实施的过程，所以合约双方参与人所获取的信息价值可能是不全面和不对称的。实际上，在信息不对称的情况下，合约一方隐藏自己的私人信息，通过“说假话”隐藏自己真实有效的信息来寻求自身效用的最大化，或者是“机会主义行为”欺骗投资参与人，侵害其产权权益。基于金融合约的这种不完全性假设，我们可以看出无法完全通过金融合约的设计去解决所有未来不可预测的问题。因此，法律环境对金融合约缔结的事后作用机制主要是指不同的法律环境对待金融合约在执行中所产生的不可预测的相机性而进行的不同程度的事后治理。

通常情况下，不完全合约理论的事后治理方式主要有市场自动实施的机制、第三方治理和再谈判等方式，但由于本书探讨的对象是投资者所面临的外部法律环境，所以合约当事人通过非正式的习惯、承诺和信誉等方式解决合约矛盾则不在本书讨论的范围。另外，由于证券市场中金融合约的交易效率非常依赖初始金融合约，所以缔约方在面临财富约束等诸多因素的情况下难以进行重新谈判。因此，在金融合约参与人不能事前确认可能在事后发生的事件相机性时，通过第三方权威部门来进行合约治理来保障投资者的权益救济是必要而有效的。对于金融合约事后救济的第三方治理，我们同样通过确认金融合约参与人所面临的法律成本的方法进行分析。与之前事前作用机制分析不同的是，由于法律制度对金融合约的事后治理主要是针对金融交易中的机会主义行为，所以我们主要从金融合约中投机者所面临的法律成本进行阐述。在不完全金融合约所引起的机会主义问题时，第三方治理的权威部门（行政执法机构和法院）通常采取两种方式：对金融合约的投机者终止有关金融交易行为，并对其机会主义行为进行各种处罚；同时对金融合约中需要执行的合法权益进行强制执行。显然，通过第三方权威部门治理所施加的金融契约并不能适应所产生的法律成本（Williamson，1985），显著降低了投机者在机会主义行为中获取的盈余收益。也就是说，只有外界所施加的法律成本大于金融合约参与人在未来交易中通过机会主义获得的收益值，机会主义才可能避免，合约才能够按照事前的合约设计顺利实施。准确地讲，法律环境差异对金融合约的事后治理影响直观地体现为机会主义者所承担的法律成本不同。

为了更加直观地说明上面的分析，我们将通过一个简单的数学模型进行论证。首先，我们假设一个国家证券市场中有 M 个相同的公司，每个公司的员工数量 L_i 是（$L_i=1$），初始固定资本（Fixed Capital）是 FC_j（$FC_j>1$），其中 $j\in\{1, 2, \cdots, M\}$，且 $FC_1=FC_2=\cdots=FC_M$。另外这个国家第（M+1）个公司有员工数量 L_{M+1}，且初始固定资本是 $FC_1>FC_{M+1}$。国内证券市场一定时期内的自由资本假定为 $\overline{K}$，且能够在 M+1 个公司之间自由流动，不考虑国内证券市场与其他市场之间的资本流动。此外，M+1 个公司按照经济状况可以分为两种类型：优质公司（H）和劣质公司（L），且对于每个公司 $j=\{1, 2, \cdots, M, M+1\}$，$S_j\in\{H, L\}$。对于优质公司而言，在相同的技术水平下，其技术生产力应高于劣质公司的技术生产力，即 A（H）>A（L）。

影响证券市场中公司资本总量的因素很多，但是基于模型分析目的的需要，假定每个公司最终的资本总量取决于两个主要因素：该公司的经济状况类型（S_j）和该市场中优质公司的数量（n），而其他相关因素均相同。此外，如果该公司的资本总量（Total Capital）记为 TC_j，那么 $TC_j=TC_j(S_j, n)$。

我们采用 Cobb-Douglas 生产函数公式进行分析，即每个公司的产出是：

$$Y_j=A(S_j)\,F(TC_j(S_j, n), L_j) \tag{4-1}$$

令 $y_j=Y_j/L_j$ 和 $tc_j=TC_j/L_j$，且生产函数中资本弹性 $0<\alpha<1$，即：

$$Y_j=A(S_j)(tc_j(S_j, n))^{\alpha}$$

假设公司的投资者均是理性的，当这个国家证券市场中的金融资本分布达到一般均衡时，不论该公司的经济状况类型是优质公司还是劣质公司，该公司与其他公司的资本回报率均相同，即：

$$\left\{\frac{\partial y_j}{\partial tc_j}\middle| S_j=H\right\}=\left\{\frac{\partial y_j}{\partial tc_j}\middle| S_j=L\right\} \tag{4-2}$$

经整理得：

$$\left(\alpha A(S_j)(tc_j(S_j,n))^{(\alpha-1)}\,\middle|\,S_j=H\right)=\left(\alpha A(S_j)(tc_j(S_j,n))^{(\alpha-1)}\,\middle|\,S_j=L\right) \tag{4-3}$$

我们考虑第（M+1）公司，由上面假设我们可以得知 $TC_{M+1}=TC_{M+1}(S_{M+1},n)$。那么如果该（M+1）公司是优质公司的话，即 $S_j=H$。我们有：

方程 1：

$$TC_{M+1}(H,n)-FC_{M+1}+(n-1)\left(\left(TC_j(S_j,n)\,\middle|\,S_j=H\right)-FC_1\right)+(M-n+1)\left(\left(TC_j(S_j,n)\,\middle|\,S_j=L\right)-FC_1\right)=\overline{K} \tag{4-4}$$

相反，如果该家公司是劣质公司的话，我们有：

方程 2：

$$TC_{M+1}(L,n)-FC_{M+1}+n\left(\left(TC_j(S_j,n)\,\middle|\,S_j=H\right)-FC_1\right)+(M-n)\left(\left(TC_j(S_j,n)\,\middle|\,S_j=L\right)-FC_1\right)=\overline{K} \tag{4-5}$$

情况一：公司的经济状况类型是可观测的。

基于情况一，我们知道 $S_j\in\{H,L\}$ 的确切情况，那么方程 1 和方程 2 变为：

$$TC_{M+1}(H,n)-FC_{M+1}+(n-1)(TC_j(H,n)-FC_1)+(M-n+1)(TC_j(L,n)-FC_1)=\overline{K}$$

$$TC_{M+1}(L,n)-FC_{M+1}+n\cdot(TC_j(H,n)-FC_1)+(M-n)(TC_j(L,n)-FC_1)=\overline{K}$$

通过上面两个方程联立解得公司（M+1）的资本总量是：

$$TC_{M+1}(H,n)=\frac{\overline{K}+M\cdot FC_1+FC_{M+1}}{n+(M+1-n)\mu}$$

$$TC_{M+1}(L,n)=\mu\cdot\frac{\overline{K}+M\cdot FC_1+FC_{M+1}}{n+(M+1-n)\mu}$$

式中，$\mu=\left(\frac{A(H)}{A(L)}\right)^{1/(\alpha-1)}$，　$0<\mu<1$

情况一：在所有公司的经济状况类型可以观测，公司的金融资本总量将会随着一个国家中优质公司的数量增加而递减。

情况二：公司的经济状况类型是不可观测的。

如果公司的经济状况类型是不可观测的，我们则需要采用要素价值理论来定性地衡量公司的行为。公司 j 的生产总值可以表示为：wL_j+rFC_j，

且 $w=\frac{\partial Y_j}{\partial L_j}=(1-\alpha)A(S_j)(tc_j(S_j,n))^{\alpha}$，资本报酬率 $r=\frac{\partial Y_j}{\partial K_j}=\alpha A(S_j)(tc_j(S_j,n))^{\alpha-1}$。因此，公司 j 的总支出成本是：

$$R_j(S_j,n)=A(S_j)\{(1-\alpha)(tc_j(S_j,n))^{\alpha}\cdot L_j+\alpha(tc_j(S_j,n))^{\alpha-1}\cdot FC_j\}$$

当公司的经济状况类型是不可观测时，即公司的财务信息是私人信息时，公司管理者是否会有动机去隐匿本公司的财务状况追求更多的投资者呢？为了说明公司可能的后续行为，我们不妨假设（M+1）个公司中，只有一个公司有欺诈行为，即第 j 个公司本来属于劣质公司，那么公司 j 是否有动机通过隐匿公司经济状况或者伪造财务信息等方式让投资者误判断为优质公司呢？事实上，如果一个公司通过隐匿公司经济状况或者伪造财务信息等方式能够成功误导投资者，那么我们就可以断定该公司存在这样的风险行为。

显然，一个劣质公司的资本总量本应该是 $TC_j(L,n)$，而该公司如果伪装成优质公司则资本总量为 $TC_j(H,n+1)$，那么该公司风险行为前后的收益差为：

$$A(L)\{(1-\alpha)(tc_j(H,n+1))^{\alpha}\cdot L_j+\alpha(tc_j(H,n+1))^{\alpha-1}\cdot FC_j\}-A(L)\{(1-\alpha)(tc_j(L,n))^{\alpha}\cdot L_j+\alpha(tc_j(L,n))^{\alpha-1}\cdot FC_j\}>0$$

从式（4-5）我们可以看出 $TC_j(H,n+1)\geqslant\frac{\bar{K}+MC_1+FC_{M+1}}{M+1}\geqslant TC_j(L,n)$，所以 $TC_j(H,n+1)>TC_j(L,n)$。我们令 $\gamma=TC_j(L,n)/TC_j(H,n+1)<1$，那么：

$$A(L)\{(1-\alpha)(tc_j(H,n+1))^{\alpha}\cdot L_j+\alpha(tc_j(H,n+1))^{\alpha-1}\cdot FC_j\}-A(L)\{(1-\alpha)(tc_j(L,n))^{\alpha}\cdot L_j+\alpha(tc_j(L,n))^{\alpha-1}\cdot FC_j\}=A(L)(tc_j(H,n+1))^{\alpha}((1-\alpha)(1-\gamma^{\alpha})+\alpha(1-\gamma^{\alpha-1})FC_j)^{\alpha}\geqslant A(L)(tc_j(H,n+1))^{\alpha}((1-\alpha)(1-\gamma^{\alpha})+\alpha\gamma(1-\gamma^{\alpha-1}))^{\alpha}>0$$

此时，不等式成立的原因在于 $FC_{M+1}<FC_1\leqslant TC_j(L,n)$，而且 $0<\alpha<1$。另外，当 $0<t<1$，$(1-\alpha)(1-t^{\alpha})+\alpha t(1-t^{\alpha-1})=1-\alpha-t^{\alpha}+\alpha t>0$。

结论二：在所有公司的经济状况类型不可观测，公司为了提升本公司的金融资本总量有动机去实施一系列风险行为，从而达到误导投资者的目的。

通过上面的分析，我们可以看出公司管理者有动机去隐匿本公司的财务状况以追求更多的投资者。因此，为了保证公司与投资者事前达成的契约，我们有必要对证券市场上公司外部的法律环境进行探讨。在这里需要说明的是，公司的外部法律环境主要是指第三方治理的权威部门（行政执法机构和法院)，侧重对市场中机会主义者的处罚，以保证投资者的所有者权益，即如果公司所面临的第三方治理越严格，那么投资者的权益受损的可能性越小。我们假设公司的外部法律环境用 P 表示，C（P）表示公司所面临的第三方治理机构对其机会主义行为的处罚。在不考虑其他因素影响的情况下，如果第三方治理机构依据法律确保市场公平、公开、公正的基本原则下完全执法，那么当公司所面临的第三方治理机构对其机会主义行为的处罚等同于公司管理者通过隐匿本公司的财务状况而获取的收益时，公司管理层则再也没有动机去实施机会主义行为，即：

$$B=A(L)\{(1-\alpha)(tc_j(H,n+1))^{\alpha}\cdot L_j+\alpha(tc_j(H,n+1))^{\alpha-1}\cdot FC_j\}-A(L)\{(1-\alpha)(tc_j(L,n))^{\alpha}\cdot L_j+\alpha(tc_j(L,n))^{\alpha-1}\cdot FC_j\}=C(P)$$

事实上，理性的公司管理层对机会主义行为的选择，主要是取决于机会主义本身带来的成本和收益的差异。

如图 4-3 和图 4-4 所示，纵轴表示第三方治理机构对于机会主义的处罚成本，横轴表示公司机会主义行为的收益。

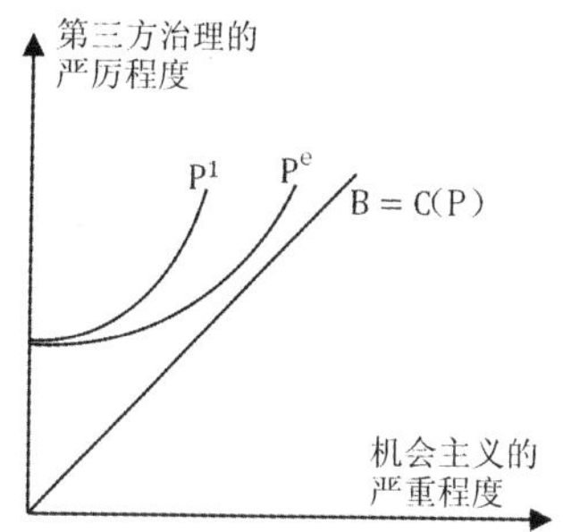

图 4-3 证券违法不可行的情形

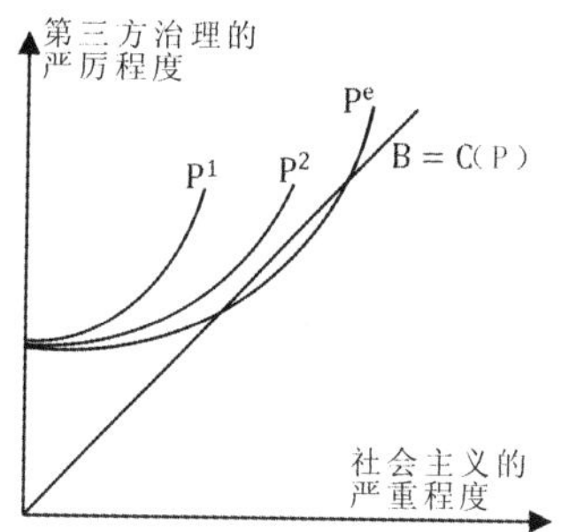

图 4-4 证券违法可行的情形

我们用 B=C（P）来表示公司机会主义行为收益和第三方治理机构的处罚成本的等价曲线，即公司机会主义的收益有多大，第三方治理机构就给予其同等货币化的处罚。用向上倾斜的曲线 P 来刻画第三方治理机构的行为特征，即第三方治理机构依据曲线 P 对公司机会主义行为收益进行相应处罚，曲线 P 与纵轴相交表明，即使没有公司机会主义的发生，也存在着对侵害投资者权益的最低处罚标准。由于法律资源有限，执法者不可能对所有证券违法行为进行追查，所以理性的公司管理层在实施机会主义行为时也会考虑这一点。因此，在投机者心目中会有一条预期的第三方治理机构的证券执法曲线 P^e，而投机者自然会将预期的执法曲线 P^e 与自己的收益行为曲线进行比较以做出决策。图 4-3 表示的是预期执法水平总是高于证券违法的收益，因此证券违法行为是不合算的；而图 4-4 表示的是证券违法的收益高于预期的执法水平，因此违法行为拥有较高的可行性。

需要强调的是，我们所说的第三方治理机构是行政执法机构和法院。通过本章第一节的分析，我们知道证监会是中国证券稽查的主要行政执法机构，往往是通过行政处罚实施监管权力，而将上市公司机会主义行为所涉及的刑事责任以及民事责任移交给法院进行审理判决，而地方政府基于自身利益考量与中央政府的博弈则最终会影响上市公司机会主义行为的成本与收益。此外，对于司法审判中刑事责任的处罚由于金融合约往往涉及大量资金，当投机者无力支付全部罚款时，以刑事监禁来抵补不足的罚款，一方面可以实现投机者预算约束有限下的资源配置，如图 4-5 所示；另一方面可以限制投机者自由，产生更为有效的法律震慑作用，从而降低金融合约事后风险行为再次发生的可能性。

在分析法律环境对金融合约缔结的事后作用机制中，我们主要强调第三方权威治理机构（行政执法机构和法院）对证券市场中机会主义行为的惩处。然而，在实际执行中，行政执法机构和法院对金融合约的保护是两种截然不同的路径模式。比较行政执法机构对金融合约保护的“行政执法”与法院对金融契约保护的“司法诉讼”，我们会发现前者是行政权主导，具有主动出击性，而且行政执法程序相对简单，包括证据调查取证的各项权力可以主动发起，即便在没有确定利益受损方的情况下，行政执法部门也可以保护证券市场整体利益而依据法律对不当行为人实施制裁；而后者是司法权主导，通过将对投机者的惩罚作为一种威慑而在证券市场投资者保护方面居于核心地位，具有消极被动性（Pistor，2003），需要由当事人启动，包括证据调查取证都必须由主张权利或利益受害人来证明投机行为的存在。由于二者都是针对市场参与者之间不可能缔结完备的合同而存在的，[①] 所以“行政执法”与“司法诉讼”并不是彼此排斥的关系，而是如何组合以寻求最优配置的问题。如图 4-5 所示。

① 如果存在完备的合同，那就说明一切利益主体之间的权利义务关系事先都被安排妥当了，也就意味着法律的存在是多余的。然而在现实的缔结过程中存在大量的“交易费用”，包括：当事人为了寻找恰当的交易伙伴而必须花费的“寻找费用”；交易各方预期在交易关系的有效期内可能发生的各种或然事件及其对应策略所花费的“预测费用”；交易各方为了达成协议而谈判签约所花费的“签约费用”；监督、贯彻实施合同条款所花费的“执行成本”。这些交易费用的现实存在导致大量的合同是不完备的，未来合同的执行因此带有了不确定性，可能会有“逆向选择”和“道德风险”问题，为了弥补这种合同的不完备性，就需要行使国家立法权的主体通过制定法律来给合同各方确立外在的权利和义务，而法律此时就可以被理解为由公共权威提供的普遍适用的标准合同条款。

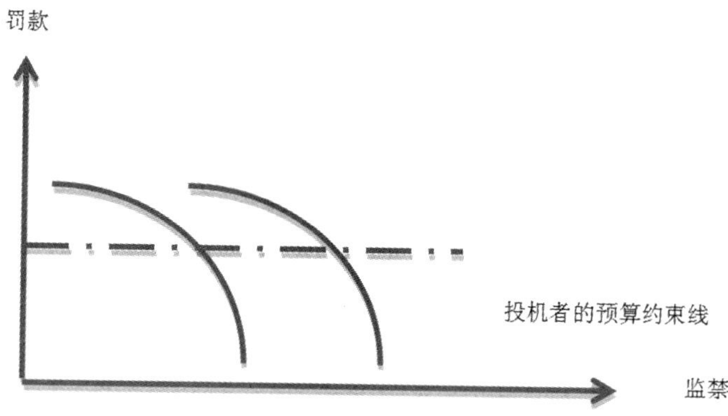

图 4-5 投机者财力不足以支付罚款时罚款与监禁的有效配置

如何形成“行政执法”与“司法诉讼”两者有效的组合主要取决于它们在保护证券市场投资者权益中所付出的成本大小。具体来说，在法律制度相对成熟的环境下，投资者依据相对完善的法律制度在民事诉讼中往往需要较低的法律成本（例如集体诉讼制度可以有效降低举证成本），自然会选择“司法诉讼”；然而在法律制度相对缺乏的环境下，投资者就可能因为“司法诉讼”的外部效应而成为他人搭便车行为的牺牲品，就会产生所谓的“理性冷漠”（Rational Apathy）（曼瑟尔·奥尔森，1995）。[①] 对于中国证券市场，中国特色的政治体制赋予了“行政执法”与“司法诉讼”如何组合的新内涵。除了法律制度的不完备，中国证券市场的本质是行政主导的政治活动，“行政执法”对于治理证券市场的投机行为一开始就先入为主。加之司法机制本身有其严格的适用边界，对于内幕交易和操纵市场等特定情况下的证券市场不当行为，很难借助司法机制发挥强有效的作用，这就在更大程度上体现了“行政执法”的价值。通过上面的机制分析，我们可以将其总结为如图 4-6 所示的布局。当然，在强调中国证券执法机构对金融合约缔结的事后作用具有“相对优势”的同时，我们并非否认法院的作用，毕竟司法权的行使是不可替代的。

① 理性冷漠是公共选择理论的概念，是基于理性人的假设，人们通常寻求自我利益最大化。那么在集体行动当中，除非有更大的激励或独立的激励，否则个人通常不会采取行动以实现他们共同的或集团的利益。出自［美］曼瑟尔·奥尔森.集体行动的逻辑［M］.陈郁等译，上海：上海人民出版社，1995.

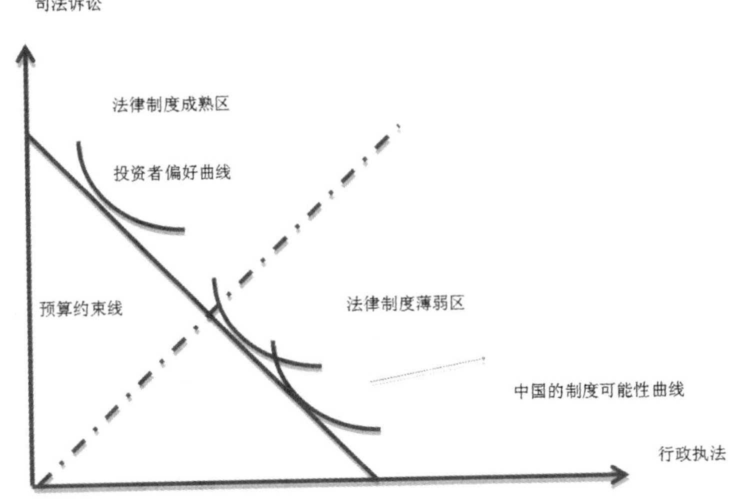

图 4-6　中国证券市场投资者对“行政执法”与“司法诉讼”偏好选择

基于上面的分析，我们可以看到第三方治理机构（行政执法机构和法院）对金融合约事后作用机制的传导过程。为了更加清晰地呈现第三方治理机构对机会主义行为前后的治理效果，我们最后通过证券市场投资者的支付矩阵来总结传导机制的结果。具体而言，表 4-1 是投资中参与人的支付矩阵。显然，从传统的经济学视角来看，金融交易会陷入单边的囚徒困境中，投资人也会基于对方机会主义的占有策略而做出不投资的选择。当我们将法律环境事后的作用导入投资博弈中时，表 4-2 显示了法律在投资交易中的价值。相比之前的交易活动，（信用、投资）成为双方的占有策略。在现实中，尽管证券市场中依旧会不断出现机会主义事件，但是法律环境对金融合约的事后作用机制确保了证券市场的正常运行。

表 4-1　投资的囚徒困境

	信用	机会主义
投资	2，2	-2，4
不投资	0，0	0，0

表 4-2　法律参与的投资

	信用	机会主义
投资	2，2	-1，-1
不投资	0，0	0，0

4.3　小　结

通过法律环境对金融合约缔结的事前和事后作用机制，我们可以更加清晰地看到法律环境对证券市场发展影响的本质，即法律制度和第三方权威治理机构对金融合约谈判、协商、缔结、监督和执行协议等一系列交易成本的影响决定了证券市场发展的质量和规模。事实上，对于证券市场的金融活动，通过法律环境的改善不但激励了投资者产生从事更多金融交易的动机，而且确保了投资者在面对金融交易事后风险防控时可以求助于高效的行政执法机构和法院去甄别真正的机会主义，从而有效肃清证券市场的信用环境，为后续金融合约缔结参与人在做出何种程度的信任以及信任谁的决定时提供便利。

5. 法律环境差异影响证券市场发展的实证分析

正如前面文献综述所言，研究法律环境对中国证券市场的影响，除了其作用机制、经验与规律仍有待深入外，更重要的是通过进一步完善衡量法律环境的各个指标体系对此进行相应的经验分析和实证研究，以验证中国的特殊经验。接下来，我们将探讨如何构建合理的法律环境衡量指标，运用计量经济学的工具检验现实情况是否符合法律环境对中国证券市场的影响机制分析。

在理论分析中，我们已经分别考察了法律环境对金融合约缔结事前防范和金融合约履行事后救济的作用机制，所以在实证分析中我们也同样依据前后两种不同的作用机制分别寻求经验论证。此外，在法律环境对金融合约实施事后救济的作用机制中，基于我们所探讨的第三方治理的权威部门包括行政执法机构和法院，所以本章对于事后作用机制的实证分析也将分两个部分进行。首先，我们探讨针对中国证券市场的行政执法机构的执法效力对金融合约履行事后防范影响的实证分析；其次，我们考察法院对于涉及证券交易案件的司法审判效力对金融合约实施事后防范影响的实证分析。对于每个实证分析的部分，我们将依次提出实证命题，然后进行研究设计并对经验结果进行分析。

5.1 法律制度差异对金融合约缔结事前防范影响的实证分析

通过法律环境与中国证券市场发展的特殊关联及其之间的作用机制，我们可以看出，尽管中央对于证券市场发展过程中存在诸如《证券法》《证券投资基金法》及一系列相关的国家法律等顶层设计，但地方政府因地制宜地细化和落实制度安排才是中国证券市场得以贯彻法律制度的关键。正如之前理论分析所论述的，正是这些丰富的法规、规章、指引、判例以及具有法律效力的政府规范性文件，一方面使得我国证券市场的立法供给不仅仅局限于最高立法机关颁布的全国性法律，另一方面也使地方行政法规和地方规范性文件在证券市场金融合约的事前防范过程中起到了桥梁性的作用。

正如第三章所论述的，以地方政府出台的法规、规章、指引、判例以及具有法律效力的政府规范性文件为代表的地方法律，能够快速对中央政府的顶层制度设计进行因地制宜的细化，有利于减少改革阻力，加速从中央制度改革到地方制度改革的制度变迁的实现，提高改革效率，实现市场资源配置的帕累托改善。事实上，中国不同地区省份在出台的法规、规章、指引、判例以及具有法律效应的政府规范性文件为代表的地方法律上，存在着规模和内容质量的差异性。在探讨法律环境对金融合约缔结事前作用时，不同程度的地方行政法规和地方规范性文件是否的确对地方金融合约的缔结和密集度产生显著影响呢？如果该命题成立，那么我们显然可以认为法律制度可以作为影响我国证券市场发展的一个重要解释变量，与其他诸多因素共同影响着证券市场的发展。

5.1.1 实证命题提出

由于中国独具特色的政治体制和制度背景，中央相同的一个法律条款或者一部行政法规在各个地区的具体解释和规范实施的程度存在差异性，具体体现在地方政府出台不同数量的行政法规、部门规章、地方法规和指引、规章以及具有法律效力的政府规范性文件以迎合和落实中央政府针对规范证券市场金融交易的顶层设计。因此，在分析法律环境差异在中国证券市场发展的具体作用时，本书将以省级地方立法机构和地方行政机构出台的关于规范证券市场金融合约交易的行政法规、规章、指引、判例以及具有法律效力的政府规范性文件和说明为基础，来验证我们之前的理论分析。

在制度设计层面上，从近代资本主义在中国清代末期发展到现在，中国工业化背景下的法规和公司对投资者权利保护的章程等纸面立法数量不断增多，由此所带来的投资者保护程度和金融发展的变化趋势明显由弱变强（张俊生，2005）。更重要的是，回顾中国证券市场的发展历程，中央政府和地方政府试图通过不断出台关于证券市场制度建设的法律和具有法律效应的行政条文来增强证券市场的有效性。

据此，我们推论以下研究命题：

假设命题：中国区域证券市场发展水平与地方政府出台的关于规范证

券市场的地方行政法规和地方规范性文件的累计数量呈显著正相关。

5.1.2 研究设计

5.1.2.1 研究样本和数据来源

本书主要是基于中国省际面板数据进行分析研究，除了港澳台地区未包括在研究样本内，由于宗教对西藏地区思想意识的影响还比较显著，而本书研究的是各省级地方政府出台的关于规范证券市场发展的地方性法规及地方规范性文件对当地证券市场发展的影响，所以西藏也没有包括在研究样本内。对于研究样本的数据来源，衡量证券市场规模的数据主要来自《中国统计年鉴》、中国各省级的地方《统计年鉴》以及《中国证券期货统计年鉴》，包括中国各省级地方证券市场的总市值、流通市值；衡量法律制度的数据主要是来自《中国法律年鉴》《北大法宝》和《中国资讯行》，包括每年中国各省级地方政府出台的关于规范证券市场发展的地方性法规和地方规范性文件的累计数量。本书使用的数据年限主要是2003~2010年。在法律样本数据的选取中，由于西藏地区的部分数据不完整而未包括在研究样本内。

5.1.2.2 变量构建

本书的实证研究是在控制中国各个省份地区的经济规模水平、教育水平、对外开放水平和政府干预水平基础上，从法律制度层面上重点考察中国各省级地方政府出台的关于规范证券市场发展的地方性法规和地方规范性文件对当地证券市场发展的影响。值得说明的是，以累计法律数量作为主要解释变量的原因有两点，一方面该指标的确能够在很大程度上反映该地区的法律制度设计程度，另一方面能够减轻可能存在的法律内生性问题。

对于内生性问题，尽管很多西方学者在研究法律制度与经济体系的关系中指出“法律制度自身根据不同的环境变化持续性地发生演变、进行适应”，即法律制度并不是不变的、外生的要素，而是一种不会受制于第三者强制力的博弈均衡（青木昌彦，2001），但通过第三章的理论分析，我们可以看出我国的证券市场并不是在社会信用自身不断发展的情况下出现的，而是在西方发达国家证券市场繁荣的外部刺激下，或者说是在外部压力下开始建立的。显然，我国证券市场的制度变迁几乎完全是由政府主导的，属于强制性制度变迁。事实上，这种强制性制度变迁的制度设计来源一方面积极吸取国外先进制度，另一方面结合我国特有的市场经济进行适宜创新，内生于证券市场本身的制度。显然，在我国资本市场严格管制的情况下，更多中央政府的顶层制度设计和地方政府出台的行政法规、规章、指引、判例以及具有法律效力的政府规范性文件主要是在西方发达国家证券市场经验借鉴的基础上产生的。因此，对于中国各省级地方政府出台的关于规范证券市场发展的地方性法规和地方规范性文件，在很大程度上可以看作是外生的，或者是引进的，这在一定程度上减轻了可能存在的制度内生性问题。在实证分析中，本书采用的主要变量定义如表 5-1 所示。

表 5-1 主要变量的定义

变量	变量描述
被解释变量	
tlcap	地区股票市场总市值（百万）与该地区 GDP 的比例，反映各省份股票市场总体的规模，数值越高，表明该省份金融合约密集度越高，证券市场发展水平越高
lqcap	地区股票市场流通市值（百万）与该地区 GDP 的比例，反映各省份股票市场中流通股规模，数值越高，表明该省份金融合约密集度越高，证券市场发展水平越高
解释变量	
acculaw	中国各省级地方政府出台的关于规范证券市场发展的政府规章和地方性法规累计数量，反映区域立法带来的积累效应
控制变量	
edu	6 岁以上人口每十万人中大专以上学历人数（万人），反映地区的教育水平
lngdp	中国各省份生产总值的对数，反映各省份经济规模的大小
gov	中国各省份政府支出与当期政府收入的比值，反映政府干预金融市场的程度
open	中国各省份的实际利用外商直接投资与该省份生产总值的比例（%），反映地区的对外开放程度

表 5-2 报告了本书主要变量的描述性统计，包括除港澳台地区以及西藏之外的 30 个省、直辖市和自治区 2003~2010 年的数据。通过表 5-2 可以看出，中国各区域的证券市场发展水平和法律制度环境具有一定的差异性。

表 5-2　主要变量的描述性统计

变量	样本	均值	标准差	最小值	最大值
tlcap	240	0.545	1.650	0.021	20.720
lqcap	240	0.212	0.439	0.002	4.780
acculaw	240	5.188	6.105	0	36
edu	240	0.772	0.514	0.183	3.150
lngdp	240	8.708	0.957	5.967	10.737
gov	240	2.238	0.906	1.047	6.745
open	240	2.824	2.264	0.087	10.512

表 5-3 报告了主要变量的相关性分析结果。其中证券市场的总市值与流通市值呈现高度相关性。其他主要变量之间基本不存在高度关联性。值得注意的是，政府干预程度与证券市场规模呈现出一定的负相关性。

表 5-3　主要变量的相关性分析

	tlcap	lqcap	acculaw	edu	lngdp	gov	open
tlcap	1.000						
lqcap	0.699	1.000					
acculaw	0.301	0.526	1.000				
edu	0.574	0.575	0.321	1.000			
lngdp	0.065	0.088	0.485	0.182	1.000		
gov	−0.124	−0.086	−0.176	−0.339	−0.660	1.000	
open	0.077	0.056	0.091	0.340	0.238	−0.530	1.000

5.1.3　计量模型

基于上面的变量构建，本书采用的实证分析模型如下式所示：

$$Y_{it}=\alpha+\beta_1 acculaw_{it}+\gamma X_{it}+\varepsilon_{it} \tag{5-1}$$

式中，Y_{it}表示 i 省份在 t 年的金融发展水平，我们分别用表 5-2 中的 tlcap、lqcap 来度量；各省级地方政府出台的关于规范证券市场发展的地方性法规和地方规范性文件的累计数量，反映该地区的法律制度环境；X_{it}代表一系列控制变量，即中国各省份经济规模水平（lngdp）、政府干预水平（gov）、教育水平（edu）和对外开放水平（open）；ε_{it}为误差项。

5.1.4 实证分析结果

5.1.4.1 比较统计分析

在分析中国东、中、西经济区域①的法律制度和证券市场发展水平的关系时，我们首先采用比较统计分析方法。事实上，由于中国同一个经济地区内各省份经济发展所具有的地理状况、自然生态和人文环境条件比较接近，这为比较东、中、西区域的总体法律制度和区域证券发展水平的差异创造了条件。表 5-4 告诉我们，在衡量证券市场发展水平的指标上，中国东部地区均高于中部地区与西部地区，而中部地区又略高于西部地区；在法律数量上，也表现出相同的趋势。因此，在法律数量较多的地区具有规模较大的证券市场。该结论在一定程度上印证了我们的假设，即具有良好法律制度环境的区域拥有较大规模的区域证券市场。

表 5-4 东、中、西部地区各主要变量平均值及其 t 检验结果

	总市值规模	流动市值规模	累计法规数量
东部 vs 中部	5.750***	5.144***	1.828***
	(3.38)	(8.06)	(5.37)
中部 vs 西部	2.024***	1.637***	1.660***
	(7.33)	(10.22)	(3.87)
西部 vs 东部	0.092***	0.122***	0.358***
	(5.14)	(5.64)	(6.28)

注：括号内的值为标准误，*、**、*** 分别表示在 10%、5% 和 1% 水平上显著；表中上行的数据表示系数，下行括号内数据为 t 值。

5.1.4.2 面板回归分析

本书以中国各省级地方政府出台的关于规范证券市场发展的地方性法规和地方规范性文件的累计数量为衡量区域法律制度环境完善程度的水平，系统考察了法律制度完善程度对区域证券市场发展水平的影响。实证

① 参照中国经济区域划分通行标准，东部包括北京、天津、河北、辽宁、上海、江苏、浙江、福建、山东、广东、广西和海南；中部包括内蒙古、山西、吉林、黑龙江、安徽、江西、河南、湖北、湖南；西部包括重庆、四川、贵州、西藏、云南、陕西、甘肃、青海、宁夏和新疆。

分析的结果如表 5-5 所示。在回归分析中，针对样本数据呈现出“大 N 小 T”的样式，首先，本书对回归方程采用固定效应和随机效应模型的方法进行估计；其次，本书考虑到证券市场时期波动的特殊性，为了更加合理准确地估计法律立法效果对区域金融发展水平的影响，本书对固定效应下的回归方程进行了截面相关检验（Breusch and Pagan，1980）和截面异方差 White 检验，也对随机效应下的回归方程进行了自相关检验（Arellano-Bond，1991），均发现方程估计中存在明显的自相关。因此，在方程估计时，主要考察扰动项为 AR（1）的固定效应和随机效应模型以保证实证结果的有效性和可靠性。

值得注意的是，尽管我国证券市场的制度变迁几乎完全是由政府主导的，属于强制性制度变迁，但是地方性法规和地方规范性文件的实施决策仍然在一定程度上取决于市场的状况，所以本书也采用累计法律数量的工具变量进行更深入的分析。对于制度“工具变量”寻找的过程，国外研究相对成熟。例如，Mauro（1995）认为原殖民地国家现在使用的欧洲殖民者语言的人口比重在很大程度上代表了欧洲对当地的影响，而现代市场经济和民主制度最早起源于欧洲，所以欧洲对殖民地的影响可以作为制度好坏的依据；Acemoglu 等（2001）在研究制度时，把欧洲早期殖民者在各殖民地的死亡率作为制度的工具变量。事实上，国外学者关于现有制度工具变量的选取对于研究中国制度问题存在一定的借鉴意义，但是他们的结论并不能直接用来解决中国的制度问题。国内学者寻找制度工具变量的进展则相对缓慢，由于中国特殊的国情体制，学者对于国内工具变量的选取更倾向于使用比较简单的做法，即使用制度指标变量的滞后一期来进行考虑。例如，李小平（2012）和卢现祥（2013）在考虑环境规制与企业 TFP 之间的双向因果关系时，采用环境规制指标的滞后一期作为制度的工具变量；连玉君（2008）在检验融资约束假说时，也采取相同方法。因此，本书在探讨累计法律数量对证券市场规模的影响时，也采取累积法律数量的滞后一期作为其解释变量的工具变量进行估计。值得说明的是，在工具变量的方程估计时，一般要求工具变量的个数 K 大于估计方程的个数 L，但是在 K=L 的条件下，方程估计同样可以进行，只是在严谨性上存在缺陷[①]。例如，方颖（2011）仅仅选用一个制度的工具变量考察了产权保护对中国经济增长的贡献。

① 在 K 大于 L 的情况下，工具变量的方程估计要首先进行 Sargan 检验，而当 K 等于 L 的情况下，无法进行 Sargan 检验。

表 5-5 法律制度差异对金融合约缔结事前防范影响的实证分析结果

被解释变量	Model (1)	Model (2)	Model (3)	Model (4)	Model (5)	Model (6)
	tlcap	tlcap	tlcap	lqcap	lqcap	lqcap
	RE①	RE-AR (1)	IV	FE②	FE-AR (1)	IV
acculaw	0.049***	0.050**	0.030**	0.048***	0.057***	0.049***
	(2.62)	(2.72)	(2.02)	(8.96)	(7.66)	(6.88)
edu	1.840***	1.816***	2.039***	0.813***	0.545**	0.848***
	(8.07)	(8.6)	(7.81)	(4.47)	(2.58)	(3.61)
lngdp	-0.245	-0.241	-0.200	-0.269***	-0.354**	-0.298***
	(-1.55)	(-1.59)	(-1.05)	(-3.61)	(-2.14)	(-2.87)
gov	-0.109	-0.110	-0.107	0.050	0.049	0.041
	(-0.62)	(-0.66)	(-0.54)	(0.55)	(0.43)	(0.37)
open	-0.089*	-0.092*	-0.125*	0.011	-0.026	-0.001
	(-1.65)	(-0.84)	(-1.89)	(0.45)	(-0.71)	(-0.04)
_ cons	1.493	1.492	1.146	1.529***	2.565***	1.813**
	(0.89)	(0.92)	(0.57)	(2.7)	(4.26)	(2.37)
N	240	240	210	240	240	210
F 值				34.84	71.27	23.73
Wald 统计量	101.89	115.63	85.50			

注：括号内的值为标准误，*、**、*** 分别表示在 10%、5%和 1%水平上显著；表中上行的数据表示系数，下行括号内数据为 t 值。

在法律制度差异对金融合约缔结事前防范影响的实证分析结果中，首先，我们在表 5-5 中由 Model（1）和 Model（4）可以看出，各省级地方政府出台的关于规范证券市场发展的地方性法规和地方规范性文件的累计

① Hausman 值是 6.93，且通过 xttest1 的自相关检验结果显示 P-Value 是 0.001。

② Hausman 值是 25.31，且通过 xttest3 的自相关检验结果显示 P-Value 是 0.000。

数量对证券市场的总市值规模和流动市值规模具有显著的正向影响，估计系数分别是 0.049 和 0.048。该结果也印证了本书第四章的理论分析机制，即在中央关于证券市场发展的顶层设计框架下，关于证券市场发展的地方性法规和地方规范性文件的累计数量越多，投资者在金融交易过程中越容易以较低的成本设计和安排相对完全的激励约束机制，而且投资者所面临的预期可执行的法律成本较低。其次，Model（2）和 Model（5）采用扰动项为 AR（1）的情况进行估计，其结果也非常稳健。最后，Model（3）和 Model（6）分别在随机效应和固定效应下的工具变量估计，结果也显示各省级地方政府出台的关于规范证券市场发展的地方性法规和地方规范性文件的累计数量对证券市场的总市值规模和流动市值规模具有显著的正向影响。此外，对于所有的方程估计，在控制变量中，教育水平提升对证券市场的发展具有显著的正向影响。该结果也体现了《中国证券期货行业人才队伍建设发展规划（2011~2020 年）》的必要性和重要性①。

5.2 行政执法效力差异对金融合约实施事后救济影响的实证分析

通过法律环境与中国证券市场发展的特殊关联及其之间的作用机制，我们可以看出在证券市场的金融交易中，由于金融合约不完全性导致市场活动中存在着大量机会主义行为，而机会主义行为的存在给交易者带来了高昂的交易成本（Williamson，1985），极大地打击了投资者的积极性，甚至退出市场参与。而行政执法对金融合约实施事后防范的作用主要侧重于对待合约执行过程中所产生的不可预测的相机性进行不同程度的事后治理，降低投机产生的交易成本，确保投资者的权益不受损害。

正如之前的现象解析，证监会打击市场的投机行为确实维护了金融合约的严肃性，有效保护了市场投资者的利益。然而，在证券稽查的过程中，地方政府的利益诉求对其机会主义的存在也会产生重要影响，或出于地方政府利益诉求而默许甚至变相帮助上市公司实施投机活动，或配合证

① 《中国证券期货行业人才队伍建设发展规划（2011~2020 年）》是中国证监会为贯彻落实中央关于人才工作的一系列重大部署，根据《国家中长期人才发展规划纲要（2010~2020 年）》和《金融人才中长期规划（2010~2020 年）》，结合证券期货行业人才工作实际制定的。

监会的统一执法肃清证券市场的投机行为。那么对于中国现实的证券市场，当纳入地方政府的利益行为时，证监会的稽查力度对金融合约中的机会主义行为会产生积极的效果吗？证券稽查效果的差异性能否在投机者的个体效应中体现出来呢？另外，地方政府的利益诉求在经验分析中是否正如我们理论分析的那样，对投机行为产生影响呢？显然，这些问题的经验回答对于我们认清行政执法对于证券市场的影响是很有必要的。

5.2.1 实证命题提出

在行政执法效力对金融合约实施事后防范的实证分析中，我们主要侧重于对待合约执行过程中所产生的不可预测的相机性而进行的不同程度的事后治理，以降低投机产生的交易成本，确保金融合约顺利实施和投资者的权益不受损害。显然，如何衡量公司对于投资者权益侵害的机会主义行为，是提出实证命题的关键。

众所周知，企业是一系列契约的联合（Nexus of Contracts），而会计通过计量各相关利益者在企业的投入确定他们依据契约所应得到的回报，保护各契约当事人的利益，并为后续其他契约的签订和谈判提供共同知识（Healy and Wahlen，1999）。因此，会计盈余作为能够有效反映企业经营业绩的重要指标，是许多企业契约的重要参数，而且 Schipper（1989）也曾指出会计盈余可以有效评估契约履行的情况。可以看出，将会计盈余管理作为证券市场中上市公司契约行为的代表是有意义的，也是必要的。值得注意的是，所谓盈余管理是指公司管理层运用职业判断编制财务报告和通过一系列规划交易以变更财务报告，目的在于误导以公司经营业绩为判断基准的相关利益关系人的经济决策行为或者影响以会计报告数字为基础的契约后果（Healy and Wahlen，1999）。由此看来，盈余管理在投资者眼中通常被认为是公司的“坏行为”。实际上，在我国法律制度不健全和投资者保护程度较低的情况下，这种“坏行为”已经逐步衍生出证券市场中上市公司的众多丑闻。例如，上市公司的大股东通过盈余操纵，或者隐瞒公司真实的内部信息以达到误导外部投资者的机会主义行为（Park and Shin，2004），或者获得配股资格和提高股票发行价格，实现对小股东财富的掠夺效应（Du Charme，2004）。在很大程度上，盈余操纵可以看作是上市公司一系列违法违规行为的源头。因此，研究我国执法部门的执法力度对证券市场中上市公司的盈余操纵行为的影响是有意义的。

基于上面的分析，我们提出以下实证命题：

假设命题：在控制地方政府对上市公司利益诉求的情况下，证券稽查的执法力度能够有效降低上市公司下一期的盈余操纵行为。

5.2.2 研究设计

5.2.2.1 研究样本和数据来源

本书的研究样本主要是中国证券市场中发生违规行为并且受到证监会处罚的上市公司，确定这一样本范围是基于以下几个方面的考虑：首先，行政执法是纠正我国证券市场中上市公司违规行为的主力；其次，由于上市公司是大部分证券市场中违法违规行为的渊源和载体，所以对上市公司的处罚效果将直接影响投资者的信心和证券市场的稳定性；再次，在证监会证券稽查的对象中，上市公司的违法违规行为具有较强的代表性，相比其他稽查对象，上市公司的数据较容易搜集；最后，上市公司的违法违规行为在各个国家的证券市场普遍存在，研究主要的稽查对象有利于国际间的比较。此外，在分析和搜集上市公司违规及处罚数据的过程中，我们发现 2003 年后查处的违法行为占到上市公司整个违法行为的 80%，所以本书将重点研究 2003~2010 年证监会对上市公司违规行为的处罚程度对其坏行为的影响。本书在研究样本选取时，2003~2010 年共有 178 家上市公司受到行政处罚，但其中有 26 家上市公司样本缺乏公司内部治理数据。由于公司内部治理对解释上市公司盈余操纵具有关键作用，遗漏该数据将会对经验估计的结果具有重要影响，所以在删除该 26 家上市公司样本后，本书主要基于 152 家上市公司样本考察证券稽查的执法力度对上市公司盈余操纵行为的影响。

研究样本数据来源主要是通过整理和计算国泰安（CSMAR）数据库的中国股票市场交易数据库的财务报表数据库和上市公司违规行为数据库获取，其中关于证券稽查对上市公司的处罚类型是通过上市公司违规行为数据库手工整理。此外，研究中所需要的其他控制变量来自于 CSMAR 数据库、《中国统计年鉴》和中国各省级的地方《统计年鉴》。

5.2.2.2 变量构建

本书的实证研究是在控制上市公司股权集中度、资产负债率、资产规模和公司内部治理情况的基础上，从行政执法层面上重点考察证券稽查的执法力度对证券市场上市公司的机会主义行为的影响。

被解释变量、解释变量和控制变量的定义如下所述：被解释变量主要通过公司的盈余管理进行度量。盈余管理的度量从国际研究视角上主要采用三种研究设计方法，即总体应计模型（Aggregate Accruals Models）、频率分布方法（Frequency Distribution Approach）和特定应计模型（Specific Accrual Models）。目前国内对于盈余管理的度量研究主要是借鉴国外的前两种研究方法。然而相比频率分布方法（Burgstahler and Dichev，1997），总体应计模型和特定应计模型在统计上存在一些缺陷，这也导致国内学者在涉及盈余管理度量方面的研究成果一直受到国际学者的质疑和批评。基于上面的情况，本书在度量盈余管理时，一方面通过国内学者通常采用的隶属于总体应计模型中的修正的 Jones 模型，另一方面通过考虑上市公司的 ROA 进行业绩匹配的盈余操纵，作为采用频率分布方法的初步探索。因此，本书主要采用两种测度方法衡量上市公司对非正常性应计利润的操纵程度，即修正的 Jones 模型和业绩匹配的盈余操纵。

5.2.2.2.1 修正的 Jones 模型（Amended Jones）

在估计正常性应计利润时，虽然 Jones（1991）模型很好地控制了公司经济环境变化对正常性应计利润的影响。但是在收入确认受到操纵时，Jones 模型在估量非正常性应计利润时会出现误差，修正的 Jones 模型则考虑了针对收入确认的盈余管理。其主要思想是，每年度在各个行业内如式（5-2）进行横截面最小二乘回归，估计出行业特征参数 β_1、β_2 和 β_3。

$$ETA_{i,t}=\alpha+\beta_1 1/Asset_{i,t-1}+\beta_2\Delta REV_{i,t}/Asset_{i,t-1}+\beta_3 PPE_{i,t}/Asset_{i,t-1}+\varepsilon_{i,t} \quad (5-2)$$

式中，$ETA_{i,t}$表示企业 i 在 t 年度的总应计利润，其等于营业利润与经营活动净现金流的差额；$\Delta REV_{i,t}$表示企业 i 在 t 年度的营业收入与 t-1 年度营业收入的差额；$PPE_{i,t}$表示企业 i 在 t 年度的固定资产净值；$Asset_{i,t-1}$表示企业 i 在 t-1 年度末的总资产规模。

然后，利用下面的公式来估计得到不受操纵的正常性应计利润（NDA）

$$NDA_{i,t}=\alpha+\beta_1 1/Asset_{i,t-1}+\beta_2(\Delta REV_{i,t}-\Delta REC_{i,t})/Asset_{i,t-1}+\beta_3 PPE_{i,t}/Asset_{i,t-1}+\varepsilon_{i,t} \quad (5-3)$$

式中，$\Delta REC_{i,t}$为企业 i 在 t 年度的应收账款与 t-1 年度应收账款的差额，其余各变量的定义同前。总应计利润（ETA）扣除 NDA 之后的差额绝对值，即得非正常性应计利润。

5.2.2.2.2 业绩匹配的盈余操纵（Matchedroa）

参照 Kothari、Leone 和 Wasley（2005），该测度主要目的在于控制上市公司业绩水平对应计利润的影响。该模型是在修正的 Jones 模型基础上，控制上一年度的资产收益率（$ROA_{i,t-1}$），回归模型如下式所示。

$$ETA_{i,t} = \alpha + \beta_1 1/Asset_{i,t-1} + \beta_2 \Delta REV_{i,t}/Asset_{i,t-1} + \beta_3 PPE_{i,t}/Asset_{i,t-1} + \beta_4 ROA_{i,t-1} + \varepsilon_{i,t} \quad (5-4)$$

基于式（5-4）估计所得到的特征参数 β_1、β_2、β_3 和 β_4，我们可以利用等式（5-5）估计出不受收入操纵和业绩水平匹配下的正常性应计利润 NDA，即：

$$NDA_{i,t} = \alpha + \beta_1 1/Asset_{i,t-1} + \beta_2 (\Delta REV_{i,t} - \Delta REC_{i,t}) / Asset_{i,t-1} + \beta_3 PPE_{i,t}/Asset_{i,t-1} + \beta_4 ROA_{i,t-1} + \varepsilon_{i,t} \quad (5-5)$$

这里，各变量的定义同前。类似地，ETA 与 NDA 之差的绝对值即为非正常应计利润。

解释变量主要是通过对证监会针对上市公司的证券监管处罚方式进行打分的方法进行度量。具体而言，2002 年，中国证监会在《关于进一步完善中国证券监督管理委员会行政处罚体制的通知》（以下简称《通知》）中详细列举了证监会监管处罚的种类，根据《通知》规定：处罚的种类主要包括批评、警告、谴责、罚款、没收违法所得、没收非法财物、责令停产停业、暂扣或者吊销许可证、暂扣或者吊销执照、市场禁入。依据证监会对上市公司样本监管处罚的类别，我们依据其处罚程度分别对样本公司进行打分，具体而言，批评（1 分）、警告（2 分）、谴责（3 分）、罚款（4 分）、没收非法所得（5 分）、取消营业许可证（6 分）、市场禁入（7 分）。如果样本公司某年度受到多个监管处罚类型，那么将对其处罚类型进行累计加和。基于证监会监管处罚采用的是相对打分法，所以我们要对此分数进行无纲量化，即将分数的加权平均结果作为衡量证监会监管处罚力度的数量指标。

控制变量主要是地方政府干预程度、上市公司股权集中度、资产负债率、资产规模和公司内部治理情况。对于地方政府干预程度，我们主要是基于地方政府出于自利行为对上市公司的利益诉求。通过第三章的分析，我们知道由于中国经济分权的同时伴随着政治集权，晋升激励使得地方政府官员有着非常强劲的动力促进地方经济的快速发展，因此地方政府为了争夺证券市场的经济资源，上市公司数量和上市公司业绩已经被潜在地作为地方政府、官员政绩考核的标准（张琼芳，2010）。在这种情况下，对于上市公司不易察觉的而又在一定程度上侵害投资者权益的坏行为，地方政府往往通过大面积税收优惠和财政补贴对上市公司进行政府干预，以达到上市公司扭亏、ST 保牌、平滑利润、资产保值增值等目的（陈晓、李静，2001）。我们主要采用每年度上市公司的税收占地方政府财政收入的比例来衡量地方政府干预程度（Intervene）（赵怡欣，2012）。

对于其他的控制变量而言，上市公司股权集中度采用前十大股东持股指数（owner），该指数定义为前十大股东持股比例的平方和；资产负债率定义为公司每年度末的总债务和总资产的比例（ratio）；资产规模是采用公司每年度末总资产的对数（lnsize）。公司内部治理情况主要是通过两个指标进行说明，第一个指标是上市公司的董事长人选和总经理人选是否为同一个人选（duality），如果该指标是1，表示两者是同一人选，如果该指标是0，则表示两者是相分离的；第二个指标是独立董事的比例状况（outdirect），也就是上市公司中独立董事的总人数占董事会人员规模的比例，主要变量含义如表5-6所示。

表5-6 主要变量的定义

变量	变量描述
被解释变量	
amendedjones	总应计利润扣除不受操纵的正常性应计利润，反映上市公司对非正常性应计利润的操纵程度，数值越大，其盈余操纵程度越高
matchedroa	总应计利润扣除业绩匹配下的正常性应计利润，反映上市公司对非正常性应计利润的操纵程度，数值越大，其盈余操纵程度越高
解释变量	
lscore	打分法计算的加权平均数的一期滞后，反映证监会上一期的对上市公司监管处罚力度，数值越大，其处罚程度越严厉
控制变量	
intervene	每年度上市公司的税收占地方政府财政收入的比例，反映地方政府对上市公司的干预程度
duality	董事长与总经理是否由一个人承担，反映上市公司内部治理情况
outdirect	独立董事总人数与董事会规模的比值，反映上市公司内部治理情况
owner	前十大股东持股比例的平方和，反映上市公司股权集中度，数值越大，股权集中度越高
ratio	上市公司每年度末的总债务和总资产的比例，反映公司的风险运营水平
lnsize	上市公司每年度末总资产的对数，反映公司的整体规模

通过主要变量的构建，我们对其进行简单的描述性统计，如表5-7所示。

表 5-7 主要变量的描述性统计

变量	样本	均值	标准差	最小值	最大值
amendedjones	1064	0.495	0.503	0.000	6.987
matchedroa	1064	0.496	0.511	0.000	6.989
lscore	1064	0.014	0.060	0.000	0.391
intervene	1064	0.001	0.002	0.006	0.028
duality	1064	0.151	0.358	0.000	1.000
outdirect	1064	0.353	0.050	0.000	0.571
owner	1064	0.166	0.120	0.005	0.680
ratio	1064	0.876	0.008	0.008	142.718
lnsize	1064	21.240	10.842	10.842	25.435

5.2.3 计量模型

基于上面的变量构建和设定，本书通过以下的实证分析模型进行分析：

$$Y_{it}=\alpha+\beta_1 lscore_{it-1}+\gamma X_{it}+\varepsilon_{it} \tag{5-6}$$

式中，Y_{it}表示上市公司 i 在 t 年的非正常性应计利润，我们分别用表中的 amendedjones 和 matchedroa 来度量；$lscore_{it-1}$表示证监会对上市公司 i 在 t-1 年的处罚力度；X_{it}代表一系列控制变量，即地方政府对上市公司的干预程度（intervene）、上市公司内部治理情况（duality 和 outdirect）、上市公司股权集中度（owner）、上市公司的风险运营水平（ratio）、上市公司的整体规模（lnsize）；ε_{it}为误差项。

5.2.4 实证分析结果

本书的实证研究是在控制了地方政府对上市公司的干预程度、上市公司内部治理情况（包括董事长与总经理的任职情况和独立董事占董事会规模的比例）、上市公司股权集中度、上市公司的风险运营水平、上市公司的整体规模，从行政执法效力对金融合约事后防范的角度，重点考察了中国证券监督管理委员会针对上市公司的行政处罚力度对上市公司盈余操纵的影响。实证分析的结果如表 5-8 所示。在回归分析中，基于“大 N 小 T”的面板数据，本书采用不考虑扰动项相关的固定效应进行方程估计。

我们从表 5-8 中可以看出，中国证监会对上市公司本年度的处罚力度能够显著降低下一年度上市公司的盈余操纵，即在 Model（1）和 Model（3）中，$lscore_{it-1}$对修正的 Jones 盈余操纵和业绩匹配的盈余操纵的影响系数分别是-0.6447 和-0.7102。然而，通过之前章节分析中国证券稽查改革的历程，我们可以发现，地方政府一方面通过与中央政府建立的隐性契约强化证监会的执法力度，另一方面基于自身的利益需求默许甚至纵容上市公司的盈余操纵。因此，我们在经验分析中也引入了每年度上市公司的税收占地方政府财政收入的比例作为控制变量，以更好地反映地方政府的利益行为对上市公司盈余操纵的影响。显然，Model（2）和 Model（4）印证了地方政府的利益行为对上市公司盈余操纵的影响，而且在控制地方政府利益行为的情况下，中国证监会对上市公司本年度的处罚力度依旧显著降低了下一年度上市公司的盈余操纵，且其影响系数明显大于没有控制地方政府利益行为情况下的影响系数。该结论不但反映了中央证券稽查统一集中的效果，而且也间接地说明了地方政府基于与中央政府建立的隐性契约对证监会行政执法的配合。此外，对于实证分析中引入的其他控制变量，上市公司的股权集中度对上市公司的盈余操纵也具有显著影响，即上市公司的股权集中度越高，公司的盈余操纵强度越高。事实上，该经验分析结果也符合西方成熟证券市场中的侵害理论①。

表 5-8 行政执法效力差异对金融合约实施事后救济影响的实证分析结果

被解释变量	amendedjones	amendedjones	matchedroa	matchedroa
	Model（1）	Model（2）	Model（3）	Model（4）
	FE	FE	FE	FE
lscore1	-0.6447**	-0.6500**	-0.7102**	-0.7156**
	(-2.27)	(-2.30)	(-2.46)	(-2.48)
incometax		37.3290***		38.2027***
		(2.60)		(2.61)

① 侵害假设理论主要是西方社会学者在研究股权集中度与投资者保护两者关系中，依据世界各国证券市场中的经验分析所归纳的一个普遍存在的结论。其中，代表人物 Daniels 和 Halpern（1996）认为股权集中十分不利于投资者权益的保护；Simon Johnson（2000）认为在投资者保护较弱，控股股东可以通过股权集中度高的上市公司为自己谋私利。

续表

被解释变量	amendedjones	amendedjones	matchedroa	matchedroa
	Model (1)	Model (2)	Model (3)	Model (4)
	FE	FE	FE	FE
duality	-0.0175	-0.0257	-0.0168	-0.0252
	(-0.34)	(-0.50)	(-0.32)	(-0.48)
outdirect	0.3659	0.3277	0.4178	0.3787
	(1.01)	(0.91)	(1.14)	(1.03)
owner	0.7173***	0.6365***	0.7373***	0.6547***
	(3.42)	(3.01)	(3.45)	(3.04)
ratio	0.0007	0.0001	0.0014	0.0008
	(0.21)	(0.03)	(0.43)	(0.26)
lnsize	0.0051	-0.0040	-0.0151	-0.0245
	(0.17)	(-0.14)	(-0.50)	(-0.81)
_ cons	0.1569	0.3584	0.5672	0.7734
	(0.25)	(0.57)	(0.88)	(1.20)
N	152	152	152	152
F 值	3.48	3.52	3.42	3.45
Hausman	17.85	13.23	24.05	16.44

注：括号内的值为标准误，*、**、***分别表示在 10%、5%和 1%水平上显著；表中上行的数据表示系数，下行括号内数据为 t 值。

5.3 司法审判效率差异对金融合约实施事后救济影响的实证分析

通过法律环境与中国证券市场发展的特殊关联及其之间的作用机制，我们可以看出第三方权威治理机构（行政执法机构和法院）在惩治证券市场机会主义行为的过程中，法院同中国证监会一并发挥着重大作用，尤其是在司法诉讼中，其主导作用更是无可替代的。从直观上讲，基于法律环境对金融合约实施的事后作用机制，我们需要考察在中国的证券市场中，投资者依托司法诉讼所带来的权益补偿在多大程度上能够有效降低投机者机会主义行为的发生。也就是说，从法律经济学的角度考虑金融合约实施过程中，投机者所面临的包含刑事处罚和民事赔偿成本在内的交易成本高低的问题。

在司法审判实践中，直接考察市场投机者面临的包含刑事处罚和民事赔偿成本在内的交易成本对金融合约实施的影响存在一定难度。主要原因在于，证券市场中考量个案审理中投机者面临的交易成本不具有代表性，而由于司法案件信息的披露限制，统计证券市场众多案件中投机者的交易成本几乎是不可能的。然而，值得庆幸的是，司法审判效率和证券市场投机者面临的包含刑事处罚、民事赔偿在内的交易成本具有很强的关联性。显然，高效的司法审判效率及时惩处了市场投机者，直接加大了投机者的违法成本，树立了司法权威，强化了第三方治理的预期程度；相反，司法审判效率的低下往往使得案件久拖不审、久拖不决，导致投机者的惩处不能落实，违法成本远远低于收益，降低了第三方治理的预期程度。因此，在考察法院治理证券市场机会主义行为时，本书主要从司法审判效率的角度来验证其在金融合约事后防范过程中所起到的作用。这不但间接性地反映了法院治理所引致的投机者所面临的包含刑事处罚、民事赔偿在内的交易成本与金融合约实施事后救济的关系，而且从更加宽泛和可行的角度落实了经验分析的过程。

5.3.1 实证命题提出

司法审判通常是投资者解决证券交易纠纷采用的最后手段。高效的司法审判效率不但可以直接加大投机者的交易成本，防止投机行为发生，而且能够有效地树立和提高司法权威，增强诉讼参与人及其他市场投资者对于司法的信任，降低投资者的交易成本（包含诉讼成本），最终实现金融资源的合理配置和证券市场的规模发展。

实证命题：中国证券市场的规模和发展水平与司法效率呈现显著正相关。

5.3.2 研究设计

5.3.2.1 研究样本和数据来源

本书的实证分析主要是基于 2003~2010 年中国省际面板数据分析。在样本选取时，由于河北、内蒙古、山东、河南、湖南、广东、四川和西藏等省份缺乏部分数据，所以这几个省份并未包括在研究样本内。对于衡量中国证券市场的规模和发展水平的样本来源于《中国统计年鉴》、中国各省级地方的《统计年鉴》以及《中国证券期货统计年鉴》；对于衡量司法效率的样本主要来自2003~2010年各省级《高级人民法院年度工作报告》；对于控制变量的样本主要来自《中国统计年鉴》、中国各省级的地方《统计年鉴》。

5.3.2.2 变量构建

本书的经验研究是在控制中国教育水平、各个省级地方经济规模水平、政府干预程度和对外开放程度的基础上，重点考察中国各省级地区法院的司法效率对该地区证券市场规模和发展水平的影响。

被解释变量：对于衡量区域证券市场规模和发展水平的变量时，我们主要采用各省份上市公司股票市场价值占该省份GDP的比值来反映地区证券市场的发展规模，其中各省份上市公司股票市场市值是通过对该省份期初与期末股票市场市值进行平均取得。此外文章考虑中国证券市场存在流通股和非流通股权分置的情形，引入各省份上市公司流通股市值占该省份GDP比值来测度地区股票市场的实际流通规模。文章选取的这两个指标主要参照了LLSV（1997），主要变量的定义如表5-9所示。

解释变量：在实证分析中，很多学者都采用结案率作为衡量一个地区司法效率的指标（Schneider，2005），即当期的结案数比上期存案数与当期收案数之和。该指标反映了在分析期间内结案件数占受理案件的比例。尽管该指标可以直观地说明审判任务的完成情况，但是却存在一定弊端，即长期以来，结案率始终是上级法院考核下级法院的重要考核指标，各级法院为了完成结案率的要求、创优争先突出政绩，往往采取在年中或年度末突击结案、控制收案数量等措施，甚至拒绝审判难度高的案件以保证结案率指标的顺利完成①。这些情况在一定程度上弱化了结案率指标的评价功能。

表5-9 主要变量的定义

变量	变量描述
被解释变量	
tlcap	地区股票市场总市值（百万）与该地区GDP的比例，反映各省份股票市场总体的规模，数值越高，表明该省份金融合约密集度越高，证券市场发展水平越高

① 严戈和屈国华（2003）对用结案率来度量法院审判效率的缺陷进行了总体性的评述。

续表

变量	变量描述
被解释变量	
lqcap	地区股票市场流通股市值（百万）与该地区 GDP 的比例，反映各省份股票市场中流通股的规模，数值越高，表明该省份金融合约密集度越高，证券市场发展水平越高
解释变量	
lcase	地区法院的结案率，反映各省份司法审判的效率，数值越高，表明该省份司法审判的效率越高
控制变量	
edu	6 岁以上人口每十万人中大专以上学历人数（万人），反映地区的教育水平
lngdp	中国各省份生产总值的对数，反映各省份经济规模的大小
gov	中国各省份政府支出与当期政府收入的比值，反映政府干预金融市场的程度
open	中国各省份的实际利用外商直接投资与该省份生产总值的比例（%），反映地区的对外开放程度

本书选择审限内结案率来度量其司法效率，法定（正常）审限内结案率指标是在法律制度所要求的审理时间范围内审理案件的数量占总结案数的百分比。因此，对比之前学者研究中所采用的结案率，该指标具备以下两点优势：首先，该指标目的在于鼓励诉讼案件在法律制度所要求的审理时间范围内完成，以降低案件拖延导致的参与人利益受损的概率和程度，能够有效地衡量司法审判的效率；其次，该指标是在我国目前法律制度框架下构建出的科学而合法的指标。客观地讲，审限内结案率也属于上级法院考核下级法院的重要考核指标，有可能存在一定的政治干预，但是在没有其他更好的指标来衡量各地区司法效率的情况下，采用审限内结案率相比之前的学者研究存在一定的进步。退一步讲，纵使审限内结案率并不能完全准确地度量各地区的司法效率，但是该指标至少能够反映各地区在司法效率上的相对差异，这在很大程度上已经实现了本书的研究目的。

控制变量：本书在实证研究中主要在控制中国各省份经济规模水平（lngdp）、政府干预水平（gov）、教育水平（edu）和对外开放水平（open）的基础上考察证券市场的规模和发展水平与司法效率的关系。经济规模主要是反映不同省级地区在不同经济发展阶段所对应的整体水平，本书参照 LLSV（1998）将各省份 GDP 的对数作为控制变量；政府干预主要是通过政府支出与政府收入的比值在一定程度上反映政府干预经济的幅度，即政府的干预程度越强，金融市场扭曲的程度会被不断加大，影响金融市场的可持续发展；教育水平主要是通过6岁以上人口每十万人中大专以上学历人数（万人）来反映区域的人均教育水平；对外开放水平主要是通过各省份的实际利用外商直接投资与该省份生产总值的比例（%）来反映区域的对外开放程度。

表5-10报告了本书主要变量的描述性统计。包括除河北、内蒙古、山东、河南、湖南、广东、四川和西藏等省份之外的23个省、直辖市和自治区2004~2010年的数据。

表5-10 主要变量的描述性统计

变量	样本	均值	标准差	最小值	最大值
tlcap	161	0.694	1.995	0.055	20.720
lqcap	161	0.265	0.523	0.008	4.780
lcase	161	0.939	0.034	0.864	1.000
gov	161	2.232	1.010	1.047	6.745
edu	161	0.842	0.586	0.272	3.150
open	161	3.089	2.306	0.087	8.191
lngdp	161	8.664	0.966	6.144	10.737

表5-11报告了主要变量的相关性分析结果。其中证券市场的总市值占地区GDP规模的比例与流通市值占地区GDP规模的比例呈现较高的相关性。其他主要变量之间基本不存在高度关联性。值得注意的是，政府干预程度与证券市场规模呈现出一定的负相关性。

表5-11 主要变量的相关性检验

	tlcap	lqcap	lcase	gov	edu	open	lngdp
tlcap	1.000						
lqcap	0.693	1.000					
lcase	0.3422	0.3945	1.000				
gov	−0.138	−0.107	−0.074	1.000			
edu	0.584	0.579	0.358	−0.388	1.000		
open	0.06	0.038	0.223	−0.55	0.367	1.000	
lngdp	0.093	0.122	0.063	−0.703	0.273	0.315	1.000

5.3.3 计量模型

本书采用如下模型进行面板数据的回归分析：

$$Y_{it}=\alpha_0+\alpha_1 lcase_{i,t-1}+\alpha_2 X_{it}+\varepsilon_{it} \quad (5-7)$$

式中，Y_{it}表示 i 省份在 t 年的证券市场规模和发展水平，我们分别用股票市场的总市值占 GDP 比值（tlcap）和股票市场的流通市值占 GDP 比值（lqcap）；$lcase_{i,t-1}$表示 i 省份的法院在 t-1 年的结案数比 t-2 存案数与 t-1 期收案数之和的比例；X_{it}表示可能影响区域证券市场规模和发展水平的控制变量，其中包括中国各省份经济规模水平（lngdp）、政府干预水平（gov）、教育水平（edu）和对外开放水平（open）；ε_{it}为误差项。

5.3.4 实证分析结果

本书以中国各省级地方法院审理案件的审限内结案率为衡量地区司法效率的水平，系统考察了司法审判效率对区域证券市场发展水平的影响。实证分析的结果如表 5-12 所示。

在回归分析中，本书首先对估计方程进行了 Hausman 检验，结果显示回归方程采用随机效应进行估计。另外，由于证券市场时期波动的特殊性，尽管本书的样本呈现出“大 N 小 T”的省级短面板数据，为了更加合理准确地估计法院审限内结案率对证券市场规模的影响，文章运用 Arellano-Bond（1991）的方法对方程数据进行了自相关检验，发现方程估计中存在明显的自相关。因此，我们同时也采用随机效应下的 FGLS 方法对方程进行估计，以保证实证结果的有效性和可靠性。

表 5-12 司法审判效率差异对金融合约实施事后救济影响的实证分析结果

被解释变量	Model（1）	Model（2）	Model（3）	Model（4）
	tlcap	lqcap	tlcap	lqcap
	RE	RE	RE-FGLS	RE-FGLS
lcase	10.723**	3.547***	9.795**	2.139**
	（2.50）	（3.36）	（2.36）	（2.41）
gov	-0.107	0.034	-0.076	0.048
	（-0.45）	（0.61）	（-0.34）	（0.65）

续表

被解释变量	Model (1)	Model (2)	Model (3)	Model (4)
	tlcap	lqcap	tlcap	lqcap
	RE	RE	RE-FGLS	RE-FGLS
edu	2.044***	0.527***	2.015***	0.647***
	(6.54)	(7.7)	(7.08)	(6.54)
open	-0.174**	-0.049***	-0.171**	-0.048*
	(-2.12)	(-2.68)	(-2.23)	(-1.86)
lngdp	-0.129	0.035	-0.098	0.038
	(-0.61)	(0.72)	(-0.48)	(0.54)
_ cons	-9.202**	-3.738***	-8.662**	-2.571**
	(-2.14)	(-3.51)	(-2.05)	(-2.42)
Hausman	4.06	10.77		
Wald 值	68.56	102.01	84.29	76.86

注：括号内的值为标准误，*、**、***分别表示在10%、5%和1%水平上显著；表中上行的数据表示系数，下行括号内数据为t值。

我们从表5-12中可以看出，在不考虑样本数据自相关的情况下，各省级地方政府法院上一期的审限内结案率对下一期证券市场的总市值和流动市值具有显著的正向影响，估计系数分别是10.72和3.55。该情况类似于考虑样本数据自相关的情况。该结果也印证了证券市场规模与地方政府法院的司法效率正相关，即高效的司法审判效率不但可以及时化解合约参与人之间的矛盾，保护缔约者的所有者权益，维护证券市场的公平与正义，而且能够有效地树立和提高司法权威，增强诉讼参与人及其他市场投资者对于司法的信任和服从，从而实现金融合约密集度的提升。此外，在控制变量中，教育水平的提升对证券市场的发展具有显著的正向影响。该结果也体现了《中国证券期货行业人才队伍建设发展规划（2011~2020年）》的必要性和重要性。同时，对外开放水平在影响证券市场的发展上也具有显著影响。事实上，在目前中国证券市场技术、人才和相关经验还不完善的情况下，证券市场的对外开放还需要控制节奏，逐步适应国际市场的趋势。

5.3.5 稳健性检验

在影响中国司法效率的现状中，司法资源的稀缺与作为司法制度运行主体的法官职业素养具有至关重要的作用（王利明，2001）。在司法审判活动中，律师的功能性不仅能够有效弥补司法资源的稀缺性，而且还能间接有助于法官职业素养的逐步提高。

律师在司法审判活动中能够有效节省司法资源。首先，在证券市场的金融交易中，司法审判往往涉及民事赔偿，律师在调查被执行人的财产状况时将起到重要作用，有利于整合司法资源，提升司法效率。具体而言，律师是司法资源的重要组成部分，是承担调查取证责任的合适人选（许身健，2012）。事实上，《律师法》第三十五条第二款明确规定，律师拥有自行调查取证权，无须“经有关单位或者个人同意。”此外，根据2001年颁布的《最高人民法院关于民事诉讼证据的若干规定》明确指出，在司法调查中，当事人及其委托律师无法取得被执行人的财产情况证据时，律师有权申请法院依职权调查取证，法院也有义务对被执行人的财产情况进行调查。因此，在我国司法资源有限、法院人员编制有限的形势下，很多地方法院在实际办案过程中采取委托律师进行部分司法调查，不仅符合司法实践的客观需要，而且极大地提高了司法效率。其次，律师通过参与证券市场金融交易中的民间调解极大地降低了诉讼争端，节约了司法资源。随着证券市场立法的完善和投资者法律权益保护的增强，近年来金融交易诉讼案件呈爆炸式增长，这些案件中不乏无效或根本没必要诉讼的案件，而诉讼具有复杂、费时、耗财等缺点，这无疑是对法律资源的巨大浪费。此时，律师作为民间调解的发起人，不但有效地承担了解决诉讼争端，而且可以减少当事人的诉讼成本，节约司法资源（洪冬英，2011）。

律师与法官的特殊关系间接影响着司法效率的提高。首先，在我国司法体制中，律师与法官存在着相互流动转化的关系。具体而言，2005年10月26日，最高人民法院公布《人民法院第二个五年改革纲要》第三十七条规定，“逐步推行上级人民法院法官主要从下级人民法院优秀法官中选任以及从其他优秀法律人才中选任的制度”。此外，2009年3月17日最高人民法院公布的《人民法院第三个五年改革纲要》第十四条也有从其他优秀法律人才中选任法官的制度。据统计，截至2010年全国法官队伍人数30多万人，而律师业人数超过15万人。因此，律师的规模和质量在一定程度上间接影响着法官队伍的素质。显然，囿于我国司法资源有限，法官是承载我国司法审判制度运行的主体，法官的职业素养水平将直接决定其在司法审判中主观能动性的发挥和调解适用范围、边界与限度的能力，显著影响司法效率的提高。在一定程度上，我们可以认为律师规模影响着法官的职业素养水平进而影响我国的司法效率。其次，律师的辩护职能从客观上降低了法官包揽诉讼的概率，避免了再次审判所导致的司法资源浪费。在证券市场中，司法审判往往会涉及内幕交易、欺诈上市、操纵市场等刑事犯罪审理，由于法官的歧视性审判所引致的二次审判现象很常见。① 在新《刑事诉讼法》颁布后，该法律赋予辩护律师可以在侦查、检察、公诉、审判过程中平等地参与刑事诉讼的权利和机会，由此形成了对审判机关和法官的有效监督，非公正司法引致二审的事件概率有所降低。因此，律师通过发挥自身的法律职能，可有效抑制司法资源的浪费和司法效率的降低。

通过上面的分析，我们可以看出律师与司法效率之间存在很大程度的关联性。因此，在度量司法效率对证券市场影响的经验分析时，我们可以通过律师规模指标来合理衡量司法效率。由于律师行业的特殊性，伴随着我国证券诉讼矛盾纠纷的激增，律师的规模化不可能一蹴而就，所以该现实情况在一定程度上也有利于克服实证分析中的内生性问题。

事实上，相比国际和国内学者的研究，为了从更加狭义的角度去考察司法，本书采用律师的数量（每万人常住人口）来衡量司法审判的效率，如表 5-13 所示。此外，中国各省级从事提供法律服务行业的律师人数主要是来自中国各省级的地方《统计年鉴》。本书使用的是 2003~2010 年的数据，在数据的选取中，由于甘肃、西藏、海南、广西、内蒙古和河北缺乏部分数据不完整而未包括在研究样本内。

表 5-13　稳健性检验的分析结果

被解释变量	Model（1）	Model（2）
	tlcap	lqcap
	FE-FGLS	FE-FGLS
lawyerpc	0.669***	0.191***
	（13.64）	（8.34）
lngdp	0.172***	0.105***
	（7.53）	（5.75）
gov	0.340***	0.160***
	（13.73）	（12.27）
open	-0.024***	-0.013***
	（-2.84）	（-6.4）

① 在司法审判中，由于审判人员的非中立判断，对司法审判的实体公正产生影响。见刘中欣.审判中立论［D］.中国政法大学博士学位论文，2011.

续表

被解释变量	Model（1）	Model（2）
	tlcap	lqcap
	FE-FGLS	FE-FGLS
_ cons	-2.642***	-1.299***
	(-12.35)	(-8.39)
Wald	420.49	673.7
Hausman	20.54	89.78
备注	固定效应	固定效应

注：括号中的值为 t 值，*、**、*** 分别表示在 10%、5%、1%的水平上显著。

表 5-13 报告了使用各省级律师人数来衡量地区司法审判质量环境的结果。因律师数量（每万人常住人口）与教育水平之间的相关系数达到 0.909，所以在表 5-13 中我们剔除掉衡量教育水平的控制变量。表 5-13 的结果显示，以律师数量取代法院的审限内结案率来衡量司法效率得出的实证分析结果总体上还是吻合表 5-12 实证分析得出的结论。律师人数分别对股票市场的总市值占 GDP 比值和股票市场的流通市值占 GDP 比值均具有显著的解释力，而且律师人数对被解释变量的解释力度更大。同样，对外开放程度与证券市场的发展呈现反向关系。值得注意的是，在稳健性检验中，政府干预对于证券市场的发展具有显著的正相关。这说明我国证券市场还没有实现完全意义上的市场化运作，需要政府在证券市场发展中进一步简政放权，逐步消除市场中存在的计划经济。

5.4 司法独立性差异对金融合约实施事后救济影响的实证分析

通过法律环境与中国证券市场发展的特殊关联及其之间的作用机制，我们可以看出，在打击证券市场金融交易中出现的机会主义行为时，司法介入作为一股独立的外部力量具有其自身的优越性和高效性。然而，司法体系能够发挥司法功能的前提是司法审判必须具备一定的独立性。事实上，从西方发达国家的经验来看，证券市场的发展是完全建立在金融合约的缔结和执行上的，而司法审判独立显然是第三方治理机构在保护金融产权、金融合约顺利实施过程中不受到其他投机者钻营或者利益集团干预的前提条件。那么在中国证券市场的发展中，中国特色的司法独立是否对金融合约的实施发挥着重要作用？同时，中国特色的司法独立在金融合约的司法审判中如何体现出自身的功能？本书将对这些问题进行系统性的实证分析。

5.4.1 实证命题提出

相比国外的司法体系，中国特色的司法独立使得国外学者关于司法独立与金融合约实施的关系研究并不能很好地适应于中国经验。例如，La Porta 对于司法独立性的研究主要是依托不同国家法律渊源的不同特点展开的，但是在实践变革中，法律渊源作为一个国家的固有法律意识形态和传统，很难有改变的余地。所以在中国证券市场的发展中，学者们始终没有从定量的角度，对中国特色的司法独立对金融合约的实施如何发挥作用进行考量。

本书利用最高人民法院 2012 年 3 月 29 日颁布的《最高人民法院、最高人民检察院关于办理内幕交易、泄露内幕信息刑事案件具体应用法律若干问题的解释》（简称《解释》）这一事件，以存在内幕交易或有内幕交易嫌疑的上市公司为样本，采用事件研究法（Event Study），实证考察中国的司法独立性对金融合约实施事后救济的影响。需要指出的是，本书之所以能够通过该《解释》考察司法独立性对金融合约事后救济的影响，主要是因为司法独立的关注焦点在于法律制度能否通过司法审判独立实施，而司法解释是法律适应的重要手段，是从法律制度到案件审理的有效桥梁，所以本书通过检验金融合约的实施情况在《解释》颁布前后的差异性来反映司法独立性对其事后救济的影响。

通过第三章关于法律环境与中国证券市场发展的现象分析，我们可以看出中国共产党领导下的司法独立赋予了两院出台的司法解释全国性的指导意义，这对证券市场投资者的司法救济确实发挥了积极的作用。但是由于中国政治体制改革的力度不足，整体滞后的现实使得司法解释的颁布并不一定能够促使地方法院独立有效地受理、审判和执行关于内幕交易的刑事案件。事实上，在内幕交易的案件审判中，地方政府为了有效防止国有资产流失，可能通过自身的力量对地方法院的人事和财政等权利进行影响和干预，以达到阻碍投资者保护法律的有效实施，从而间接支持和保护其下属企业。尤其是当诉讼中的被告人为政府或者存在政治关联的当事人时，法院在审判案件中往往难以保持客观和公正的态度（La Porta，2004）。此外，在我国股票市场上，一些地方政府为了实现其自身的社会性目标，往往帮助和纵容本地或者下属上市公司违法违规，例如利用行政手段为不合格企业谋取融资资格、协助上市公司进行盈利操作、出具虚假文件和证明等，一旦问题暴露，则利用自身的特殊地位干扰监管部门和司法部门的调查和处罚行为（刘鸿儒，2003）。因此，我们需要预期，当公司最终控制人为地方政府时，法院的独立性存在受到影响的可能性。我们将这类公司称为“司法相对不独立组”，而将其他公司称为“司法相对独立组”。值得说明的是，国有企业相比非国有企业不但具有天生的“血统优势”，而且与地方政府有着千丝万缕的利益联系①，往往更容易受到地方政府的保护（赵静，2013）。相对非国有企业，地方政府在国有企业面临可能的司法诉讼时会采取更有效的措施干预司法审判，保护国有企业自身的整体利益。事实上，通过大量涉及国有企业的司法诉讼案例来考察司法受到干预的程度是直接而有效的，但是该方法的数据获取存在极大困难，所以本书采用投资者理性预期的方法对其进行考量，即我们利用历史的股市信息及投资者对于因果关系的判断对比国有企业和非国有企业的市场反应，间接地测度司法干预的强度。由于“两高”《解释》的出台及其相关内幕交易的诉讼法律的实施将会导致本书的样本公司产生可能的刑事责任及其负面影响，进而导致这些样本公司的股价下跌，因此这些公司中司法相对不独立的公司股价下跌应该更少。

据此，我们提出如下研究假设：

研究假设内幕交易或存在内幕交易嫌疑的上市公司在《解释》颁布日前后持续表现出负向市场反应。而且司法相对不独立组公司比司法相对独立组公司在《解释》颁布日前后期间的负向市场反应程度更弱。

5.4.2 研究设计

5.4.2.1 事件的选取

本书采用事件研究法对研究假设进行实证分析，一般采用事件研究法（Event Study Methdology）对信息有效性及上市公司存在或者可能存在的违法违规行为进行最有效的检测，该方法被广泛用于估计上市公司的某种行为对证券价格波动的冲击，并测算这一具体行为是否具有信息含量和价值。例如，Fernandes 与 Ferreira（2006）通过事件研究法比较了各国在首次实施内幕交易监管法规前后股价信息含量的变化；张宗新（2007）采用事件研究法考察了内幕操纵行为和监管控制的负向关系。

① 利益关联体现在，一方面国有企业的产权比重和多寡直接决定了地方政府控制本地经济和企业的能力，另一方面国有企业的经营绩效还直接与社会稳定性存在牵连。

对于事件研究法，事件的选取必须具备突发性与重要性。首先，相比证券市场的立法工作，《解释》的内容制定与出台往往是在短期内完成的，可以作为证券市场发展的突发性冲击因子；其次，在内幕交易过程中，基于证券、期货交易具有无纸化、信息化等特点，犯罪分子往往利用互联网、4G 通信等先进技术传递信息和意图，加大了事后取证的难度，导致实践中查办的内幕交易、泄露内幕信息犯罪案件数量与实发案件数量相差甚远。2008 年初至 2011 年底，证监会共获取内幕交易线索的案件 426 件，立案调查的只有 153 件。而《解释》是"两高"专门针对解决上述情况而出台的，很容易改变投资者的预期，说明该事件的重要性，所以适合作为本书所研究的事件。综上所述，本书将《解释》的颁布作为研究事件，并以其颁布日期 2012 年 3 月 29 日作为事件日。

5.4.2.2 样本公司的确定

我国上市公司内幕交易行为的发生主要是由于公司内部控制体系不完善造成的。然而，公司内部控制体系的加强和完善不是短期内就能完成的。一方面企业内部控制过程是通过纳入管理过程的大量制度及活动实现的，另一方面该内部控制过程需要一个重视开发和研究内部控制的国家外部宏观环境。因此，对于中国证监会及其派出机构之前认定的确实存在内幕交易的上市公司将会面临《解释》造成的负面影响或者内幕交易的刑事责任。此外，由于内幕交易往往是刑事附带民事诉讼案件，所以在样本的选择期限上，我们主要基于民事诉讼时效的 2 年期限进行定位。依据我们的分析，在《解释》颁布之前的两年时间内，上市公司存在内幕交易行为的样本公司共有 14 家（样本称为存在内幕交易的公司），不能够达到构成实证检验有效样本的数量要求。为此，我们进一步选取那些明显具有内幕交易嫌疑的公司为补充样本。具体来说，我们将以下三类公司确定为具有内幕交易嫌疑：第一类公司是中国证监会及其派出机构之前认定的具有操纵股价行为的上市公司；第二类公司是中国证监会及其派出机构认定的具有欺诈上市行为的上市公司；第三类公司是中国证监会及其派出机构认定的具有重大遗漏行为的上市公司。① 这些公司的违法行为不但与内幕交易行为存在着重大的关联性，而且其内部控制体系存在重大问题，因此我们视其为具有内幕交易嫌疑的公司。

---

① 详见《证券法》以及最高人民法院 2003 年颁布的《若干规定》第十七条规定。

根据存在内幕交易嫌疑的三类公司的定义标准所补充的新样本以及现有存在内幕交易嫌疑的公司样本，我们一共寻找到 88 家最终样本公司来参与我们的经验分析，其中存在内幕交易和有内幕交易嫌疑的公司分别为 14 家和 74 家。详细的样本选取和分布情况如表 5-14 所示。

表 5-14 样本选择和分布

样本组成情况	司法相对独立组		司法相对不独立组		合计	
	公司个数（家）	比例（%）	公司个数（家）	比例（%）	公司个数（家）	比例（%）
存在内幕交易的公司	7	8	7	8	14	16
有内幕交易嫌疑的公司	57	65	17	19	74	84
最终样本	64	73	24	27	88	100

注：司法相对不独立组是指公司最终控制人为地方政府；司法相对独立组为司法相对不独立组以外公司。

资料来源：CSMAR 中国股票市场研究数据库。

5.4.3 模型设定

通过本书的理论分析，我们采用如下模型检验研究假设：

$$Y_{it}=\alpha_0+\alpha_1\times judicial+\beta\times X_{it}+\varepsilon \tag{5-8}$$

式中，Y_{it}代表《解释》颁布前后的市场反应。为了确保经验分析结果的可靠性，我们分别采用两种方法来计算样本公司的市场反应，即采用等权平均市场收益率调整后的个股累计异常收益率和采用经过市场收益率调整后的个股累计超额收益率。前者方法的计算公式是 $Y_{it}=[(\prod_{t=-n}^{n}(1+R_{it}))-1]-[(\prod_{t=-n}^{n}(1+R_{mt}))-1]$，其中 R_{it}是样本公司 i 第 t 个交易日的股票收益率，R_{mt}是第 t 个交易日深圳和上海 A 股市场综合计算的等权平均市场收益率，-n 和 n 分别代表事件日（2012 年 3 月 29 日）之前和之后的交易日天数；后者方法的计算公式是 $Y_{it}=[(\prod_{t=-n}^{n}(1+AR_{it}))-1]-1$，其中 AR_{it}是样本公司 i 第 t 个交易日的经过市场收益率调整后的股票超额收益率，其他符号同上。值得注意的是，样本公司股票的超额收益率是通过 $AR_{it}=R_{mt}-NR_{it}$计算的，其中 NR_{it}则是基于 2012 年 1 月 10 日到 2012 年 3 月 9 日的回归方程——计算得到的。

通过上面两种方法，我们可以计算出样本公司在窗口期的市场反应程度，分别标记为 MR（-n，n）和 AMR（-n，n）。在实证分析中，我们将报告 n 为 1，2，3 天的情况，对应的（-n，n）期间的交易日个数分别是 3，5，7。由于因变量是连续变量，检验模型采用 OLS 回归方法进行分析。另外，本书的研究是基于社会现实来研究外生性干扰（如自然实验、政策介入或自然发生事件）对上市公司股票收益率的影响，所以在一定程度上降低了制度内生性对于问题研究的干扰。

本书的解释变量是衡量司法独立性的 dummy 变量（Judicial），当公司样本最终控制人为地方政府或者国有企业时，该变量取值为 1（代表司法相对不独立），否则为 0（代表司法相对独立），该变量的设置原因主要是基于第三章法律环境与中国证券市场特殊关联性中所体现出的中国"司法行政化"的特点。我们可以认为在中国政治集权和经济分权的现实情况下，当地方政府或者国有企业控股的公司面临司法诉讼时，中国法院在司法活动中很大程度上可能会受到地方政府的影响和干预，使得地方法院存在地方保护主义倾向和保护国有企业和国家利益的倾向（陈志武，2003）。另外，在之前的研究中，也有学者采用类似方法进行过相关研究（陈信元，2010）。根据研究假设，我们预测这一变量应与因变量正相关。

在控制内幕交易公司和内幕交易嫌疑公司的不同类型对因变量的影响时，我们分别用 company_ 1 和 company_ 2 表示两类公司。这些变量的取值方法如下：若公司属于"内幕交易公司"，那么 company_ 1 取值为 1，否则为 0；若公司属于"内幕交易嫌疑公司"，那么 company_ 2 取值为 1，否则为 0。相对于内幕交易嫌疑公司，内幕交易行为确实发生的公司变量的回归系数预计为负。此外，在模型检验的过程中，我们的控制变量还包括公司的资产规模（size），即样本公司 2011 年末固定资产的自然对数值；公司的盈利状况（eps），即样本公司 2011 年末的每股收益率；公司的经营状况（daratio），即样本公司在 2011 年末的资产负债率，即样本公司负债与样本公司总资产的比率。此外，当公司的财务状况较差时，利空消息的出现可能使得公司股价下跌更为严重，所以本书在计量模型中控制了公司规模、盈利状况和经营状况三个变量。在控制变量中，我们还控制了行业哑元变量（dummy_ industry），行业分类按照证监会新的行业分类标准，涉及农、林、牧、渔业，采掘业，制造业，电力、煤气及水的生产，建筑业，交通运输、仓储业，信息技术业，批发和零售贸易，金融、保险业，房地产业，社会服务业，传播与文化产业共计 12 类，以此控制行业因素对市场反应的影响。

5.4.4 实证分析结果

本书的实证分析分为两个部分：首先，报告设定模型的变量描述性统计以验证内幕交易或存在内幕交易嫌疑的上市公司在《解释》颁布日前后持续表现出的负向市场反应；其次，对《解释》颁布前后，司法相对独立组和司法相对不独立组对样本公司股票价值的市场反应进行多元回归分析，以考察司法独立性在内幕交易或存在内幕交易嫌疑的上市公司在《解释》颁布日前后市场反应的差异性。

5.4.4.1 变量描述性统计

表 5-15 主要变量的描述性统计

	全部样本公司				司法相对独立组	
	均值	标准差	最小值	最大值	均值	标准差
被解释变量						
MR（-1，1）	-0.033***	0.043	-0.119	0.084	-0.040***	0.040
AMR（-1，1）	-0.190***	0.039	-0.269	-0.085	-0.197***	0.036
MR（-2，2）	-0.027***	0.042	-0.124	0.114	-0.035***	0.039
AMR（-2，2）	-0.285***	0.033	-0.361	-0.173	-0.291***	0.031
MR（-3，3）	-0.022***	0.042	-0.128	0.139	-0.029***	0.038
AMR（-3，3）	-0.367***	0.029	-0.440	-0.254	-0.372***	0.026
控制变量						
company_ 1	0.159	0.368	0.000	1.000	0.109	0.315
company_ 2	0.830	0.378	0.000	1.000	0.875	0.333
size	19.444	2.229	11.731	24.435	19.184	2.106
eps	0.302	0.669	-1.780	3.710	0.230	0.542
daratio	0.702	1.179	0.050	9.841	0.747	1.362

	司法相对独立组		司法相对不独立组			
	最小值	最大值	均值	标准差	最小值	最大值
被解释变量						
MR（-1，1）	-0.119	0.032	-0.013***	0.046	-0.087	0.084
AMR（-1，1）	-0.269	-0.133	-0.172***	0.042	-0.240	-0.085
MR（-2，2）	-0.124	0.072	-0.008**	0.045	-0.080	0.114
AMR（-2，2）	-0.361	-0.207	-0.270**	0.035	-0.327	-0.173
MR（-3，3）	-0.128	0.119	-0.004*	0.045	-0.084	0.139
AMR（-3，3）	-0.440	-0.268	-0.354***	0.031	-0.409	-0.254
控制变量						
company_ 1	0.000	1.000	0.292	0.464	0.000	1.000
company_ 2	0.000	1.000	0.708	0.464	0.000	1.000
size	11.731	22.979	20.139	2.441	13.269	24.435
eps	-1.780	2.107	0.495	0.912	-1.120	3.710
daratio	0.050	9.841	0.581	0.396	0.058	2.033

注：全部样本公司为 88 个，其中“司法相对独立组”和“司法相对不独立组”公司分别为 64 个和 24 个。*、**、*** 分别表示因变量均值与零差异 t 检验在 0.10、0.05、0.01 以下水平统计显著（双尾检验）。

表 5-15 给出了检验模型的变量描述性统计及其对应的变量在司法独立组和司法相对不独立组两组间的描述性统计。显然，从全部样本公司、

司法相对独立组和司法相对不独立组的因变量中可见，在《解释》颁布前后各1、2、3个交易日的期间内，两种方法衡量的市场反应都显著为负。此外，在被解释变量的样本均值上，全部样本公司与司法相对独立组的均值较为接近，这主要是因为司法相对独立组的样本数量占全部样本数量的比例较高（73%）。事实上，我们可以看出，在两种方法衡量得出的个股累计收益率中，司法相对不独立组的样本均值小于司法相对独立组的样本均值，这个结果与研究假设是相符合的，即对司法相对不独立组的公司来讲，《解释》得到实施的可能性相比司法相对独立组公司可能性降低。

5.4.4.2 多元回归分析

本书的实证分析主要是司法相对独立组和司法相对不独立组对样本公司股票价值的市场反应进行多元回归分析。表5-16给出了司法独立性与《解释》颁布日前后1、2、3个交易日市场反应的多元回归分析。每个表中分别控制了公司规模、公司盈利状况和公司经营状况，以及采用经过市场收益率调整的个股累计收益率和经过市场收益率调整的个股累计超额收益率这两种方法衡量市场反映的情况。

从表5-16中可以看出，judicial的回归系数位于0.02~0.03，并且对应的P值均在0.05以下水平非常显著。这说明在控制了公司规模、公司盈利状况和公司经营状况后，司法相对不独立组公司比司法相对独立组公司的负向市场反应程度弱2%~3%。该结果显然支持本书的研究假设，说明法院司法的相对不独立降低了《解释》及其相关诉讼法律实施的可能性。另外，在控制变量上，company_ 1和被解释变量呈现负相关，说明存在内幕交易嫌疑的公司样本回报率明显小于存在内幕交易的公司样本。公司盈利状况eps与市场被解释变量基本呈现显著（10%的置信水平）的正相关。值得注意的是，公司的资产负债率与被解释变量存在正相关看似矛盾，但是仔细分析可知，接近2/3的公司样本的资产负债率都在50%以下，而且有28个公司样本的负债率在30%以下，在安全范围内，适度贷款融资可以满足公司的业务发展需求，有利于公司发展。

表5-16 司法独立性与《解释》颁布日前后各1、2、3个交易日的市场反应

被解释变量	MR (-1, 1)	AMR (-1, 1)	MR (-2, 2)	AMR (-2, 2)	MR (-3, 3)	AMR (-3, 3)
judicial	0.028**	0.025**	0.028**	0.022**	0.029**	0.020**
	(2.41)	(2.4)	(2.36)	(2.34)	(2.41)	(2.39)

续表

被解释变量	MR (-1, 1)	AMR (-1, 1)	MR (-2, 2)	AMR (-2, 2)	MR (-3, 3)	AMR (-3, 3)
company_ 1	-0.007	-0.006	-0.005	-0.004	-0.003	-0.002
	(0.5)	(0.5)	(0.35)	(0.35)	(0.19)	(0.2)
size	-0.001	0.001	-0.001	-0.001	-0.001	-0.001
	(0.23)	(0.22)	(0.58)	(-0.57)	(0.48)	(0.47)
eps	0.014**	0.013**	0.013*	0.011*	0.003	0.002
	(2.05)	(2.03)	(1.88)	(1.87)	(0.47)	(0.44)
daratio	0.009**	0.009**	0.006	0.004	0.004	0.002
	(2.23)	(2.22)	(1.28)	(1.23)	(0.81)	(0.76)
_ cons	-0.053	-0.209***	-0.022	-0.281***	-0.031	-0.373***
	(1.06)	(4.64)	(0.44)	(7.04)	(0.6)	(10.29)
industry	控制	控制	控制	控制	控制	控制
样本数	88	88	88	88	88	88
R^2	0.298	0.298	0.242	0.240	0.166	0.162

注：括号内为 t 值的绝对值，*、**、*** 分别表示在 0.10、0.05、0.01 以下水平统计显著。

5.4.5 稳健性检验

我们对表 5-17 的结果进行了一系列稳健性分析，以考察研究结果的稳健性。稳健性分析主要包含三个部分。

首先，在考察司法独立性与《解释》颁布日前后市场反应时，基于我们更加关注证券市场中的中小投资者的情况，我们将采用样本公司经过市场收益率调整后的流动加权平均累计超额收益率（LAMR）作为被解释变量进行再次考察，而流动加权平均累计超额收益率（LAMR）是通过 $Y_{it}=[(\prod_{t=-n}^{n}(1+R_{it}))-1]-[(\prod_{t=-n}^{n}(1+R_{mt}))-1]$，式中 R_{it} 是样本公司 i 第 t 个交易日的股票收益率，R_{mt} 是第 t 个交易日深圳和上海 A 股市场综合计算的流动加权平均市场收益率。结果显示 judicial 的回归系数与之前的表 5-16 结果类似，即 LAMR（-1，1）、LAMR（-2，2）和 LAMR（-3，3）对应的系数分别是 0.0249、0.0215 和 0.0200，而且是显著的。这说明在《解释》颁布日前后各 1、2、3 个交易日的期间里，对于流动性更强的中小投资者而言，司法相对不独立组比司法相对独立组公司的市场反应差异性明显，与预期相符。

其次，我们分别对存在内幕交易和存在内幕交易嫌疑的公司进行检验。由于内幕交易样本公司仅仅 14 家，数量非常有限，可能造成估计系数存在巨大偏误，所以我们主要对存在内幕交易嫌疑的公司进行了结果报告。对于存在内幕交易嫌疑的 74 家公司样本，我们也分别采用等权平均市场收益率调整后的个股累计异常收益率和采用经过市场收益率调整后的个股累计超额收益率作为被解释变量进行考察，结果显示与 judicial 解释变量正相关且显著，符合本书的研究假设，即法院司法的相对不独立降低了《解释》及其相关诉讼法律得到实施的可能性。

最后，本书考虑到国家级城市的政治影响权重，将注册于上海、北京、广州、天津和重庆的样本公司从全样本公司剔除以观察对之前估计的结果是否会造成本质影响。对于剔除掉直辖市公司的 71 家公司样本，我们采用同样的方法进行方程回归，结果显示 judicial 仍然与被解释变量呈现出显著正相关。

值得注意的是，在稳健性分析结果报告的最后一列，我们还考察了地区法制环境的改善是否会有助于减轻投资者对于司法不独立组市场反应的态度。在检验过程中，我们主要通过在模型中加入 judicial 与地区法制环境指数的交叉项进行检查，即如果地区法制环境的改善能够减轻司法不独立对投资者保护法律实施的负面影响，该交叉项的回归系数应该是显著负相关。在数据的整理过程中，地区法制环境指数（Legal Index）主要是参考樊纲与王小鲁的《市场环境指数》进行的。对于加入交叉乘积项的全公司样本，结果显示该交叉项系数为负数或者接近负数，但是在 15%置信水平的弱显著性却表明地区法制环境的改善在提升司法独立性上仅能起到非常微弱的效应。这也说明中国司法独立性的变革不能仅仅关注国内法制环境这一个方面，而应该从司法体制及其政府体制变革等可能方面着手。

表 5-17 稳健性检验的分析结果

稳健性分析内容	因变量				
	MR（-1，1）	AMR（-1，1）	LAMR（-1，1）	MR（-2，2）	AMR（-2，2）
全样本公司			0.0249***		
(N=88)			(2.4)		
内幕交易嫌疑公司	0.0348**	0.0314**		0.0338**	0.0264**
(N=74)	(2.63)	(2.62)		(2.46)	(2.44)
剔除直辖市公司	0.0291**	0.0262**		0.0287**	0.0224**
(N=71)	(2.29)	(2.28)		(2.18)	(2.16)
judicial×index	-0.0046	-0.0042		-0.0026	-0.0019
(N=88)	(1.52)	(1.51)		(0.82)	(0.77)

稳健性分析内容	因变量			
	LAMR（-2，2）	MR（-3，3）	AMR（-3，3）	LAMR（-3，3）
全样本公司	0.0215**			0.02**
(N=88)	(2.34)			(2.39)
内幕交易嫌疑公司		0.0296*	0.0202*	
(N=74)		(1.97)	(1.94)	
剔除直辖市公司		0.0285**	0.0195**	
(N=71)		(2.06)	(2.04)	
judicial×index		0.0001	0.0002	
(N=88)		(0.01)	(0.07)	

注：括号内为 t 值的绝对值，*、**、*** 分别表示在 0.10、0.05、0.01 以下水平统计显著。

6. 证券市场法治治理的国际经验

法治是证券市场发展的基石。在发达国家证券市场发展的漫长道路上，制度设计与创新是保障证券市场实质性发展的必要前提。回顾世界主要发达国家的证券市场，我们发现证券市场的发展与国家金融法治的建设是一个相互促进的过程。一个国家有良好的法治但缺乏金融需求，证券市场不会发展起来，同样，一个国家有很强的金融需求但缺乏相配套的法治条件，证券市场可以发展但是不会在整个国家经济中承担主要角色，也就是对实体经济的发展不会形成有效的补给效应。本章主要通过分析美国、日本和英国等主要发达国家和香港地区证券市场发展的法治历程，为我国证券市场的法治治理积累宝贵经验。对于中国证券市场可持续发展，制度机制改革是当前的“突破口”，对于发达国家和地区的成熟模式，我们并非意图推倒中国现有的发展与治理模式，而是将成熟模式中适合我国国情和推广的经验进行借鉴，解决当前我国证券市场发展过程中存在的制度机制问题。

6.1 美国证券市场发展的法治经验

美国证券市场的成熟发展离不开健全的证券法治体系。在满足诸多企业和投资者金融交易需求的过程中，美国政府通过完善的立法、高效的执法和公平的司法构建起了一个证券市场发展治理体系，确保市场的正常运转及其相应的宏观调控。

6.1.1 美国证券市场的法律制度概述

美国证券市场的法律制度进程经历了从各州单独立法到联邦政府统一立法的过程。在美国证券市场发展的初始阶段，证券初始销售给投资者的行为是没有监管的，公司、合伙制企业，甚至是个人都可以销售证券，而在销售证券的文件中往往充斥着各种误导性的不实陈述。除此以外，在联邦以及州的层面上也没有政府机构去审核这些发售证券之前的文件。1929年，美国经济大萧条使得投资者对证券市场失去了信心，美国政府开始考虑金融市场的稳定发展与投资者的权益保护。

1932~1934 年，美国政府分别通过了《银行法》和《1933 年证券法》，前者规定银行的主营业务，并强调商业银行与投资银行正式分离；后者主要通过立法对证券市场进行规范。针对《1933 年证券法》，实质是通过建立证券发行注册制度，强制要求发行证券的公司按要求向投资者提供有关证券公开发行的重大信息，防止证券发行中的误导、欺诈、虚假行为。证券发行人必须填写专门的注册表，包括四方面内容：第一，注册人的财产及业务状况；第二，将要发行证券的重要事项，以及该证券与注册人其他资本证券间的关系；第三，有关注册人经营管理状况的资料；第四，经公共会计师审查过的财务报表。《1933 年证券法》的制定和实施对保护投资者的利益、加强对证券一级市场的监管、防止证券发行中的欺诈行为，起到了积极的作用。在此基础上，《1934 年证券交易法》及其修正案出台，该法要求建立一个专门的机构——证券与交易委员会（以下简称证券委）。并给证券委广泛授权，管理股票交易所，要求绝大多数证券经纪商和自营商进行注册登记。该法规定在全国性证券交易所上市交易的证券，其发行公司必须实行连续的信息披露，包括年度报告和季度报告等；禁止证券市场上的各种操纵活动；禁止上市公司职员和董事为短期利润买卖本公司证券；证券交易信用放款不能超过一定比例等。该法颁布后，为适应证券市场不断发展的客观要求，曾历经多次修改和补充完善。1938 年国会对该法进行修改，把证券委对证券市场的管理扩大到柜台交易市场（OTC），建立全国证券商协会，实行自律管理，促进柜台交易市场按公平原则运作。1964 年国会对该法再作修正，将注册登记、财务公开以及其他保护性措施扩大到柜台交易市场上的证券。1968 年国会通过了《威廉斯法》（并于 1970 年进行修正），要求公司在现金标购、交易所拍卖、大规模股权购买业务中实行信息公开，并授权证券委管理公司接管活动。1975 年国会对证券法的修正，结束了证券商的固定佣金制度，把注册登记要求和会计账册保存要求扩大到清算机构、登记过户机构和证券托管机构。1984 年的《公司内部交易制裁法令》和 1988 年的《内幕交易与证券欺诈实施法》，对证券交易法禁止公司内部交易的规定进行补充，增加了刑事处罚等内容。1986 年国会通过《政府证券法》，以修正 1934 年的《证券交易法》，加强对政府证券交易的管理。此外，美国政府颁布了诸多与证券市场发展密切相关的法律制度进行规制，比如《1935 年公共事业控股公司法》[①]《1939 年信托契约法》[②]《1940 年投资公司法》[③]《1940 年投资顾问法》[④]《1970 年证券投资者保护法》[⑤]。显然，这些法律制度的实施对美国证券市场的有序发展起到了重要的作用。然而，2001 年之后，美国知名公司的一系列财务欺诈丑闻显示美国在企业内部制度制约上存在重大漏洞和缺陷，所以美国政府出台《萨班斯法案》，针对注册会计师管理、财务信息披露、公司高级管理层的职责和证券交易及违法行为的法律责任方面进行了具体规定。整体上，美国证券市场的制度变迁是政府对证券市场的制度管理和证券市场自律组织的制度管理集合。

6.1.2 美国证券市场的法治监管模式

美国证券市场的法治监管模式主要是围绕美国证券交易委员会权力部门（SEC）构建的，基于法律授权，对证券的发行和销售、信息披露和违背联邦证券法的市场参与人行为进行监督和管理，保护投资者的合法权益以及证券市场的公平、有序和有效。

美国证券市场的行政执法主要通过 SEC 进行，其行政执法具有较强独立性和自主性。首先，从执法机构设置上，SEC 的人事安排、议事规则、组织机构以及经费预算具有独立性。具体表现在：人事安排方面，SEC 委员会最高决策机构的负责人由总统提名经参议院同意进行任命，同时委员实行交错任期；议事规则方面，委员会采用合议制而非首脑负责制；组织机构方面，SEC 在委员会的基础上设有公司融资部、市场监管部、投资管理部和执法部，并在全国范围内不以行政区为限设立分支机构，独立负责；经费预算方面，每年预算编制经国家预算管理审核同意后

① 该法授权证券委管理公共事业控股公司的重组事务，对这类控股公司组织机构的一体化等方面作了规定。该法还包括股息支付的管理、控股公司之间的贷款、申请委托代理、项目审批和其他授权事宜，对公司内幕信息交易的规定等。

② 该法规定了管理信托契约的各项要求；明确了债务证券持有人的权利，证券发行主体的义务，并授权证券委审查债务证券的发行。

③ 该法要求投资公司在证券委注册登记，并对投资公司的董事会结构、投资公司业务活动的监管以及其分支机构业务等做出明确规定。

④ 该法加强了对投资顾问的管理。要求以向他人提供证券投资咨询而取得收益的个人或法人，必须在证券委注册，并向顾客充分公开自身的证券交易情况，禁止欺诈顾客。

⑤ 该法规定设立证券投资者保护公司（SIPC），为符合一定条件的证券经纪商和自营商的顾客提供保险保护，使这些顾客在其证券商失去偿付能力时能得到赔偿。

由总统提交国会审议，进行拨款。其次，在执法程序设置上，SEC 将执法过程分为两部分，非正式执法调查和正式执法调查。对于前者而言，SEC 通过市场监督处、互联网监督处、其他政府机构、自律性监管机构、公众或者相关知情人提供的信息开展非正式执法调查，了解和判断上市公司可能存在的违法行为。对于后者而言，在 SEC 进行非正式执法调查获得足够证据的基础上，SEC 将向决策委员会申请行政执法，而且调查人员可以行使调查权、传唤权、账户冻结权、搜查权、起诉权、刑事案件转移权、行政处罚权等权力。基于 SEC 的调查结果，通常会给出以下处理方式：第一，SEC 不采取行动，而可能会发出警告函敦促被调查人进行公司内部控制的整改和强化；第二，SEC 提起民事诉讼，并向法院申请发布禁止令，防止违法行为发生；第三，SEC 直接采取行动，比如暂停公司交易、启动行政处罚程序等；第四，SEC 移送司法部或者其他自律性机构进行处理。显然，SEC 的执法程序具有较完备的民事起诉权和行政处罚权。

6.1.3 美国证券市场的司法保护实践

美国证券市场的成熟发展与其完善的司法体制密切相关。相比于中国的证券司法实践，针对美国证券市场的参与者及其利益相关者，集体诉讼制度是美国投资者权益保护的关键。

从起源来看，集体诉讼制度从英美衡平法发展而来。1848 年，纽约州“Field 民事诉讼法典”是最早推行代表诉讼的法律文件。1938 年美国国会授权联邦最高法院制定的《联邦民事诉讼规则》打破了集体诉讼只适用于衡平法救济的传统，将集体诉讼引入普通法救济领域。1966 年联邦最高法院修改了《联邦民事诉讼规则》第 23 条，规定了集体诉讼的“前提条件”和“维持条件”，扩大了集体诉讼的适用范围和法官的自由裁量权。之后有关集体诉讼的规则经 1987 年、1998 年、2003 年以及 2007 年四次修正后沿用至今，是规范美国集体诉讼的核心程序条款。美国的集体诉讼程序涉及多个环节，比如集体诉讼的决策、发现程序、确认集体决定、集体诉讼程序中的裁定等。美国集体诉讼 40 年的经验表明，集体诉讼总体而言是一种成功的法律制度，对于解决证券市场中出现的各种新的问题发挥了不可替代的作用。从 1966 年修订至今，虽然美国各界对集体诉讼的争论意见①始终没有平息，但是也应该看到这 40 年来，美国并没

① 其中提到最多的两点理由是，第一，对公民诉讼权被剥夺的担心；第二，对律师为赚取高额律师费而寻找机会制造诉讼的不满。这也反映了美国社会各阶层对集体诉讼的真实心态。

有废止集体诉讼。相反，集体诉讼的应用领域越来越广，从公民宪法权利到民事损害赔偿，集体诉讼渗透到美国社会和经济生活的各个方面。无论赞成还是反对，集体诉讼已经在美国生根发芽，成为美国法律生活的一部分。人们已经习惯集体诉讼这个新生法律制度。不仅如此，集体诉讼已经从美国移植到加拿大、澳大利亚、巴西等国。欧盟也在考虑吸收集体诉讼以弥补欧盟各国法律的缺陷。

6.2 日本证券市场发展的法治经验

日本证券市场的发展具有较强的法制特色。相比于其他国家的证券市场，日本政府接受美国证券市场的发展理念，重视法制管理，与证券业务相关的诸多业务必须立法先行。在战后脆弱的市场基础上，证券市场规模迅速扩张壮大。

6.2.1 日本证券市场的法律制度概述

日本证券市场的早期发展，是在严格的制度管制下运营的。随着全球经济的发展，日本政府为有效提升企业的竞争与应变能力，对证券市场的法律规制进行了一系列变革，由过去的严格准入、寡头竞争逐步过渡到放宽限制、自由竞争的法律法规。

日本证券市场法律制度的建立先于证券市场的发展。早在 1874 年，明治政府就以英国伦敦证券交易所规则为蓝本制定了《证券交易所规则》。然后，1893 年又颁布了《证券交易法》。伴随着证券市场的发展，日本在 1948 年 5 月实施新的《证券交易法》。相比之前的旧法，该法律是以美国《1933 年证券法》和《1934 年证券交易法》为蓝本制定的，规定发行证券必须向广大投资者提供必要信息，规定证券交易商和各证券交易所的业务范围，禁止各种欺诈性活动等，基本涵盖了证券发行和交易的全部过程。作为对《证券交易法》的补充，1951 年和 1971 年又分别制定了《证券投资信托法》《外国证券公司法》，这三部专门的证券法律，再加之其他涉及证券市场的法律，如《商法典》《民法典》《外汇和外汇管理法》《担保债券信托法》《合格公共会计师法》以及针对证券市场不同发展时期出现的具体问题颁布的若干行政法规，共同构成了日本证券市场的法规体系。

6.2.2 日本证券市场的法治监管模式

早在1947年，日本成立了证券交易委员会，作为证券行政的中枢机构，其发挥着类似美国证券交易委员会的作用。该委员会于1948年成为在大藏大臣管辖下的独立的行政官厅，1949年根据《大藏省设置法》成为其外局，但在1952年的行政机构改革中被撤销，管理事项交给大藏省理财局内的证券课（即后来的证券局）负责。1991年，由于日本证券市场发生“证券舞弊事件”，为了充实对证券交易的监督体制，1992年在大藏省设立证券交易监督委员会，作为分管有关证券交易以及金融期货交易的监督机构。

长期以来，大藏省作为金融业的行政主管机关，负责对包括证券业在内的整个金融业的监管，对金融机构的经营进行限制、管理、监督和检查，它既是金融体系中的政策制定者，又是政策执行者，还是政策实施的监管者。鉴于大藏省在监管中存在的问题①，1998年，日本成立金融监督厅，在总理府直接管辖下运作，行使原大藏省享有的金融机构检查、监督功能；原大藏省的证券交易监督委员会，也划转到金融监督厅。随着金融监督厅权力的扩大、大藏省权力的逐步削弱，2000年1月，在日本行政机构改革中，大藏省改名为“财务省”。2000年7月，在金融监督厅的基础上成立金融厅，承接了原大藏省检查、监督和审批备案的全部职能。2001年1月，金融厅升格为内阁府的外设局，成为日本金融监管的最高机构，独立行使、全面负责金融业的监管。日本金融厅②下设总务企划

① 问题分析如下：第一，大藏省集金融行政与监管于一身，但并不重视金融监管。在大藏省内部，对银行、证券、保险业的监管机构级别低，且不独立，监管职能很难发挥。由于监管不到位，致使在泡沫经济时代，证券公司和银行大量违规操作，泡沫经济破裂后，金融机构坏账增加，纷纷倒闭。第二，大藏省在金融监管中采取严厉的市场准入管制、分业管制、资金流动管制等措施，使得银行、证券及保险等各种金融机构在不同的范围内开展业务，相互之间尽可能避免直接竞争而达到和平共处，但这种管制限制了金融机构的竞争和活力，抑制了市场机制作用。第三，大藏省在金融监管中采取的行政指导手段弊端突出。由于行政指导非公开、不透明，具有暗箱操作性质，与大藏省有特殊关系的金融机构可以得到更多关照，这些受到更多保护的金融机构削弱了自身的责任意识和自治能力，而其他竞争者却得到不公正的待遇。此外，行政指导在实践中导致监管者与被监管者过于密切，角色混淆，极易出现官民勾结；一旦在监管中出现了问题，责任难以分清。

② 日本金融厅的职能定位为：负责金融制度（包括宏观政策法律法规）的策划和制定；负责对金融机构的检查、监督以及对金融业发展态势的监视等；负责对银行、证券和保险等各金融业的统一监管，实现金融监管的一体化；与财务省一起负责金融机构的破产处置和危机管理等。

局、检查局、监督局三个职能部门。总务企划局负责法律事务、总体协调、外部联系等综合性工作；检查局主要负责现场检查工作；监督局负责非现场检查工作等。在职能分工的基础上，再依照行业细分设置课室，对不同性质和类型的金融机构进行分业监管，如监督局下设总务课（监督协调）、银行第一课、银行第二课、保险课和证券课五个课室。为增强各机构的协调性和统一性，提高统一监管水平，金融厅非常注重内部的协调和信息沟通。在证券监管方面，金融厅下设有证券课和证券交易监督委员会。其中，证券课主要负责制定与证券交易有关的法律，保证证券机构的稳健性（资本充足率）以及证券机构经营行为的合法性等工作；证券交易监督委员会负责对证券交易是否公平、公正、公开等交易行为进行日常监督检查以及调查违规违法行为，二者监管的侧重点有所不同。证券交易监督委员会调查证券交易违规事件时，可依法行使下列权力：第一，在必要时，传讯违规嫌疑人或证人，对违规嫌疑人进行质问，检查其持有或丢放的物件，或扣留其任意提出或丢放的物件；第二，在进行违规事件调查时，可询问官署、公署或公私团体，要求其提交必要的报告；第三，根据法院的许可令进行现场检查、搜查或扣押等。

6.2.3 日本证券市场的司法保护实践

日本证券市场的司法实践主要是学习和借鉴美国的经验。1997 年，日本专门成立了司法制度改革审议会，对司法制度进行根本性改革，尤其是在证券市场的民事司法保护方面。首先，加强对需要金融专业知识案件的应对。通过聘请金融领域中非法律方面的专家参与民事诉讼，从金融专业的角度参与审判的全过程。同时聘用专业委员，在确保中立和公平性的同时，根据金融专业的特点进行个别吸收。其次，实施简易法院的功能。确保各种人才充实到调解委员、司法委员和参与员队伍中，完善包括选拔方法在内的措施；扩大简易法院的管辖范围，对简易法院管辖的案件，应考虑经济指标的动向，提高小额诉讼案件标的的上限。最后，增强、搞活非诉讼解决纠纷（ADR）手段。努力充实作为司法核心的审判功能，在此基础上，增强、搞活非诉讼解决纠纷手段，使之成为对于国民来说具有与诉讼相同吸引力的选择方案之一。

6.3 英国证券市场发展的法治经验

英国证券市场的发展以“自律原则”闻名。相比于其他国家的证券市场，政府较少干预，对证券市场的管理主要通过证券交易所和证券商协会进行。英国自律管理的历史积淀使其证券市场具有高质量的水平和自我约束的良好氛围，而且其监管体制的发展更多地体现出法治的魅力。

6.3.1 英国证券市场的法律制度概述

英国证券市场的传统是强调自我管理，政府对证券行业的监管比较少，但是由于美国经济大萧条的市场使得奉行自律监管的英国证券市场也出现了改变。由于证券交易投机丑闻的发生和证券市场金融创新的必要性，英国政府开始加强对证券市场的立法进程。

1939 年制定了《防止诈骗投资法》，1944 年颁布了《投资业务管理法》，此后，又先后通过了《1973 年公司法》《1976 年限制性交易实践法》《1984 年股票交易年上市管理法》和《1985 年公司法》等，这些法律主要对证券市场的投机行为甚至证券犯罪行为进行规制。随着证券市场的发展，英国政府发现自律监管与市场监管的诉求之间矛盾凸显。比如，自律管理通常把管理的重点放在市场的有效运转和保护证券交易所等自律组织会员的利益上，对投资者缺乏充分有效的保障；自律管理者的非超脱性难以保证管理的公正性；由于没有国家强制力做后盾，自律管理手段较弱；由于没有全国统一的证券监管权威机构，难以实现全国证券市场的协调发展。为增强金融市场竞争力，英国于 1986 年通过《金融服务法》。该法顺应证券市场的发展要求，将过去严格分开的证券经纪商与批发商合二为一，取消最低佣金制度，实现证券交易系统的电子化，允许银行、金融机构和外国证券公司直接入市交易等，这些措施打破了金融机构间的业务界限，有效地促进了市场的全面竞争。为适应金融业混业经营的发展趋势以及对金融监管的要求，2000 年 6 月，英国通过《金融服务和市场法》，取代了此前一系列用于监管金融业的法律，成为英国金融业的基本法。整体上，英国证券市场的法律制度构建由过去的自律主导逐步走向法治主导，形成以英国证券和投资委员会为核心，伦敦证券交易所和英国其他六个地方性证券交易所的经纪商和交易商组成的证券交易所协会，对全国范围内的证券市场活动进行规制和管理，也就是以自律管理与立法管理相结合的管理模式。

6.3.2 英国证券市场的法治监管模式

英国证券市场虽然崇尚自律监管，但是随着市场规模的扩大和参与主体的多元化，政府的法治监管逐步成为英国证券市场监管的核心。20 世纪 70 年代以前，英国贸易部通过各相关部门如公司注册署对证券市场实施一定程度的政府监管。在 1986 年金融服务法确立的监管体制中，一方面，财政部对监管行为负首要责任，财政部可收回或撤销其对 SIB 的授权；另一方面，对金融业实施分业监管，英格兰银行、证券与投资委员会、私人投资监管局、投资监管局、证券与期货局、房屋协会委员会等监管机构或组织分别行使对银行业、保险业、证券投资业、房屋协会等机构的监管职能。金融业务融合化的发展使得金融机构之间的业务界限越来越模糊，也使得分散于不同监管机构或组织之间的监管职能难以准确实施，人们对不同监管实体监管职能的清晰性和监管机构对不同业务活动的公正和有效管理能力产生疑问。这种监管格局使一个金融机构同时受几个监管机构政出多门的“混合监管”，既降低了监管效率，又增加了监管成本。为此，英国议会于 2000 年通过《金融服务与市场法》，对英国金融监管体制进行重大变革。依据该法所创设的“金融服务局”（FSA）取代了原先的证券与投资委员会，并继承三个自律组织（SROs）及九个被承认的职业团体（RPBs）的一系列管理职能；同时，它还取得英国中央银行英格兰银行对银行业的监管职能，以及财政部对保险业的监管职能。对上市公司的审核责任也从伦敦证券交易所转到 FSA。FSA 除接手原有各金融监管机构的职能以外，还负责过去某些不受监管的领域，如金融机构与客户合同中的不公平条款，金融市场行业准则，为金融业提供服务的律师与会计师事务所等的监管。自此，FSA 成为英国唯一的、独立的、对英国金融业实行全面监管的执法机构，有权制定金融监管规则、颁布与实施金融行业准则、对被监管对象进行调查和处罚等。

为确保 FSA 能够正确地行使法律所赋予的权力，全面履行其监管职责，防止其滥用权力，英国还建立了对金融监管者的制衡机制。第一，财政部和议会的监督。财政部有权指定或撤销 FSA 董事会成员及其主席的人选；FSA 每年需向财政部提交“年度报告”。在涉及公共利益的情况下，财政部有权决定是否对 FSA 的行为发起调查，同时，财政部有权对 FSA 的运作每隔一段时间进行调查并发布独立的审查报告，并将此交给议会。第二，内部监督机制。FSA 建立了类似公司制理机制的制约机制，一是 FSA 董事会成员中的大部分必须为执行董事，FSA 建立一个完全由非执行董事组成的委员会并赋予其金融检查的权力，类似于上市公司中的非执行董事所行使的监督权。二是 FSA 必须举行年度公开会议以讨论它的“年度报告”。

6.3.3 英国证券市场的司法保护实践

英国证券市场的成熟发展与其完善的司法体制密切相关。相比于中国的证券司法实践，其更针对英国证券市场的参与者及其利益相关者，其亮点是英国成立了专门的“金融服务和市场特别法庭”，主要审理发生在FSA与被监管者之间的纠纷，审查FSA在纪律决定和授权决定中所引起的个人控诉。法院可以依法做出撤销FSA决定的裁决。需要说明的是，金融服务与市场特别法庭是由FSMA特别创设的独立的中立性机构，用来处理FSA决议引起的争议。特别法庭需要认真受理申诉者对FSA决定或通知的申诉，必要时还要决定FSA需要采取的措施。这些规定要求特别法庭无权直接命令FSA采取措施，直接命令属于越权行为。规定不仅限制了特别法庭的权力，而且规定特别法庭不能超越FSA执行权力的范围来行使权力。特别法庭的命令如同法院的判决令一样要有可操作性，FSA有义务遵守这些规定。对于特别法庭的判决可以向上诉法院提出上诉，但只能在运用法律观点方面上诉。这将有效促使FSA认真依法进行监管，提高英国金融司法监管的法治水平。

6.4 香港地区证券市场发展的法治经验

香港地区证券市场的发展与金融全球化的进程紧密相关，跟随美国、英国和日本等发达国家的金融服务法律的现代化改革经验，香港地区政府给予本土证券市场的法治改革注入新鲜元素。在借鉴发达国家治理经验的同时，香港地区的法治道路变得更具有弹性与灵活性。

6.4.1 香港地区证券市场的法律制度概述

香港地区的证券监管制度传统上沿袭自英国，在早期积极奉行“放任主义不干预”政策，实行完全自律监管，没有任何政府机构直接对证券市场进行监管。1973年股灾后，香港地区政府开始介入对证券市场的监管，在1974年颁布了《证券条例》和《保障投资者条例》。随后，香港地区的股灾倒逼政府研究香港的金融监管架构及机制、探讨有关的改善措施以及如何避免危机，所以1988年5月27日，证券业检讨委员会向香港地区政府提交了《香港证券业的运作与监察》报告书，即著名的“戴维森报告书”，对香港地区证券市场的监管与运作提出了多方面的批评和建议，该报告也成为港府进行相关改革的纲领性文件。作为改革的关键一环，1989 年 5 月，香港地区立法会颁布实施了《证券及期货事务监察委员会条例》。此后，香港地区又出台了一系列法律法规。2002 年 3 月，香港特区立法会表决通过《证券及期货条例》。该条例于 2003 年 4 月 1 日正式生效。《证券及期货条例》是香港特区迄今为止最重要和最全面的证券监管法规。该条例吸收合并了原来颁布的《证券条例》《保障投资者条例》《证券交易所合并条例》（1981 年颁布）、《证券及期货事务监察委员会条例》（1989 年颁布）、《证券（公开权益）条例》（1991 年颁布）、《证券（内幕交易）条例》（1991 年颁布）、《证券及期货（结算所）条例》（1992 年颁布）、《杠杆式外汇买卖条例》（1994 年颁布）、《交易所及结算所（合并）条例》（2000 年颁布）等法规。

6.4.2 香港地区证券市场的法治监管模式

1989 年 5 月，管理机构制定了《证券及期货事务监察委员会条例》（以下简称《证监会条例》），并成立了香港证券及期货事务监察委员会（以下简称证监会），取代原来的两个委员会和一个办事处，成为香港证券市场的法定监管机构。

证监会的监察和执法活动由其下设的法规执行部具体负责。法规执行部的职责包括监察香港的证券及衍生工具市场，侦查不规范活动；当怀疑上市公司涉及不当行为时，有权查阅其簿册及记录；执行有关证券期货业的法例；对不诚实、不称职及财务不稳健的受规管中介机构进行纪律处分；向财政司司长报告涉嫌的市场失当行为等。证监会案件来源主要有三个方面，即证监会在日常监察中发现、交易所转介、其他执法机构及公众提供。法规执行部下的监察科负责监察香港证券期货市场的日常交易，通过先进的电脑系统识别出价格和成交量的异动并进行查询。如发现有涉嫌操纵市场、内幕交易或发布虚假或具误导性资料的活动，监察科将向经纪行索取交易详情以进行初步评估。监察科还通过互联网侦查可能的无牌交易、未经认可的投资服务广告或其他不寻常的金融活动，并通过日常监察计划监察传媒对不当投资活动的报道。所有可疑活动都要向调查科汇报。例如，在 2004~2005 年，监察科就股价及成交量异动完成了 142 宗查讯，并就每件查讯向经纪行索取交易记录；多数情况下，由于及早进行查询，能够找出异动原因或制止可能出现的不当交易活动，只有 40 宗个案需要展开全面调查。证监会执法中的调查主要包括对上市公司的调查和对中介机构的调查，具体内容不尽相同，但有两点是一致的：第一，调查人员享有广泛的调查权力、多样化的调查手段以及对妨碍调查行为强有力的惩戒措施，以确保调查的顺利进行；第二，调查活动必须严格依照法定程序进行，避免调查权力滥用，保护调查对象的合法权益。

对于上市公司的行政执法，证监会有权对上市公司进行上述调查，但相关权力必须在该公司被发现犯有失当行为时才可以行使，而并非用以监管公司事务的一般性权力。事实上在香港地区，证监会并非监管上市公司的负责机构，监察上市公司的业务运作及活动的责任由不同的人士及机构分担，包括注册会计师、公司注册处、香港警察商业罪案调查科、廉政公署、香港交易所、证监会及财政司司长。证监会的责任主要是加以协助，在适当时进行初步查询，整体监察交易所执行上市规则的情况，及确保有关人士遵从权益披露的法规，其获授予的权力主要是用于监管证券及期货机构，而并非监督公司治理事宜。因此，上述调查只是旨在对涉嫌失当行为进行初步查询，有关查讯可能导致证监会向法院申请强制令，或将有关事宜转呈财政司司长。

对于中介机构的行政执法，相较于上市公司，证监会对中介机构的调查权力更大也更宽泛。为确认中介机构是否遵守《证券及期货条例》，以及根据该条例颁发的任何规则、发出的任何通知以及颁发的任何牌照所包含的条件，证监会均有权进行调查。换言之，调查范围除了涵盖对法例及附属法例的遵守情况外，还包括对操守准则、指引、发牌及申请豁免条件等的遵守情况。为调查之需，证监会的调查人员有权进入中介机构的处所，查阅和复制任何关于其经营的业务、在所经营业务过程中进行的交易或活动或可能影响其所经营业务的交易或活动的记录或文件。同时，调查人员有权就上述记录或文件向中介机构的有关人士提问，要求其做出解释和说明。但是，如果调查涉及让银行提供关于其客户事务的资料，证监会必须以书面形式证明提供这些资料确属执法所需。值得一提的是，调查人员有权进入中介机构处所的规定是假定证监会能够得到该机构的合作。换言之，调查人员并不能强行进入处所或取得相关记录及文件；如果需要采取此类行动，证监会必须办妥有关的司法程序并取得有关的裁判官令状。

6.4.3 香港地区证券市场的司法保护实践

香港地区证券市场的司法实践主要是学习和借鉴英国经验。1997 年 7 月 1 日之前，涉及香港地区证券市场的司法审判由英国政府管辖。香港地区回归中国后，基于“一国两制”的理念实施，香港地区的司法审判由香港特别行政区享有。

香港地区证券市场的司法保护在解决民事纠纷中并非首选。香港地区证券市场的金融纠纷主要是通过FDRC（Financial Dispute Resolution Centre Limited）进行解决。如果调解失败，将提交仲裁。一旦出现纠纷，如申索人愿意，以及双方未能直接解决纠纷，FDRC则可以要求有关金融机构按照该计划进行调解及仲裁，协助消费者尽快解决金钱争议。倘若调解失败，FDRC可协助申索人按其意愿将案件转交仲裁，如果申索人不愿进入仲裁或选择诉讼，FDRC的程序即告终结。在仲裁程序中，获当事双方同意的仲裁员对争议做出裁定，仲裁所得的结果是最终决定，对双方都具约束力。值得注意的是，虽然香港地区证券市场的司法保护并没有显著特色，但是香港FDRC仍具有借鉴的价值，毕竟它的成功运行确实有效缓解或者降低了香港地区证券市场对于司法保护的诉求。事实上，对于香港地区的FDRC既借鉴了美国的FINRA DR模式，也吸收了英国FOS模式的经验，在机构设置和程序运行上综合了英美的特点。虽然总体上是“调解+仲裁”的模式，但也在程序设计和收费制度中吸收了FOS对金融消费者倾斜保护的相关做法，构建了一种独特的金融纠纷解决机制。

7. 结论总述和政策建议

通过本书对于法律环境差异对证券市场发展作用机制的阐述和实证分析，我们可以看出，不管是法律环境对证券市场金融合约缔结前的法律制度设计，还是法律环境对证券市场金融合约缔结后的投资者权益保护实施，它们对于证券市场的可持续发展都具有非常重要的影响。事实上，证券市场在过去短短几十年取得的成绩很大程度上也归功于中国改革开放和证券市场的法制改革，这也印证了目前中国证券市场改革的方向确实是“市场化、法制化”。目前，证券市场在投资者眼中仍然具有很强的“圈钱”掠夺性，建设历程任重而道远。因此，基于本书总结理论分析和实证结果的基础上，我们将从法律环境对证券市场投资者事前保护的立法层面、从法律环境对证券市场投资者事后救济的执法层面和司法层面给出笔者的一系列建议，希望对中国证券市场的后续发展有所帮助。

7.1 法律环境对证券市场发展影响分析的结论总述

本书对于法律环境差异对证券市场发展作用机制的阐述和实证分析主要是从法律环境对证券市场金融合约缔结前的法律制度设计和法律环境对证券市场金融合约缔结后的投资者权益保护实施两个大方向展开的。理论分析和实证经验都印证了法律环境在证券市场发展中起到关键作用。

首先，法律环境对证券市场投资者的事前权益保护主要体现在法律制度对于金融合约缔结的影响。事实上，地方政府出台的法规、规章、指引、判例以及具有法律效力的政府规范性文件为代表的地方法律，能够快速对中央政府的顶层制度设计进行因地制宜的细化，加速实现从中央制度改革到地方制度改革的制度变迁进行，提高改革效率，实现市场资源配置的帕累托改善。本书的实证分析在控制了中国各省份经济规模水平、政府干预水平、教育水平和对外开放水平的影响因素条件下，证明了各省级地方政府出台的关于证券市场的政府规章和地方性法规数量，确实对地方区域证券市场的发展产生了显著的积极效应。

其次，本书对于法律环境对证券市场投资者的事后权益救济的分析主要体现在第三方权威治理机构（行政执法机构和法院）对证券市场金融合约实施过程中的机会主义行为所进行的监管和处罚。事实上，证券市场从本质上讲是一个保护投资者权益的市场，中国行政执法机构和法院对于市场中出现的投机行为进行稽查和处罚，显著增加了投机者的违法成本，有效降低了后续机会主义行为的发生概率和投资者的权益损失。同时，在本书的实证分析中，不论是证监会的处罚力度对上市公司盈余操纵的积极影响，还是法院的司法效率提升对区域证券市场发展规模的显著影响，都证明了第三方权威治理机构在投资者履行金融交易中权益维护和救济的重要作用。另外，中国特色的司法独立作为一股独立的外部力量有其自身的优越性，在治理证券市场投机行为中发挥着积极作用，但其中也体现出自身一定的缺陷。总的来讲，良好法律环境的营造对于中国证券市场的改革和发展具有不言而喻的作用。

7.2 法律环境对证券市场投资者事前权益保护政策建议

基于本书的分析和研究结论，为了更有利于对证券市场投资者的事前权益保护，我们提出以下几点政策建议，即深化证券市场的顶层制度设计和改革、加快地方政府的制度落实和学习创新、搭建证券市场投资者教育体系。

7.2.1 深化证券市场的顶层制度设计和改革

伴随着中国证券市场股权分置改革①、上市公司准入机制改革、证券

① 股权分置，是指A股市场上的上市公司的股份，分为流通股和非流通股。股权分置不能适应资本市场改革和稳定开展的要求，必须通过股权分置改革，消除非流通股和流通股的流通制度差异。《国务院关于推进资本市场改革开放和稳定发展的若干意见》明确指出应“积极稳妥解决股权分置问题”，提出“在解决这一问题时要尊重市场规律，有利于市场的稳定和发展，切实保护投资者，特别是公众投资者的合法权益”的总体要求。2005年4月29日，经国务院批准，中国证监会发布《关于上市公司股权分置改革试点有关问题的通知》，启动了股权分置改革的试点工作。

公司综合治理改革[①]等一系列重大问题的解决，证券市场的基础性制度障碍基本扫除，证券市场已经从“新兴转轨市场”逐渐步入“成熟发展市场”，在市场转型的过程中，证券市场的法制化和市场化对中央政府的顶层制度设计和改革提出了新的要求。为了化解市场法制化进程与固有的法律制度之间的矛盾，我们必须不断丰富证券市场的法律制度建设和完善旧有体制的改革。

7.2.1.1 提速《证券法》的修改工作

将《证券法》的修改列入全国人民代表大会常务委员会立法计划和五年立法规划中，尽快正式启动《证券法》的修改工作，为中国证券市场的改革发展提供有效的法律保障。具体而言，在证券品种上，《证券法》需要适应市场变化，进一步明确“证券”的内涵和外延，继续合理地扩大法定证券种类的范围，包括证券衍生品，为证券市场创新、丰富证券金融产品奠定基础。《证券投资基金法》第五十八条规定了“上市交易的股票、债券”以及“国务院证券监督管理机构规定的其他证券品种”。但是，在现实当中可供选择的基金已明显不受该限制，所以法律层面的发展也应紧跟市场的步伐，未来法律方面应该界定好一个明确的范围，给予市场上更多的证券品种选择以促进市场发展。在发行制度上，《证券法》需要调整股份发行的条件以增强不同种类、不同发展阶段企业直接融资的要求，调整证券衍生品种的发行要求以适应市场发展。[②] 同时调整公开发行监管方式，引入公开听证制度，提升信息的有效性和透明性；在退出机制上，《证券法》需要明确重组、回购、合并、分立等上市公司并购类型，修改上市公司退市的条件和法定标准，具体规定公司退市后的问题处

---

① 随着证券市场的结构性调整和持续低迷，2003 年底至 2004 年上半年，南方证券、闽发证券、“德隆系”等证券公司的问题充分暴露，证券行业多年累积的风险呈现集中爆发状态，证券公司面临行业建立以来第一次行业性危机。2004 年 1 月，国务院发布《关于推进资本市场改革开放和稳定发展的若干意见》，从战略和全局的高度，对我国资本市场的改革与发展做出了全面部署，并对加强证券公司监管、推动证券公司规范经营提出了明确要求。2004 年 8 月，证监会召开专题性的全国证券监管工作座谈会，在证券监管系统内全面部署和启动了综合治理工作。2005 年 7 月，国务院办公厅转发证监会《证券公司综合治理工作方案》，要求各地区、各部门高度重视、密切配合，共同做好综合治理工作，并成立证券公司综合治理专题工作小组，由证监会、人民银行牵头，公安部、财政部、银监会、高法院、法制办参加。

② 《证券法》第十条规定，“公开发行证券，必须符合法律、行政法规规定的条件，并依法经国务院证券监督管理机构或者国务院授权的部门核准；未经依法核准，任何单位和个人不得公开发行证券”。

理，从法律上完善退市程序以及强调公司退市后投资者的保护，退市公司重新上市等问题；在监管体制上，首先，《证券法》需要明确证监会不同于一般行政机关的法律性质与地位，明确证监会是我国证券监督管理机构，并强调其独立性；同时，《证券法》应明确交易所的法律地位，完善多层次资本市场的建设，促进社会股本融资与权益融资市场的发展。其次，赋予其一系列相对应的法律事权，实现规范以及促进市场发展的职能，例如证券犯罪案件的特别调查职权。最后，明确证监会的职能定位，规定监管的程序，并完善公开听证制度，让利益相关者参与进来，以约束监管者，加强监管透明度。

7.2.1.2 加速《期货法》的立法工作

目前我国证券市场中的证券期货只有两个，不但与发达国家的金融期货成交量已经占到整个证券及衍生品市场成交量 90%左右的现状相差甚远，而且明显不能适应我国证券市场改革创新的要求。通过发达国家的发展经验来看，期货市场的可持续发展必须依靠强大的、完善的法律体系，而在我国证券市场的法制建设上，已经相继出台了《银行法》《保险法》《证券法》《信托法》《基金法》等相关法律①，唯独没有《期货法》。事

① 1995 年 3 月 18 日，八届全国人大三次会议审议通过了《中国人民银行法》，该法的颁布实施标志着我国以市场为导向的金融宏观调控体系的初步建立。《中国人民银行法》第一次以法律的形式确立了中国人民银行作为我国中央银行的法律地位，保证了国家货币政策制定和执行的科学性、权威性，完善了中央银行宏观调控体系，加强了对金融业的监督管理，保障了金融体制改革的顺利进行。

《中华人民共和国保险法》于 1995 年 6 月 30 日通过，这是新中国成立以来中国的第一次保险基本法，是调整保险关系的一切法律规范的总称。它不仅包括专门以保险关系为规范对象的法律、法规，而且还包括其他法律、法规中涉及保险活动的有关法律条文。

《中华人民共和国证券法》起草工作始于 1992 年。1998 年亚洲金融危机的爆发是促成其出台的重要原因之一。《中华人民共和国证券法》1999 年 7 月 1 日生效，至今经过两次修订，分别是 2005 年 10 月 22 日和 2013 年 6 月 29 日。这是新中国成立以来第一部按国际惯例、由国家最高立法机构组织而非由政府某个部门组织起草的经济法。

《中华人民共和国信托法》2001 年 4 月 28 日通过公布，2001 年 10 月 1 日生效施行，是为了调整信托关系，规范信托行为，保护信托当事人的合法权益，促进信托事业健康发展而制定的一部法律。

《中华人民共和国证券投资基金法》于 2003 年 10 月 28 日通过，2012 年 12 月 28 日经过修订，是一部为了规范证券投资基金活动，保护投资人及相关当事人的合法权益，促进证券投资基金和资本市场健康发展的法律。

实上，期货市场对各种商品市场的成熟和中国经济的稳定发展都具有重要意义，我们应该要稳步推进期货市场的发展，强化制度建设，丰富品种，扩大规模，使期货市场在国民经济发展中发挥应有的作用。因此，要尽快出台《期货法》，为我国证券市场的多元化发展提供法律保障，促进期货市场健康有序地发展。具体而言，首先，在事前防范上，《期货法》应该明确包括市场准入制度、设立投资者保护基金、规范证券期货公司的业务行为、信息公开透明、交易风险防控制度、证券期货公司内部风险控制制度等事项；并且应该借鉴和结合与证券期货市场相关的行业法规、法规性文件以及之前出台的一系列司法解释，逐步完善与《期货法》相适应的配套条例，科学防范期货市场上的违法违规行为。其次，关于《期货法》内容的明确，一方面，扩大期货品种，稳步发展金融衍生品。随着国民经济的快速发展，应逐渐推出一些与其联系密切的商品期货品种，以满足企业风险管理的需要。另一方面，完善期货市场交易机制。完善期货保证金监控机制和期货公司净资本安全监管制度，继续推进期货交易所建设，完善期货交易结算制度，维护市场稳定运行。再次，在事中监管上，《期货法》应该明确政府监管机构以及交易所和行业协会各部门的监管权限与职能范围，根据各自的监管职能和法文条例规定对证券期货市场的交易行为与相关主体的服务行为进行实时监督和检查，并对违法行为的调查和处理程序进行详细说明。最后，在事后补救上，政府相关部门应当建立起科学的民事赔偿机制，重视期货市场上中小投资者的合法权益，明确各方的法律责任，对《期货法》中关于期货市场上的违法违规行为处理进行合理定位，并且强调加大对违法违规行为的处罚力度。

7.2.2 加快地方政府的制度落实和学习创新

基于中国特殊的政治体制，地方政府在推进证券市场发展中具有无可替代的作用，即在区域证券市场的发展中，地方政府一方面通过出台地方法规和规范性文件来承接和落实中央的决定，另一方面通过地方证券市场的局部经验创新丰富和发展中央的顶层设计。为了更加稳固地推进证券市场的发展，我们有必要加强地方政府的学习创新和治理激励。

7.2.2.1 打造地方政府交流平台

地方政府出台的关于证券市场的地方法规和规范性文件的实质是如何科学稳妥地调整市场利益格局。在解决区域证券市场发展面临的新问题中，很多地方政府的困境是大同小异的。首先，在制度和经验方面，部分地方政府在先期发展中对于如何平衡证券市场利益的冲突和共赢上总结了一些先进经验，制定了一批科学合理的地方政府法规和规范性文件，在后期发展中遇到类似问题的地区可以通过地方政府之间的交流平台，针对如何科学高效地落实中央政府关于证券市场发展的顶层制度设计，构建一整套基于上下级关系的纵向政府平台和平等级关系的横向政府平台。具体而言，在立法层面上，针对区域证券市场发展中出现的共同问题，中西部地区可以因地制宜地学习东部地区经验成熟的地方法律法规和规范性文件，加强该问题方面的法律实施细则，例如，内陆经济特区喀什借鉴沿海开放的部分经验进行差异化发展（李胜兰、冯锐，2013）；在执法和司法层面上，各地区证监局、金融领域的执法部门和司法部门可以循环交流，提升执法人员的法律素养，实现各地区执法和司法环境的新突破。其次，在人才交流合作方面，上级政府不仅可以牵头引导区域人才合作，形成信息共享网络，还可以直接撮合两个或多个水平相差较明显地区的地方政府实行挂钩合作，形成稳定的人才合作关系。需要注意的是，不同地区、不同等级的地方政府之间的利益诉求有所不同，所以在合作过程中应当对各方利益一视同仁、予以同等重视，并且在地方政府之间进行多层次、多形式的协商与沟通，充分考虑各地的利益诉求，协调各地方政府的利益矛盾，为达成人才交流的合作协议奠定基础。最后，在信息共享方面，地方政府之间信息共享是提高我国电子政务水平的关键，也是难度较大的一项工作。在大数据技术飞快发展的时代，可以利用建设政府大数据平台的机会，推动地方政府之间互联互通网络化，打破地方政府之间的利益壁垒，实现部门间信息资源的共享共用。

7.2.2.2 激励地方政府制度创新

在证券市场过去的发展历程中，地方政府在规则制度的创新上表现得非常活跃，是社会规章和制度创新的主体力量。中央政府应该设立一整套激励和约束机制，在不触及证券市场发展红线的基础上，不断激励地方政府在区域证券市场改革中勇于创新实践，并善于总结经验。例如，目前金融衍生工具市场尚处于探索阶段，相关法律法规甚少，并且缺乏富有具体性、针对性的规定，这体现出我国在金融衍生工具市场的立法问题上存在严重的滞后性，因此，地方政府在完善我国金融衍生工具制度法规方面显得尤为重要。首先是完善市场准入监管制度，包括对交易主体（场内交易主体和场外交易主体）资格的监管和对结算机构、交易所与交易经纪商资本充足率的监管要求，使投资者可以参与到相应的金融衍生工具的交易市场来，减少投资者的盲目行为。其次是建立信息披露制度，确立信息披露的原则，以满足投资者的知情权，为保护投资者的合法权益提供保障；明确信息披露的内容，主要包括利率风险信息、金融衍生工具的范围及性质信息、公开价值信息和信用风险信息；规定信息披露频率，通过互联网建立专门用于信息披露的网站，降低高频率信息披露的成本，更及时地传递信息。最后是加强衍生工具场外交易市场的监管，强化事后补救机制，如建立风险补偿制度等，维护投资者的合法利益。具体地说，在内部激励上，中央政府通过将区域证券市场的发展决策权和收益权完全下放到地方政府，使地方政府拥有比过去更多的资源配置权，根据地方证券市场发展差异化进行自主调整，实现地方政府利益最大化；在外部激励上，强化中央与地方的政治关联体制，完善地方政府政绩考核体系，制定符合市场发展制度的标准，通过引导地方政府对证券市场发展的政绩诉求，不断激发地方证券规制的创新动力。

7.2.3 搭建证券市场投资者教育体系

在法律环境对证券市场投资者的事前权益保护中，教育水平显然成为推动证券市场发展的重要因素。事实上，针对我国证券市场合约的信息不对称以及高风险性，个人投资者利益在这样的市场上最易受损，因此对投资者普及证券市场领域的专业教育势在必行。搭建证券市场投资者教育体系，对相关部门的组织和领导能力以及对金融机构的服务都提出了更高的要求，但是做好投资者教育，从根本上提高证券投资者的素质，可以使投资者在合约缔结时对证券产品的风险收益特性具备足够的认识，培养投资者的良好心理意识，已成为有效推动中国证券市场向纵深发展亟待解决的关键问题。

7.2.3.1 设立投资者教育机构

境外发达市场的监管部门往往都设有专门的投资者教育机构，例如，美国证券交易委员会设立有投资者教育及协助中心，英国金融服务局设立有投资者关系部，香港证监会设立有投资者教育及传讯科。因此，对于中国证券市场投资者的教育，证监会可基于现有的投资者保护局部门设立投资者教育中心，组织和领导投资者教育工作，并制订相应的投资者教育制度、标准。此外，证监会和地方政府可以鼓励、引导和帮助民营资本参与或者独立地构建一批有质量、高水平的民间教育机构，让他们对市场参与人进行相关的教育活动，包括给予他们承接证券经营机构投资者教育服务外包的机会，作为现阶段投资者教育的有效补充。具体地说，首先，政府依据市场发展时期及投资者的投资素质提升的需要，制定相关的指导性纲要，对民办投资者教育机构进行方向性的引导；其次，政府应制定相关的行业标准及法律法规，对其应履行的责任、享受的权利予以明确规定，为民办教育机构创建平等、有序健康的发展环境，通过实施监督，对违法违规行为进行及时处理；再次，政府应重视民办投资者教育机构的发展，对于民办机构在发展中遇到的困难给予及时帮助；最后，政府可以对民营教育机构提供资金支持，通过政府鼓励性的资助，提高民营投资者教育机构发展的积极性，以促进行业快速有序的发展。

7.2.3.2 构建多元化教育主体

通常情况下，合适的教育主体应该以第三方为主，即中国证监会及其地方下属机构一方面可以通过由监管机构、证券交易所、证券经营机构和投资者权益组织组成一个多层次的、互为补充的教育主体；另一方面，我们可以借鉴美国投资者协会的做法，成立中国投资者协会，对证券市场的投资参与者提供实时网络出版物、投资性视频研讨会、金融服务教育软件等虚拟的教育服务。由证券业协会牵头开展的投资者教育可弥补被各券商由于利益、资源限制导致的对投资者教育的不足或误导。再者，随着手机技术的快速发展，新媒体教育这种娱乐与学习融合，教、学互动的新型教育方式将成为新一代年轻人思想传播、学习互动的主要方式。相关数据显示，我国微信平台的日均登录户超过我国总人口的一半，且这个数值还呈上升趋势，其中，50%用户每天“微信”使用的时长超过90分钟。因此，可采用手机网络的互动教育，包括手机软件、网页浏览、虚拟社区等方式，及时更新投资者教学内容，不断提高投资者参与教育的主动性与积极性。通过这些多元化的教育主体实现对投资者进行证券投资常识宣传、提升证券投资技能、教授证券投资经验、提醒证券投资风险、倡导科学理性的证券投资观念、明晰证券投资者的权利及救济途径，以期快速提高证券投资者的素质。通过多元化教育主体的参与，集各方力量，不仅可以提高运作效率与水平，还可以扩大普及面，更好地营造理性投资的主流。

7.2.3.3 提供差异化服务

由于投资者的水平存在着较大差异，因此，在提供投资者教育时可适当地考虑投资者的证券投资素质，更好地为社会上的投资者提供及时的、适合的教育服务。首先，教育内容应该根据不同阶段的投资者设立。一般可将投资者分为四个层次，即潜在投资者、初级投资者、中级投资者、高级投资者，根据不同阶段投资者的需求设立不同的教育内容与载体。其次，对不同阶段的投资者设置不同的教育频率。证券投资素质需要长时间积累，并不是一蹴而就的，然而现实市场行情变化快，影响价格波动因素较多，因此，时间间隔太久，将不利于投资者的信息共享与经验交流。而且随着学习时间的拉长，投资者的学习成本就相应提高，尤其是对于潜在投资者与初级投资者，故设置不同的教育频率可有效地提高投资者的素质。最后，针对不同年龄的投资者提供不同形式的教育。不同年龄段的人群对知识的接受能力不一，支付能力和风险承受能力也不一样，例如中年投资者，一般消费能力较强，工作稳定，更渴望掌握专业技术，也是最希望追求知识的人群。针对这一类人，只要教学内容丰富，教学形式多样有趣，他们参与投资者教学的热情就会增高，也更愿意投入较高费用。

7.3 法律环境对证券市场投资者事后权益救济政策建议

基于本书的分析和研究结论，为了更有利于对证券市场投资者的事后权益保护，我们提出以下几点政策建议，即完善证监会集中统一监管、构建中央与地方利益的和谐机制、加强证券执法机构与法院的衔接机制、加大司法资源的合理配置、创新司法审判的方法和手段。

7.3.1 完善证监会集中统一监管

证券市场的发展历程说明集中统一监管体制是适合我国国情的，是科学的证券市场监管运行系统。事实上，集中统一的监管模式能够高效地利用证券稽查资源，自上而下地打击证券市场的机会主义行为，对我国证券市场投资者权益保护具有不言而喻的作用。然而，由于我国证券市场的发展经验不足，集中统一监管的模式存在很多有待改进和完善的地方。

7.3.1.1 重构证监会法律地位

与成熟证券市场国家的证券监管机构相比，中国证监会一直都是非独立管制机构，是国务院直属事业单位。显然地，作为非独立管制机构的证监会一方面受制于行政体系，被监管者所影响与制约；另一方面所拥有的规章制定权、行政处罚权、查询冻结权等权力又超出了行政法理论的范畴，所以重构证券会的法律地位对于证券稽查活动的顺利实施十分必要。具体来讲，首先，借鉴美国联邦证券交易委员会（SEC）的做法，其证交会由5名委员组成，委员均由国家总统提名，但必须经国会通过，如此使得证券交易委员会的人员即使由行政机关提名，而是否通过则由国会掌握，从而达到相互制衡的效果。证监会的人事任免应该由人大负责，国务院不再拥有对中国证监会的人事任免权，将证监会主席人选纳入国务院总理提名范围。其次，证监会的组织架构设置应该结合中国的实际国情，提升专业化监管的独立性，直接对全国人大负责。再次，证监会的经费收支一方面要通过人大审议和财政直接拨付，实施更高度的独立预算和决算体制；另一方面逐步降低财政投入在中国证监会经费中的比例，以减少财政对中国证监会的决策的影响，从而在经济上加强其独立性。最后，应赋予证监会更广泛的立法权与执法权，其中，立法权指的是相关行政条例或规章制度的制定权与发布权，若为条例可经国务院批准或备案，但此权须由证券法直接授予；若为规章则可自定，在广泛咨询后立即生效。这样一来既可以提高证监会的监管效率，又可以摆脱各级政府的限制，以实现证监会保护证券投资者合法权益的宗旨。

7.3.1.2 扩大执法权限，完善执法程序

证券稽查的执法力度有利于降低证券市场机会主义行为的发生。随着证券市场的发展和投机技术手段的变化，中国证监会不但有必要增加或者扩充自身的执法权限，而且需要不断完善执法程序以适应证券市场法律环境的进化。在扩大执法权限上，参考发达国家证券稽查系统的经验。首先，我们有必要赋予证监会调查和封存当事人及与当事人相关的机构或者个人银行存款账户的权力；其次，证监会应具备传唤当事人并要求当事人接受传唤所需要承担的相关的法律责任；最后，还要增加证监会要求金融机构暂停当事人相关的支付权力、提起民事诉讼的权力、提出和解的权力等。在完善执法程序上，首先，我们应当借助非正式调查程序所带来的优势，高效地、有针对性地制定灵活的调查方案；其次，制定和确立证券执法工作指引，设置科学合理的执法流程，并标准化各个环节的具体工作内

容、工作周期、交接机制和反馈流程；最后，科学把握审查分析的原则，优化行政审裁机制，明确审理的内部法律和规章制度、工作流程，理顺调查与审理之间的工作关系和衔接方式。

7.3.1.3 合理配置证监会与其派出机构之间的权力

按照集中统一指挥、密切协同配合、专业优化分工的准则，中国的证券稽查系统已经基本呈现出以稽查部门、证券交易所和证监会派出机构为主体部分的“三位一体”的格局。实践表明，在证券稽查过程中，“三位一体”稽查体系的执法效果非常显著。然而，在进一步坚持和完善“三位一体”稽查体系的过程中，证监会与交易所之间的权力配置、证监会与其派出机构之间的权力配置仍然存在很多潜在矛盾，明晰和理顺不同机构之间的权力配置实属重要。

在定位证监会与交易所之间的权力配置上，首先，理顺自律监管与证监会监管的关系，明确证券交易所的法律地位。交易所是进行金融衍生工具交易的基本场所，交易所的自我管理对保护市场竞争性、高效性和流动性起着极为重要的作用。目前，我国交易所的权限在一定程度上受到证监会的制约，不能自主有效地行使其管理权力。例如在市场交易发生异常时，交易所不能自主而及时地采取风险控制措施，而要经过向证监会报告、批准等程序。交易所作为证券交易的主要场所，直接参与金融衍生工具的交易，对于违规行为的发现和纠正具有得天独厚的条件，因此应当赋予交易所更多的自治权，以保证在发生风险事件时能够在第一时间做出反应，达到有效控制因审批等程序耽搁造成的风险的目的。具体而言，一方面证监会要转变思想，树立交易所与自身机构在法律地位上的平等观念，而不能将证券交易所作为自己的附属机构；另一方面政府应该通过法律文件的形式分别明确证监会和交易所对证券市场的监管权力和责任，将证券市场的一线监管、临场监管、实时监管交由交易所，而将自律监管无法覆盖和难以发挥作用的后台监管交由证监会负责。其次，改革交易所机构治理模式，提升其自身的独立性。即通过取消证监会对交易所的人事任免权和财务分配权，将日常管理权下放给交易所，允许交易所自主开发新产品等一系列举措改造自律监管机构的内部治理，增强其独立性，使沪深两地证交所激发监管动力。

在定位证监会与其派出机构之间的权力配置上，首先，证券违法行为具有非常大的隐蔽性，除了证监会派出机构的现有权力，例如对证券市场中可能出现的投机者采取谈话提醒、例行检查、专项核查、提供报告和资料等，证监会还应该赋予其派出机构对于证券市场投机者处罚和采取临时强制性措施的权力，以免耽误最佳处罚时机，最终使证监会的处罚决定流失。其次，证监会应该匹配其派出机构在地方证券市场治理中的权力与责任。事实上，依据证监会的文件规定，其派出机构实施辖区责任制，即监管人员负责对区域证券进行稽查。尽管该项措施的初衷是为了有效提高人员的工作效率防止监管真空，但是由于缺少必要的稽查制度设计，稽查人员往往会采取侵犯公司自治权的非理性措施以防止承担责任。因此，证监会需要制定严格的工作程序和免责条款，匹配其派出机构在地方证券市场治理中的权力与责任。

7.3.2 构建中央与地方利益的和谐机制

针对证券市场上损害投资者权益的机会主义，中央政府和地方政府拥有市场其他参与者所没有的公权力，是第三方治理的主导者。尽管我国证监会在证券稽查中具有统领性角色，但是地方政府在区域证券市场中的利益诉求也严重影响到了行政执法的效果。因此，构建中央与地方利益的和谐机制，从根本上消除中央与地方政府在证券市场上的利益冲突是非常必要的。

7.3.2.1 加强保荐人的监督与处罚机制

中国证监会尽管通过保荐人制度加强了中央统一集中监管的能力，[①] 但是保荐人在金融监管地方分权的年代大部分都为地方政府所控制，与地方政府的利益有着千丝万缕的联系。因此，加强对保荐人与地方政府及企业合谋的机会主义处罚力度和逐步建立对保荐人的市场声誉约束机制是非常必要的。首先，建立保荐人的诚信档案。我国相关法规规定保

① 保荐人制度是由保荐人负责发行人的上市推荐和辅导，核实公司发行文件和上市文件的真实性、准确性和完整性，协助发行人建立严格的信息披露制度，并承担风险防范责任，并在公司上市后的规定时间内继续协助发行人建立规范的法人治理结构，督促公司遵守上市规定，完成招股计划书中的承诺，同时对上市公司的信息披露负有连带责任的制度。

荐代表人应该具备诚信品质，然而现阶段我国并没有一个完整的保荐人诚信水平考察体系。因此，我们可以借鉴国外——英国在证券市场建立诚信档案的做法，从保荐人和保荐代表人从业开始就为其每个人或机构建立诚信档案，日后无论保荐人如何弄虚作假，还是受到任何处罚都应该记入档案，以有效地防止保荐人隐瞒违背诚信的行为。其次，加大对保荐人的监管力度和处罚程度。一方面，针对保荐人与地方企业的合谋，证监会应该根据《保荐管理办法》动用冷淡对待①、直接撤销或者市场禁入等方式严惩之前由于保荐人推举劣质公司“恶意闯关”而严重侵害投资者权益的行为，改变目前相对弱化的监管局面；另一方面，适当结合经济处罚的方式，被证监会判定为违法违规行为的，应没收其相关承销费用收入及对相关责任人处以较高的现金罚款，增加其违法违规的成本，防范保荐机构或保荐人怀侥幸心理知法犯法的行为。最后，证监会要积极培养能够有效约束保荐人的市场声誉机制，形成声誉约束动态评价体系，具体而言，证监会要将 IPO 发行上市后新股短期股价破发、② 长期股价持续低迷、市场经营业绩大幅下滑等责任纳入声誉约束动态机制。由市场来客观评价保荐人，采用这种倒逼的形式对保荐人进行严格要求，以提高上市公司的质量。同时，证监会要逐步将发行人和保荐承销商的上市过程逐步透明化，使市场投资者能够对保荐人行为做出有效的监督和评价。通过市场行为对保荐人进行分类评级，使保荐人在推动优质项目上市过程中能够长期收益。

7.3.2.2 证监会与地方政府部门开展合作机制

虽然证监会采取统一集中监管的模式，但是在证券稽查过程中，证监会的派出机构则是惩罚证券市场机会主义的核心力量。证监会及其派出机构应该加强与地方政府的合作与交流。首先，在证券稽查的工作思路和理念上，证监会派出机构尽可能地消除与地方政府的利益冲突，减少摩擦成本，建立监管体系的激励约束机制。其次，证监会应与其他中央政府展开

① 冷淡对待是指根据保荐人违法违规行为情节轻重，证监会在一定时间内不受理或不再受理保荐机构或保荐代表人提出的推荐发行上市申请，严重的还要取消其从事保荐业务的资格。

② IPO（Initial Public Offerings），首次公开募股，是指企业透过证券交易所首次公开向投资者增发股票，以期募集用于企业发展资金的过程。

合作，通过中央与地方的激励机制和问责机制，充分有效地发挥地方政府在监管当地证券经营机构、上市公司和区域证券市场治理中所具备的信息优势与资源优势。最后，协调好证监会与地方政府在监管方面的关系，由证监会在各个地方设立证监局，而地方政府可以派代表参与监管，并且规定在参与监督管理过程中，地方政府无权决定证券管理部门的行政执法事务。若地方政府对证券管理部门的工作有不满之处，可以向证监会反映，并请证监会出面协调。

7.3.2.3 IPO遴选机制改为注册制①

在核准制下，由于地方政府的政绩和融资需求，存在部分劣质上市公司借助政府财政补贴或者税收优惠制造财务虚假信息而包装上市，造成上市公司的长期业绩水平不断降低，这种低效率的制度设计成为市场发展的障碍，造成了投资者的巨大损失和券商的大面积亏损。与核准制相比，注册制更注重公开，要求发行人披露并申报发行证券的全部信息。将目前证券市场的发行制度由核准制改革为注册制，将有从根本上改变地方政府与企业合谋的可能性，并被市场机制吸收成为价格的一部分。IPO注册制改

---

① 股票发行制度主要有三种，即审批制、核准制和注册制，每一种发行监管制度都对应一定的市场发展状况。在市场逐渐发育成熟的过程中，股票发行制度也应该逐渐地改变，以适应市场发展需求，其中审批制是完全计划发行的模式，核准制是从审批制向注册制过渡的中间形式，注册制则是目前成熟股票市场普遍采用的发行制度。

审批制是一国在股票市场的发展初期，为了维护上市公司的稳定和平衡复杂的社会经济关系，采用行政和计划的办法分配股票发行的指标和额度，由地方政府或行业主管部门根据指标推荐企业发行股票的一种发行制度。

证券发行核准制又称为“准则制”或“实质审查制”，是指发行人发行证券，不仅要像注册制下那样公开全部可供投资人判断的材料，还要符合证券发行的实质性条件，证券主管机关有权依照公司法、证券法的规定，对发行人提出的申请以及相关材料，进行包括能否持续盈利、公司的治理结构是否合理、是否适合公开上市等实质性审查，发行人得到批准以后，才可以发行证券。

典型的注册制又叫“申报制”或“形式审查制”，是指针对发行人发行证券，政府事先不对证券发行行为及证券本身做出诸如价值判断等的实质条件的审查，仅对公开资料进行形式审查。凡是拟发行证券的，发行人必须将依法应当公开的，与所发行证券有关的一切信息和资料，制成法律文件并公之于众，并对公布资料的真实性、全面性、准确性负责，公布的内容不得含有虚假陈述、重大遗漏或误导性陈述。在申报申请文件资料异议期结束后，证券发行注册生效，发行人即可发行证券。

革的实质是优胜劣汰，防范企业的造假与欺诈等行为，为市场注入新活力。

首先，证监会在“核准制”下构建能够给市场各方参与人提供严格而有效的信息披露公共平台，实现证券市场发行审核过程的逐步公开化和透明化，即要求真实、准确而完整地披露企业信息，并且由企业和中介机构对企业情况的真实性负责，审核机关不再背书。具体包括以下几个方面：一是要求企业向投资者披露对投资者决策具有重大影响的信息；二是严格审查招股说明书、财务报表等相关注册文件；三是规范文件格式与设置注册清单。同时，在公共平台上，引入包括新闻媒体和市场参与人的外部监督，使地方政府对于上市公司的盈余管理暴露在证券市场下，接受市场监督，从而形成对地方政府的隐性约束。具体改革的内容包括优化股票公开发行的审核标准、加大股票公开发行审核的信息公开力度和调整与完善保荐制度。

其次，由核准制逐步过渡到注册制，并最终实现完全注册制①。证监会应该对具备“规模较小、筹资额有限”的民营企业进行逐步的、可推广的经验试点，实行注册制审核方式；对于“规模较大、筹资额较高”的企业，尤其是国有企业，应该认真筹备，待运行情况稳定和经验成熟之后，再实施完全注册制。该情况主要是考虑到地方政府在发行方式改革中的利益受损，减少可能存在的障碍。

最后，实行发行监管与上市监管相分离。在现行的证券发行监管体制中，发行与上市审核、监管合一，这意味着通过发行审核即具备了上市资格，然而，证券发行与证券上市实际上代表着不同市场主体在不同阶段的利益诉求。因此，实行发行与上市审核监管的分离将有利于满足市场主体的不同需求，更好地维护市场各主体的合法利益。

7.3.3 加强证券执法机构与法院的衔接机制

为了更加有效地保证第三方权威治理机构对证券市场的投资者事后救济能力，加大证监会的证券稽查力度和提高法院的司法审判效率是远远不

① 中国共产党第十八届三中全会审议通过的《中共中央关于全面深化改革若干重大问题的决定》中明确提出“推进股票发行注册制改革”的要求。2014年5月8日印发的《国务院关于进一步促进资本市场健康发展的若干意见》再次提出“积极稳妥推进股票发行注册制改革”。

够的。事实上，我国证券市场领域对于机会主义行为的行政执法与司法审判的衔接并不顺畅，导致很多符合刑事案件追诉标准或者民事案件更高赔偿水平的案件仅仅被以行政处罚而完结（叶旺春，2012），造成投机行为违法成本低廉的现状。因此，加强证券执法机构与法院的衔接机制对于保证投资者事后救济的能力水平具有很重要的作用。

7.3.3.1 赋予证监会司法救济请求权①

在证券执法过程中，通过赋予证券执法部门享有请求法院通过司法程序对证券违法行为予以裁判的权力可以有效制止、预防证券违法犯罪行为的发生。事实上，我国 2005 年修改后的《证券法》第一百五十四条②和第一百八十条③意图通过赋予证监会准司法权替代司法救济请求权，但是实际效果并不理想。为了实现证监会对于特定强制措施和民事罚款救济措施的请求权，首先，通过我国立法机构确立证监会的司法救济请求权，并明确证监会司法救济请求权的行使范围，即证监会通过提请法院对证券违法行为予以裁判后可以获得的救济方式，以及如何从诉讼程序上保障权利的行使。其次，基于司法救济权在证据规则和诉讼程序上的差异性（张

① “司法救济”一词的世界性文本表达最早见于 1966 年联合国大会通过的《公民权利和政治权利国际公约》，其又可以追溯到 1948 年联合国大会通过的《世界人权宣言》第 8 条：“任何人当宪法或法律赋予他的基本权利遭受侵害时，有权由合格的国家法庭对这种侵害行为作有效的补救。”这两个文件要求成员国在其公民的权利和自由受到侵害时，给予该公民以司法救济。但是，两大法系对司法救济请求权的权利主体理解不一。我国学者在定义司法救济权时也将遭受侵害的公民作为权利主体。代表性的有苗连营教授，他认为司法救济权是指“任何人当其宪法和法律赋予的权利受到侵害时，均享有向独立而无偏倚的法院提起诉讼并由法院经过正当审讯做出公正裁判的权利”。参见苗连营.公民司法救济权的入宪问题之研究［J］.中国法学，2004（5）：25.

② 《证券法》第一百五十四条：在证券公司被责令停业整顿、被依法指定托管、接管或者清算期间，或者出现重大风险时，经国务院证券监督管理机构批准，可以对该证券公司直接负责的董事、监事、高级管理人员和其他直接负责人员采取以下措施：……（二）申请司法机关禁止其转移、转让或者以其他方式处分财产，或者在财产上设定其他权利。

③ 《证券法》第一百八十条：国务院证券监督管理机构对有证据证明已经或者可能转移或者隐匿违法资金、证券等涉案财产或者隐匿、伪造、损毁重要证据的，经国务院证券监督管理机构主要负责人批准，可以冻结或者查封。

德峰，2011)，对于司法救济请求行使的特别程序进行详细说明，包括强制令申请中的证明程度，民事罚款诉讼中的和解程序。当然，还可以借鉴中国台湾2003年成立的证券投资人及期货交易人保护中心的办法，立足我国现状，由证监会主导建立公益诉讼机制，[①] 包括确定公益诉讼制度的保护范围、主体、具体程序等内容，为我国中小投资者提供更多司法救助。

7.3.3.2 法官入驻证监会处罚委员会

在美国，由证交会内部的行政法官审理稽查部门调查完的案件，法国最高法院和最高行政法院的四名法官被引入到金融监管局行政处罚委中参与案件的审理处罚，这些制度安排建立和维系着市场监管权威和公信。借鉴国外成熟证券市场的发展经验，在内幕交易、证券从业人员利益冲突型违法以及非法证券投资咨询等活动在各类违法违规行为中的比重逐渐增加的背景下，将司法或准司法元素引入证券市场是很有必要的。此外，在资本市场变化迅速的情况下，加快引入司法元素显得迫在眉睫。结合我国实际情况，使法官进驻中国证监会设置的行政处罚委员会担任委员，是现阶段司法支持证券市场稽查工作的有效举措，同时对探索适合我国国情的证券执法体制有着重要意义。首先，选取上海和深圳证券市场基础好的地区作为试点，将证券行业审判经验丰富的法官纳入试点地区，探索可供复制的经验。其次，合理控制法官入驻证监会处罚委员会的周期。在开创司法支持行政执法新模式的同时，也要保持借调法官的与时俱进。

7.3.4 加大司法资源的合理配置

司法效率的本质需求主要是基于司法资源的稀缺性。由于我国的司法历程发展仅仅20多年，通过短时期加大司法资源投入来提高司法效率的做法是不现实的。因此，在现有司法资源的前提下，应通过合理配置司法要素，提升现有司法要素的质量，实现司法效率的有效飞跃。

---

① 公益诉讼是指非利害关系人的组织和个人对于违反法律，侵犯国家利益、社会公共利益的行为，向法院起诉，由法院追究违法者的法律责任的活动。公益诉讼起源于罗马法，而现代的公益诉讼的创始国是美国。

7.3.4.1 设立专门证券法庭

我国证券市场中虚假陈述、操纵市场、内幕交易等违法违规行为引发的民刑事案件随着金融交易容量的扩大开始涉及更广的范围，而且利益关系更加复杂，审理难度不断加大，因此，建立专门的证券法庭，集中审判资源以提高司法效率是必要的。国内外的实践结果显示，专门证券法庭的设立对集中审判资源、提高司法效率和保障独立公正起到了重要作用。首先，在区域证券市场较为成熟的地区，例如，具有证券交易所或者国家级证券创新试点基地的北京、天津、上海和深圳地区，选取条件合适的中级法院设立证券法庭开展试点，既要进行刑事方面的审判，又要进行民事方面的审判，同时，要建立证券法院相应的管辖制度。其次，在证券法院的试点运行中，证券法院的体制可借鉴我国海事法院的体制经验，[①] 即司法管辖区与行政管辖区不重合的方式。这种跨行政区域的专门证券法庭管辖的方式，可以有效防止地区行政对司法审判的效率影响。最后，在经验相对成熟以后，可以在更多有需要的地区设立证券法庭，在证券市场较为活跃的地方，如上海、深圳，设立一个级别相当于高级的证券法院，统一负责区域性证券法庭审理的上诉案件。

7.3.4.2 建立专业型司法培训机构

法律的生命始终在于经验而不是逻辑。事实上，证券市场的投资者诉讼伴随着金融交易方式多元化、技术化的发展呈现出越来越复杂的特点，如何有效地将部分法官的一线审判经验及时地传播和分享，对司法的提升是非常重要的。首先，依据各省法院的自身状况和基础，每个省份通过设立专门针对审理证券市场诉讼案件的司法培训委员会，定期提议对证券市场新出现的诉讼行为进行讨论，将讨论结果纳入省内各个法院的司法培训科目。其次，为促进司法官员提高审理证券诉讼的司法水平，司法委员会以召开研讨会、发行研讨出版物及培训计算机操作技能

① 海事法院（Maritime Court）是为行使海事司法管辖权而设立的专门审判一审海事、海商案件的专门人民法院。我国目前有十个海事法院，分别为北海海事法院、大连海事法院、广州海事法院、海口海事法院、宁波海事法院、青岛海事法院、上海海事法院、天津海事法院、武汉海事法院、厦门海事法院。

等多种方式开展司法经验分享和培训工作。再次，司法委员会可适当增加法律继续教育的时间。根据司法官员的工作时间与实际情况，建立富有弹性的学制，主要包括弹性的时间与弹性的内容，以保证司法官员在有限时间内既能达到课程所要求的标准，又能达到课程的预期效果。最后，司法委员会可设置模拟法庭课程，将市场上新出现的诉讼案例进行现场分析、研究、模拟，以提高司法官员对证券市场上新发生案例的相关司法知识的理解与运用能力。

7.3.4.3 提高法官能动司法职业素养①

借助法哲学家拉德布鲁赫的说法，“法律借助于法官而降临人世”，可以看出法官良好的司法职业素养是保障司法效率的关键。首先，完善的法官遴选制度，一方面可以选拔有能力从事司法审判的人，另一方面可以激励在任法官加强学习，不断积累司法知识，从而提高法官的整体水平。其次，增强法官司法审判技能的学习。通过借鉴发达国家对于司法审判技能的培训系统，法官应该不断接受再教育，提高自身能动司法审判的能力，提升司法服务的质量，避免冤假错案，降低司法的错误成本。再次，加强不同地区之间法官的交流和互换。具体来讲，一方面加强法官之间的横向交流，即将我国证券市场发达的沿海地区与证券市场欠发达的内陆地区之间的法官进行异地交流；另一方面加强法官之间的纵向交流，即将我国省级、市级和县级地区之间的法官进行异地交流，通过不同地区法官之间的横向交流和纵向交流，打破司法系统中因地缘关系形成的关系网络，促进法官关于案件审判开展相互交流与学习，增强法官能动司法审判的能力。最后，充分发挥退居二线资深法官的作用。针对实践经验欠缺、司法能动性差的青年法官，选聘具有较强司法能动和审判经验的资深法官作为导师，采取“一对一”“手帮手”的模式进行指导。

---

① 西方的司法能动主义起源于美国，根植于美国司法审查原则，是美国三权分立政治结构下的司法策略。如布莱克法律词典中将司法能动主义定义为：司法机构在审理案件的具体过程中，不因循先例和遵从成文法的字面含义进行司法解释的一种司法理念以及基于此理念的行动。美国学者克里斯托弗·沃尔夫认为，能动司法的基本含义是法官应该审判案件，而不是回避案件，并且要广泛地利用他们的权利，尤其是通过扩大平等和个人自由去促进公平——保护人的尊严。我国的能动司法不是司法审查，也不是法官造法，重点在于司法功能及其在社会治理中的角色的重塑，是在遵从法官能动性的基础上，对社会诉求的积极回应。

7.3.5 创新司法审判的方法和手段

司法审判方法和手段的创新化在司法效率提升中扮演着重要的角色。显然，为了有效提升司法效率，司法审判的方法和手段一方面要基于司法审判的外部社会环境变化，尤其是新技术的发展和应用，不断引进和创新；另一方面要基于司法审判内部经验积累进行不断调整和实践。事实上，在司法审判的技术应用上，我们主要采用建立多元化民事纠纷解决机制、扩大简易程序的适用和普及法院电子化应用的方式，而对于司法审判的内部经验积累上，我们主要通过法院出台更多的司法解释进行经验分享以推进审判进程。

7.3.5.1 建立多元化民事纠纷解决机制①

基于我国司法资源的极度稀缺性，对于证券市场金融交易的民事纠纷，我们可以依靠社会力量建立一套多元化的矛盾纠纷解决机制，合理利用司法资源，变相提高司法效率。

首先，加强中国证券业协会证券纠纷调解中心的工作职责，一方面通过证券纠纷调解中心建立在线申请平台以及调解中心与地方协会协同工作，借助及时高效的证券纠纷调解系统推进证券纠纷调解工作的顺利进行；另一方面通过与法院、仲裁机构、地方协会、会员单位以及其他调解组织的沟通与交流积极搭建“诉调对接”“信调对接”和“仲调对接”机制，以提升证券纠纷行业的法律效力，提高调解工作效率。其中，法院对争端的解决权，来源于国家的权力分配机制，具有原始性和绝对性、强制性，它不以任何人的授权为基础，任何人不得通过约定来排除其对争端的解决权力，除非经过国家的特别授权。仲裁方式的采用须以当事人的同意为基础，如果当事人不同意以仲裁的方式来解决争端，则仲裁庭无权强制要求当事人提交仲裁。法院与仲裁机构在纠纷调解过程中各有优点，根据纠纷调解需要，适时采用诉讼或仲裁的方式，有利于提高调解效率。

其次，创新调解方式，支持行业调解，即在借鉴国外经验的基础上，通过证券经营机构设立投资者专项补偿基金来解决现行民事诉讼赔偿在司法上所面临的种种困难。事实上，在该基金制度下，如果金融交易违反了

① 所谓多元化的纠纷解决机制，是指在一个社会中，各种解决纠纷的方式，以其特定的功能和特点，相互协调，共同存在，从而形成一个互补的、满足社会主体的多样需求的程序体系和动态的运作调整系统。

证券市场相关法律规定，那么关联方（或证券经营机构）也可能面临后续的诉讼追索，但是基于证券市场资金索赔效用最大化的特点，该机制将有效地节约司法资源。另外还可以通过学习美国的集体诉讼制度[①]，为我国证券市场上的“散户”提供维护合法权益的手段。目前，我国证券市场上大部分为小额投资者，而在现行诉讼制度下他们根本无法快速有效地维权，这极大地阻碍了证券市场的良性发展。因此，建立集体诉讼制度既能在一定程度上克服中小投资者进行证券民事诉讼的困难，又能提高企业的违法成本，从而有效地保护投资者的利益。

最后，营造良好的多元化解决纠纷的外部环境。具体而言，一方面，要加强多元化纠纷解决机制的宣传力度，即政府相关部门要综合运用法律、政策、经济、行政等各种手段和教育，加大对民调、协商等非诉讼解决纠纷方式的宣传、引导和监督，让投资者转变“解决纠纷就是到法院打官司”的理念，主动去选择高效、便捷和低成本的方式解决民事纠纷，实现司法资源的合理配置和效率提升；另一方面，对坚持起诉的当事人进行诉前指导，即根据纠纷的性质、审理的难易程度以及胜诉的概率等相关情况帮助当事人明确诉讼风险和诉讼成本，以方便当事人进行最终权衡。

7.3.5.2 扩大简易程序的适用

在证券市场交易的金融诉讼中，部分交易涉及的案情比较简单，且其社会危害性比较小，没有必要对其进行过于周密的程序和耗费太多司法资源。因此，相比证券市场内幕交易等案件的审理，轻微案件可以适用简易程序。首先，借鉴台湾地区的经验，结合考虑不同地区的经济发展水平基础，对于证券诉讼标的额在一定范围之内的，法院应当设立专门依简易程序审理简单民商事案件的机构和人员，对该类所有案件进行快速简易式审理（曾斌，2009）。当然，由于各地发展水平不一，在全国范围内规定一个明确的证券诉讼标的额不太现实，因此，我们可以按照当地个人收入的

① 集体诉讼是美国民事诉讼法中一个非常重要的法律制度，被称为美国“20世纪程序法最重要的发展之一”。在集体诉讼中，集体代表代表全体集体成员（利益受到相同侵害的众人）向法院起诉，集体代表之外的其他集体成员不参与诉讼程序。无论判决对集体是有利或者不利，集体诉讼判决将约束所有集体成员。只要有一人发起诉讼，其他受害者不需知情就被视为自动参与诉讼，因此，极大地降低了受害者之间组织、协调的成本。

一定比例为标准，此外，应在全国范围内设置一个标的额上限，以防各地方法院肆意扩大简易程序的适用范围。其次，对于一些关系简单、权利义务明确的，而不适合用标的额为标准的案件，可以采用列举式对其进行分类，进而明确并扩大简易程序的适用范围，促进证券诉讼纠纷的快速解决。再次，对于证券市场诉讼标的额较大并具有一定影响的诉讼案件，如果当事人双方对争议事实的陈述基本一致，并能提供可靠的证据，无须人民法院调查证据即可判明事实，而且当事人对案件的是非、责任以及诉讼标的的争执无原则分歧，法院可以赋予当事人选择简易程序的权利进行解决。最后，明确并扩大简易程序适用的审级范围。一般地，简易程序审理的案件属于案情简单、权利义务明确、涉及金额小，因此可以借鉴英国与德国等发达国家的规定，对适用简易程序审理的简单案件根据实际情况严格限制上诉，在适用法律错误或超过案件管辖范围的情况下才允许上诉，逐渐突破两审终审制的限制，[①] 以节省诉讼时间、提高审判效率。显然，扩大简易程序适用范围是建立在民事简易程序制度的规范与完善基础上，这样既能实现司法资源的合理性配置，提高审判效率，也有利于保护证券市场投资者的权益。

7.3.5.3 普及法院电子化应用

现代科学技术，尤其是大数据[②]，已经成为提高司法效率的重要辅助手段[③]。对于证券市场的刑事和民事诉讼，很大部分是跨区域的，甚至是跨国际的。通过运用现代科学技术不但可以促进案件信息及相关案例经验的及时获取，而且能够对复杂的内幕交易、操纵市场等高技术含量的诉讼

① 两审终审制是指一个案件经过两级人民法院审判即告终结的制度，对于第二审人民法院做出的终审判决、裁定，当事人等不得再提出上诉，人民检察院不得按照上诉审程序抗诉。

② 大数据又称为巨量资料，指需要新处理模式才能具有更强的决策力、洞察力和流程优化能力的海量、高增长率和多样化的信息资产，可分成大数据技术、大数据工程、大数据科学和大数据应用等领域。“大数据”概念最早由维克托·迈尔·舍恩伯格和肯尼斯·库克耶在编写《大数据时代》中提出，指不用随机分析法（抽样调查）的捷径，而是采用所有数据进行分析处理。大数据有 4V 特点，即大量（Volume）、高速（Velocity）、多样（Variety）、价值（Value）。

③ “利用科技手段促进法院工作——第四次亚太司法改革论坛在北京开幕”，载《人民法院报》2010 年 10 月 27 日第 1 版。

案件进行有效应对。在目前各地法院加大科技投入的基础上，我们主要推进以下三点建设：首先，实现法院司法系统“全程全网”、互联互通。法院司法系统是集办公智能化、电子文件交换管理、司法资源共享利用为一体的信息化平台，具有自动记录整个案件办理过程每一个环节、每一个时间点的功能，并且可以根据文件属性及经办人员的预先设置对文件进行智能化跟踪，这大大提高了文件办理的效率。其次，通过电子化平台构建覆盖全国各个法院系统的司法审判信息系统，主要包含案件信息管理。同时借鉴我国目前北京、上海、天津等地的法院利用区域电子化平台审理关于证券交易的刑事和民事案件的经验，重点推进全国各个法院系统的全面建设与应用，建立各级法院的共享文件、共享档案与共享信息数据库，形成分级分域的数据中心，促进各法院证券交易的民事、刑事案件的信息资源的共享利用，缩短案件审理周期，有效提高司法效率。最后，搭建法院与证券稽查部门之间的电子化沟通平台，加快法院对证券市场违法违规行为进行远程立案。同时法院通过电子化平台可以高效地获取证券稽查部门对于证券交易违法行为的事实认定，有利于法官及时高效地做出裁决。

7.3.5.4 丰富和完善司法解释

由于证券市场的刑事和民事诉讼涉及的利益关系非常复杂，所以《证券法》《公司法》和《基金法》等一系列对证券市场投资者保护相关的法律在实际案件审理过程中时常会遇到一定的障碍，司法解释作为法律适应的重要手段，是法律制度到案件审理的有效桥梁。因此，丰富和完善司法解释对于我国证券市场刑事和民事诉讼案件的审判效率意义非凡。首先，继续修改和完善已经出台的司法解释在案件审理中遇到的新问题，可使司法解释的指导作用能够与时俱进。具体而言，对于目前证券市场已经出台的司法解释《关于受理证券市场虚假陈述引发的民事侵权纠纷案件有关问题的通知》《关于审理证券市场因虚假陈述引发的民事赔偿案件的若干规定》《关于审理涉及会计师事务所在审计业务活动中民事侵权赔偿案件的若干规定》《关于依法审理和执行被风险处置证券公司相关案件的通知》和《最高人民法院、最高人民检察院关于办理内幕交易、泄露内幕信息刑事案件具体应用法律若干问题的解释》等，部分司法解释在指导案件审理中存在一些漏洞和真空，需要及时进行修改。例如，最高人民法院 2012 年 3 月 29 日颁布的《最高人民法院、最高人民检察院关于办理内幕交易、泄露内幕信息①刑事案件具体应用法律若干问题的解释》，在《解释》规定的明显异常交易行为②、正当化抗辩事由、犯罪情节、数额等问题上依旧存在一定的障碍与疑问。其次，尽快出台关于证券市场的操纵市场和内幕交易等严重违法违规行为的民事赔偿的司法解释。加快司法审判真空领域的司法解释，有助于各级法院受理司法解释指导范围内的诉讼，并高效地解决诉讼。

7.4 司法独立对证券市场投资者的保护政策建议

司法独立是证券市场完全市场化的内在要求，是保证市场投资者司法救济的公平与正义的必要保障，对满足证券市场投资者长期追求效益的需

---

① 内幕信息：《证券法》第七十五条规定："证券交易活动中，涉及公司的经营、财务或者对该公司证券的市场价格有重大影响的尚未公开的信息，为内幕信息。下列信息皆属内幕信息：（一）本法第六十七条第二款所列重大事件；（二）公司分配股利或者增资的计划；（三）公司股权结构的重大变化；（四）公司债务担保的重大变更；（五）公司营业用主要资产的抵押、出售或者报废一次超过该资产的百分之三十；（六）公司的董事、监事、高级管理人员的行为可能依法承担重大损害赔偿责任；（七）上市公司收购的有关方案；（八）国务院证券监督管理机构认定的对证券交易价格有显著影响的其他重要信息。"

《证券法》第六十七条第二款列举的"重大事件"则包括：(1) 公司的经营方针和经营范围的重大变化；(2) 公司的重大投资行为和重大的购置财产的决定；(3) 公司订立重要合同，可能对公司的资产、负债、权益和经营成果产生重要影响；(4) 公司发生重大债务和未能清偿到期重大债务的违约情况；(5) 公司发生重大亏损或者重大损失；(6) 公司生产经营的外部条件发生的重大变化；(7) 公司的董事、三分之一以上监事或者经理发生变动；(8) 持有公司百分之五以上股份的股东或者实际控制人，其持有股份或者控制公司的情况发生较大变化；(9) 公司减资、合并、分立、解散及申请破产的决定；(10) 涉及公司的重大诉讼，股东大会、董事会决议被依法撤销或者宣告无效；(11) 公司涉嫌犯罪被司法机关立案调查，公司董事、监事、高级管理人员涉嫌犯罪被司法机关采取强制措施；(12) 国务院证券监督管理机构规定的其他事项。

② 在异常交易行为问题上，比较《解释》第3条与《证券行政处罚纪要》第5条，在敏感期内，内幕信息知情人员的联络、接触人的交易行为与内幕信息基本一致可以构成刑事犯罪，但构成证券行政违法却要达到"高度吻合"的程度——内幕交易违法与犯罪的法律规格出现明显倒挂。

求具有重要意义。通过本书分析中国特色的司法独立对证券市场的理论分析和实证影响，我们可以看出司法独立是投资者在寻求司法救济时，是否相信法律制度能够有效落实的信心所在。目前，尽管我国在短暂的30多年时间有效地建立了具有一定优越性的司法体系保障司法独立，但是作为司法改革的中心环节仍然有待继续发展和完善。

7.4.1 构建司法独立和权利、行政和司法机关的和谐关系

由于我国历史上司法权威的薄弱性，我国目前司法取得的成就主要归功于党领导下的司法改革，通过第三章的理论分析，我们可以清晰地看出党领导的司法独立是我国司法改革的坚实保障。因此，我国司法独立是技术上的独立而非政治上的独立。这就要求我们构建司法独立与权利、行政和司法机关之间更为和谐的关系。

7.4.1.1 改善权力机关的监督方式

权力机关对法院审判进行的个案监督确实有损我国的司法独立。沃尔夫甘·许茨曾说："行政侵犯司法，特别是侵犯法官的独立，在任何时代都是一个问题!"[①] 当然，我国《宪法》第一百二十六条明确规定："人民法院依照法律规定独立行使审判权，不受行政机关、社会团体和个人的干涉。"同时，我国权力机关通过科学有效的方式对司法机关进行监督是有利于保障司法机关独立司法权的，也非常有利于我国的法院成为投资者诉讼救济的事实终审法院。首先，采用间接方式实施司法监督。权力机关不能直接处理司法机关受理的关于证券市场投机行为的刑事或者民事纠纷案件，更不能通过直接监督权限改变司法机关已经认定的结果。对司法机关的具体意见应交由司法机关依法实施。在实践中，我国人大工作机构通过信件、材料要求司法机关就内幕交易、虚假陈述或者操纵市场等一类案件进行说明是可行的，但是要坚决杜绝对证券市场投机行为的某个案件进行监督和干涉。其次，采用事后监督方式。权力机关对正在审判的案件不能做出决定或者发表相关审理意见，对已经生效的判决结果有质疑的，可以通过一般的事后监督进行询问和质询，不能直接进行调查、取证和传唤

① ［德］沃尔夫甘·许茨."司法独立——一个过去和现在的问题"［J］.李士彤译.环球法律评论，1981（4）.

当事人。此外，在事后监督中，权力机关不能采用致函法院“限期整改”等指令性要求。

7.4.1.2 改革现行行政管理体制

由于我国的司法管辖区与行政区划完全重合，现有的行政管理体制使得行政机关掌控着人、财、物等大量资源的控制权，可以控制司法资源的投入和分配，导致司法审判独立受到行政机关的干预。因此，必须要改革现行的行政管理体制，实现司法机关和行政机关实质上的权力与政治均等化。首先，改革行政预算管理体制。法院的财政预算应当独立于同级地方财政。财政独立是独立审判的必要经济保障。世界上多数国家都将法院的经费独立出来单独列入国家预算。日本裁判所法明确规定“裁判所的经费是独立的，应当列入国家预算内”。美国联邦法院行政管理局专门负责制定并向国会提出联邦法院的预算，审核并分配各联邦法院的经费。借鉴国际上的做法，将司法经费纳入国家预算体系，法院系统的经费由中央财政统一预算，专项拨给最高人民法院，由最高人民法院逐级下达用于各地法院。通过专款专用的方式摆脱地方单位和行政部门的干预与限制。其次，改革现行的行政人事管理体制。在人事权制度方面，应当改变依法统一任命和调离的做法。人事任免权掌握在同级政府和人大手中，必然会使司法工作常常受到行政的牵制，导致法院作为一个整体的独立性受到侵犯。各级行政机关对于司法机关的人事编制应该由目前的依法统一管理逐步过渡到赋予司法机关独立的人事录用权力。法官的任免、升迁独立于行政组织系统和同级地方权力机关，就可以在一定程度上起到削弱或消除司法权力地方化的作用。当然，考虑到我国的特殊国情，在行政人事管理体制改革的过程中，可以通过在各级法院内部逐步建立法官委员会的方式实施司法机关的人事独立和人事管理，最终通过权力机关依照法定程序任免法官及其人事安排。

7.4.1.3 规范上下级法院关系

我国人民法院上下级之间是一种监督关系①，即下级人民法院对其审

① 我国《宪法》第一百二十七条第二款明文规定：“最高人民法院监督地方各级人民法院和专门人民法院的审判工作，上级人民法院监督下级人民法院的审判工作。”《人民法院组织法》第十七条规定“下级人民法院的审判工作受上级人民法院监督”。

理的案件有权做出独立裁决，而上级人民法院可以通过二审程序、审判监督程序和刑事复核程序或维持下级法院的合理判决，或纠正下级法院的错误裁定以完成监督责任。然而，在证券市场投资者的实际诉讼中，很多地区的上级法院会对下级法院正在审判的案件进行批示，下级法院在做出判决之前通常也会向上级法院进行请示。显然，规范上下级法院这种不正常的现象有利于我国司法审判的独立。从我国宪法相关规定来看，法院上下级之间的关系不同于行政机关、检察机关。这表明在立法层次上，上下级法院之间的行政领导关系是被排斥的。因此，我们要明确规范上下级法院的审判级别监督，解决行政人员与法官身份集一身及司法机关领导人审批司法案件的现象，真正实现法院案件审批的公平高效。首先，最高人民法院以司法文件的形式重申上下级法院之间的监督关系，进一步强调审判监督关系绝对优先于司法行政管理关系。上级法院在对下级法院行使审判监督权和进行必要的司法行政管理时，绝不可以将两者混同，不能用司法行政管理的领导权来变相取代审判关系的监督权性质。其次，严肃处理上下级法院之间的批示与请示现象，保证司法审判的独立性，确保投资者诉讼当事人行使真实有效的上诉权利，以有效保障投资者的合法利益。再次，改变上对下的单向制约为上下之间的双向制约。实践中，上级法院改判下级法院的案件的结果并不一定都是正确的，在很多情况下，那些被上级法院改判的结果都只是维持原审法院最初的结果，这无异于降低了司法效率。因此，应规范上下级法院之间的双向制约，维护上下级法院之间的和谐关系，以提高司法审判的独立性与效率。最后，重新制定科学合理的业绩考核办法。为保证法官依法独立办案，应摒弃不合理考核指标对下级法院及法官工作的束缚，避免下级法院的法官因涉及上诉案件被改判的业绩考核指标而进行有损司法独立的违法行为。同时制定科学的法官奖惩制度，保障法官应有的合法权益，尤其应保障下级人民法院的基层法院能够独立行使审判权，提高法官办案积极性。

7.4.2 提升司法独立能力和司法监督

在有效改善我国行政机关和司法机关之间关系的基础上，我国当前的司法独立还受到其他几个方面的限制，具体表现在内部司法审判独立的能力有待加强和通过外部的媒体监督强化司法独立。

7.4.2.1 强化法院内部合议庭形式[①]

合议庭是我国法院审理各类案件的基本组织形式。然而由于庭长、院长对审判工作的组织和监督职责在实践中逐步被异化为对审判结果的签发权，这极大地削弱甚至架空了合议庭的审判职权，对司法审判独立的实现形成障碍。强化法院内部合议庭形式主要基于以下两点：首先，逐步废除庭务会议决定案件制度，即对于合议庭无法进行裁决的案件由庭长召集副庭长和审判员组成的庭务会议共同商讨做出判决结果的制度。在实践中，庭务会议讨论意见仅供合议庭参考，而不能影响其做出判决。其次，建立一次评议原则，即合议庭在对案件进行评议之前，每一个合议庭成员理应充分了解案情，在评议时不得含糊其词，必须阐明自己对案件的意见。根据合议庭成员的评议意见，依照合议庭的评议活动原则，合议庭必须做出对案件的最终判决意见。即使合议庭成员之间存在较大分歧，也必须严格遵照评议活动原则做出判决，禁止成员之间为取得一致意见相互协商、讨论、妥协和让步，更不允许反复合议，一次合议以后必须给出判决意见。最后，提升我国法官的整体素质。一方面，加强司法机关自身的建设，加强对法官的培训和教育，切实提高司法人员业务素质、道德素质；另一方面，要结合年龄、专业等结构，选拔法律知识丰富、文化素质高、忠于法律的司法人员，保证合议庭独立办案的质量。

7.4.2.2 保障法官职业稳定性

在中国特色的司法独立体制下，保障法官的职业稳定性有利于案件的独立审判和公正判决。首先，通过立法对法官的身份保障做出详细规定，即应当明确规定法官的选举和任命应该由人民代表大会及其常委会负责，而且不得在未经严格法律程序的情况下，任意对其进行免职、撤职、调离

① 合议庭是由3名以上审判员或者审判员和人民陪审员集体审判案件的组织形式。人民法院对第一审刑事、民事和经济纠纷案件，除一部分简易案件实行独任审判外，其余的案件都由审判员3人组成合议庭进行审判；第一审行政案件一律由合议庭审判；第二审案件、再审案件和死刑复核案件全部由合议庭审判。合议庭是法院代表国家行使审判权的重要表现形式，中国民事、刑事和行政三大诉讼法都规定，法院行使审判权的组织形式有两种，即独任制和合议制。在民事诉讼中，除第一审程序中的简单案件适用独任制进行审判外，二审、再审、重审及一审中的非简单民事案件，一律组成合议庭进行审判。

或者降低工资待遇。显然，确保法官的身份保障有利于摆脱地方行政权力机关的外部干预，是保障司法独立性的重要途径。其次，进一步提升法官的薪酬待遇。借鉴国外经验，给予法官相对较高的薪酬待遇是众多现代法治国家的通行做法（陈光中，2013），能够有效吸引和留住优秀的法官人才。

7.4.2.3 加强横向监督

我们在前面提到对司法机关进行垂直管理，包括对司法机关人财物资源的控制权及上下级法院之间的关系，这样一来，来自地方的监督就会削弱。因此，为避免由于垂直管理方式产生监督不到位的情况，要切实做到加强横向监督，即加强地方权力机关对于垂直管理机关的横向监督。首先，各级人大可以通过审议、质询、询问、视察、评议等各种形式，严格监督司法机关的制度制定、工作进展等司法活动，即使跟进司法机关的运行状态，以“旁观者”的身份严肃认真地对待司法机关，及时发现问题，并通过法定程序及时出面发声制止其违规违法行为。其次，完善相应的法律法规与政策，加强司法机关与地方人大的联系，促使司法机关能够自觉、积极地接受人大的监督，并且规范这种监督制度。地方人大的监督不是可有可无的，其重要性已经显示它是必不可少的，应当承担起对司法机关实施垂直管理的改革后的监督责任。

7.4.2.4 继续深化媒体监督

媒体监督是指通过广告、报纸、刊物、电视等媒体对各种违法违规行为，特别是对国家机关及其在职人员的违法犯罪及腐败行为进行实际揭示、真实报道及做出中立性的评论。媒体监督司法是宪法赋予的权利①，通过媒体监督不但可以有效揭露侵害司法独立的各种违法、渎职和腐败行为，保证司法公平和正义，而且也是众多投资者了解案件，对证券市场建立信心的主要途径。因此，在保证媒体对司法监督不过度的前提下，继续

---

① 宪法明确规定：公民对于任何国家机关和国家机关工作人员，有提出批评和建议的权利；对于任何国家机关和国家工作人员的违法失职行为，有向国家机关提出申诉、控告或检举的权利。虽然在宪法中并没有明确规定行使监督的法定主体是媒体，但是作为个人很难在日常生活中把握大范围，只能通过媒体来获取信息，因此，媒体在一定程度上也成了公民行使监督权的手段。

深化媒体监督是必要的。首先，在法院公开审理案件的过程中，应允许媒体进行采访报道；在案件结案，法律文书已生效时，及时接受媒体采访和揭示案件真实情况，并通过公开相关的法律文书供媒体随时查阅。其次，必须肯定媒体监督在司法方面的合法监督，即应该放开媒体对案件情况的及时了解与报道，配合相关媒体对案情的调查。法院机关不能拒绝和回避媒体的采访报道，更不能对存在的案件审判问题在司法机关内部之间互相推诿。只要媒体不是随意捏造、恶意夸大事实，对人民法院造成不良影响的，则法院不应该追究媒体的民事责任，而应该正确对待媒体的批评，接受媒体的建议，并且在法院的逻辑下做好充分准备进行必要改正。

值得注意的是，在加强媒体舆论监督提升司法独立的同时，我们有必要引导媒体加强自律和自身建设，消除媒体监督对司法独立可能形成的负面影响。首先，媒体在对问题进行报道时，应当注意客观报道、平衡报道、善意报道的原则，及时向公民传递信息，满足和维护公民的知情权；其次，媒体应该保持中立的态度进行评论，而不作任何主观的、片面的报道，不误导公民的价值判断，不作过早的断言或下结论；最后，提高媒体的自身素质，不影响法院法官的客观审判。

8. 结 语

8.1 研究不足

本书主要是基于中国证券市场20多年的发展历程，运用法律经济学和计量经济学的方法，以投资者在证券市场金融合约缔结过程中所面临风险的事前防范和事后救济为分析角度，深入考察了法律环境差异对中国证券市场发展的影响。在研究过程中，本书也存在以下不足之处：

首先，在实证分析中，衡量法律的指标有待于进一步完善。具体而言，在考察投资者在证券市场金融合约缔结过程中所面临风险的事后救济时，对于司法审判效率的度量，仅仅采用了政府官方给出的结案率数据，并没有从投机者的角度出发采用更加直观的诉讼成本和收益来考量。由于结案率始终是中国目前上级法院考核下级法院的重要考核指标，而各级法院为了完成结案率的要求、创优争先突出政绩，往往采取在年中或年度末突击结案、控制收案数量等措施，甚至拒绝审判难度高的案件以保证结案率指标的顺利完成，所以这种现实局面在一定程度上会对经验结果的估计造成一定的负面影响。

其次，本书在法律环境对金融合约事后救济的实证分析中，没有对比行政执法与司法审判在投资者保护中孰轻孰重的问题。具体而言，在法律环境对金融合约事后救济的作用机制中，本书依据证券市场投资者权益中所付出的成本大小，对如何形成“行政执法”与“司法诉讼”两者有效组合的问题进行理论阐述。由于数据的获取有限，实证分析并没有将“行政执法”与“司法诉讼”的组合问题进行经验论证，所以导致本书的实证分析呈现出第三方治理机构在保护金融合约实施中相分离的局面。

8.2 进一步研究方向

本书对于法律环境差异对中国证券市场发展的影响研究是基于一个较为基础的层面开展的。伴随着中国法治水平的提升，法律环境与中国证券市场之间的关系研究将会不断拓展，不论是法律指标的选取，还是数据的来源都会出现新的突破。基于目前本书的研究，笔者认为，可以从两个方面开展进一步的后续研究。

首先，在行政执法效力差异对金融合约事后救济的分析中，由于中国特殊的政治体制，地方政府官员之间的调动、中央与地方政府官员的交流及其他关联有可能带来地方政府官员与中国证监会及其派出机构之间的某种政治关联性，而这种隐性情结可能造成区域之间证券稽查的差异化，形成行政执法效力差异的区域效应。深入研究该问题将有利于优化行政执法对于证券市场的治理。

其次，在司法独立性差异对金融合约事后救济的分析中，本书主要是基于司法解释颁布的事件考察了投资者对关于金融合约实施的相关诉讼法律能否得到实施的理性看法和预期，而并非这些保护投资者权益的法律真正实施后的情况。所以，研究我国不同地区具有差异化的司法审判独立性与这些地区证券市场的发展状况之间的关系将成为后续研究的热点。

总之，以上进一步研究的方向仅仅是笔者在该领域研究中后续需要努力的方向。显然，法律环境对证券市场发展的影响研究将会随着法与金融理论的发展及相关研究工具的拓展衍生出更宽广的研究视角和更有意义的研究结论，而且会更全面地解释现实并指导现实。

附　录

附录1　司法条例

《最高人民法院、最高人民检察院关于办理内幕交易、泄露内幕信息刑事案件具体应用法律若干问题的解释》

该司法解释已于2011年10月31日由最高人民法院审判委员会第1529次会议、2012年2月27日由最高人民检察院第十一届检察委员会第72次会议通过，现予公布，自2012年6月1日起施行。

为维护证券、期货市场管理秩序，依法惩治证券、期货犯罪，根据刑法有关规定，现就办理内幕交易、泄露内幕信息刑事案件具体应用法律的若干问题解释如下：

第一条　下列人员应当认定为《刑法》第一百八十条第一款规定的“证券、期货交易内幕信息的知情人员”：

（一）《证券法》第七十四条规定的人员；

（二）《期货交易管理条例》第八十五条第十二项规定的人员。

第二条　具有下列行为的人员应当认定为《刑法》第一百八十条第一款规定的“非法获取证券、期货交易内幕信息的人员”：

（一）利用窃取、骗取、套取、窃听、利诱、刺探或者私下交易等手段获取内幕信息的；

（二）内幕信息知情人员的近亲属或者其他与内幕信息知情人员关系密切的人员，在内幕信息敏感期内，从事或者明示、暗示他人从事，或者泄露内幕信息导致他人从事与该内幕信息有关的证券、期货交易，相关交易行为明显异常，且无正当理由或者正当信息来源的；

（三）在内幕信息敏感期内，与内幕信息知情人员联络、接触，从事或者明示、暗示他人从事，或者泄露内幕信息导致他人从事与该内幕信息有关的证券、期货交易，相关交易行为明显异常，且无正当理由或者正当信息来源的。

第三条 本解释第二条第二项、第三项规定的“相关交易行为明显异常”，要综合以下情形，从时间吻合程度、交易背离程度和利益关联程度等方面予以认定：

（一）开户、销户、激活资金账户或者指定交易（托管）、撤销指定交易（转托管）的时间与该内幕信息形成、变化、公开时间基本一致的；

（二）资金变化与该内幕信息形成、变化、公开时间基本一致的；

（三）买入或者卖出与内幕信息有关的证券、期货合约时间与内幕信息的形成、变化和公开时间基本一致的；

（四）买入或者卖出与内幕信息有关的证券、期货合约时间与获悉内幕信息的时间基本一致的；

（五）买入或者卖出证券、期货合约行为明显与平时交易习惯不同的；

（六）买入或者卖出证券、期货合约行为，或者集中持有证券、期货合约行为与该证券、期货公开信息反映的基本面明显背离的；

（七）账户交易资金进出与该内幕信息知情人员或者非法获取人员有关联或者利害关系的；

（八）其他交易行为明显异常情形。

第四条 具有下列情形之一的，不属于《刑法》第一百八十条第一款规定的从事与内幕信息有关的证券、期货交易：

（一）持有或者通过协议、其他安排与他人共同持有上市公司百分之五以上股份的自然人、法人或者其他组织收购该上市公司股份的；

（二）按照事先订立的书面合同、指令、计划从事相关证券、期货交易的；

（三）依据已被他人披露的信息而交易的；

（四）交易具有其他正当理由或者正当信息来源的。

第五条 本解释所称“内幕信息敏感期”是指内幕信息自形成至公开的期间。

《证券法》第六十七条第二款所列“重大事件”的发生时间，第七十五条规定的“计划”“方案”以及《期货交易管理条例》第八十五条第十一项规定的“政策”“决定”等的形成时间，应当认定为内幕信息的形成之时。

影响内幕信息形成的动议、筹划、决策或者执行人员，其动议、筹划、决策或者执行初始时间，应当认定为内幕信息的形成之时。

内幕信息的公开，是指内幕信息在国务院证券、期货监督管理机构指定的报刊、网站等媒体披露。

第六条 在内幕信息敏感期内从事或者明示、暗示他人从事或者泄露内幕信息导致他人从事与该内幕信息有关的证券、期货交易，具有下列情形之一的，应当认定为《刑法》第一百八十条第一款规定的“情节严重”：

（一）证券交易成交额在五十万元以上的；

（二）期货交易占用保证金数额在三十万元以上的；

（三）获利或者避免损失数额在十五万元以上的；

（四）三次以上的；

（五）具有其他严重情节的。

第七条 在内幕信息敏感期内从事或者明示、暗示他人从事或者泄露内幕信息导致他人从事与该内幕信息有关的证券、期货交易，具有下列情形之一的，应当认定为《刑法》第一百八十条第一款规定的“情节特别严重”：

（一）证券交易成交额在二百五十万元以上的；

（二）期货交易占用保证金数额在一百五十万元以上的；

（三）获利或者避免损失数额在七十五万元以上的；

（四）具有其他特别严重情节的。

第八条 二次以上实施内幕交易或者泄露内幕信息行为，未经行政处理或者刑事处理的，应当对相关交易数额依法累计。

第九条 同一案件中，成交额、占用保证金额、获利或者避免损失额分别构成情节严重、情节特别严重的，按照处罚较重的数额定罪处罚。

构成共同犯罪的，按照共同犯罪行为人的成交总额、占用保证金总额、获利或者避免损失总额定罪处罚，但判处各被告人罚金的总额应掌握在获利或者避免损失总额的一倍以上五倍以下。

第十条 《刑法》第一百八十条第一款规定的“违法所得”，是指通过内幕交易行为所获利益或者避免的损失。

内幕信息的泄露人员或者内幕交易的明示、暗示人员未实际从事内幕交易的，其罚金数额按照因泄露而获悉内幕信息人员或者被明示、暗示人员从事内幕交易的违法所得计算。

第十一条 单位实施《刑法》第一百八十条第一款规定的行为，具有本解释第六条规定情形之一的，按照《刑法》第一百八十条第二款的规定定罪处罚。

附录 2 《美国联邦民事诉讼规则》第 23 条

Rule 23.Class Action

第 23 条 集体诉讼

(a) Prerequisites to a Class Action.

集体诉讼先决条件

One or more members of a class may sue or be sued as representative parties on behalf of all only if (1) the class is so numerous that joiner of all members is impracticable; (2) there are questions of law or fact common to the class; (3) the claims or defenses of the representative parties are typical of the claims or defenses of the class, and (4) the representative parties will fairly and adequately protect the interests of the class.

只有满足下列条件时，集体的一个或者一个以上成员可以作为集体代表而代表全体成员起诉或者应诉：（1）集体成员人数如此众多以至于所有成员的合并是不可行的；（2）集体存在一些共同的法律或者事实问题；（3）集体代表的请求或者抗辩是集体典型的请求或者抗辩；（4）集体代表能公正和充分地保护集体的利益。

(b) Class Actions Maintainable.

可以继续进行的集体诉讼

An action may be maintained as a class action if the prerequisites of subdivision (a) are satisfied, and in addition:

凡是（a）款的先决条件已经满足，同时又具备下列条件时，一个诉讼可以作为集体诉讼继续进行：

(1) The prosecution of separate actions by or against individual members of the class would create a risk of

由集体各个成员分别起诉或者应诉将产生下述风险：

(A) Inconsistent or varying adjudications with respect to individual members of the class which would establish incompatible standards of conduct for the partyopposing the class, or

对集体各个成员分别做出相互矛盾或者各式各样的裁决，将对集体对方当事人制定不同的行为标准；或者

(B) Adjudications with respect to individual members of the class which would as a practical matter be dispositive of the interests of the other members not parties to the adjudications or substantially impair or impede their ability to protect their interests; or

对集体各个成员做出的裁决，将在实际上处分非判决当事人的其他集体成员的利益，或者在实质上损害或者阻碍他们保护自己利益的能力；或者

（2）The party opposing the class has acted or refused to act on grounds generally applicable to the class, thereby making appropriate final injunctive relief or corresponding declaratory relief with respect to the class as a whole; or

集体对方当事人以普遍适用于集体的理由行为或者不行为，从而可以将集体作为一个整体做出相应的终局性禁令或者宣告判决；或者

（3）The court finds that the questions of law or fact common to the members of the class predominate over any questions affecting only individual members, and that a class action is superior to other available methods for the fair and efficient adjudication of the controversy. The matters pertinent to the findings include:（A）the interest of members of the class in individually controlling the prosecution or defense of separate actions;（B）the extent and nature of any litigation concerning the controversy already commenced by or against members of the class;（C）the desirability or undesirability of concentrating the litigation of the claims in the particular forum;（D）the difficulties likely to be encountered in the management of a class action.

法院认定，集体成员共同的法律或者事实问题优先于涉及个别成员的任何问题，并且集体诉讼方式优越于其他可用方式对纠纷做出公正、有效的裁决。法院应考虑的相关事项包括：（A）集体成员自己控制起诉或者应诉的利害关系；（B）与集体成员已经起诉或者应诉的争议有关的任何诉讼的范围和性质；（C）将与诉争有关的诉讼集中到某个法院的可取性和不可取性；（D）管理集体诉讼所可能面临的困难。

（c）Determination by Order Whether to Certify a Class Action; Appointing Class Counsel; Notice and Membership in Class; Judgment; Multiple Classes and Subclasses.

以裁定决定是否确认集体诉讼；指定集体律师；通知和集体成员资格；判决多个集体和分集体

（1）（A）When a person sues or is sued as a representative of a class, the court must—at an early practicable time—determine by order whether to certify a class action.

当一人以集体代表名义起诉或者应诉时，法院必须在实际可行的尽早时间内以裁定方式决定是否确认集体诉讼。

(B) An order certifying a class action must define the class and the class claims, issues, or defenses, and must appoint class counsel under Rule 23 (g).

确认集体诉讼的裁定必须对集体、集体诉讼请求、争议或者抗辩等事项做出明确定义，并根据第 23 条（g）款规定指定集体律师。

(C) An order under Rule 23 (c) (1) may be altered or amended before final judgment.

根据第 23 条（c）款（1）项做出的裁定在最终判决前可以变更或者补充。

(2) (A) For any class certified under Rule 23 (b) (1) or (2), the court may direct appropriate notice to the class.

对于根据第 23 条（b）款（1）项或者（2）项确认的集体，法院可以指令向集体发出合适的通知。

(B) For any class certified under Rule 23 (b) (3), the court must direct to class members the best notice practicable under the circumstances, including individual notice to all members who can be identified through reasonable effort. The notice must concisely and clearly state in plain, easily understood language:

对于根据第 23 条（b）款（3）项确认的集体，法院应指令向集体成员发出根据情形实际可行的最佳通知，包括向所有经过合理努力可以辨认的成员逐个发出通知。通知必须以简单易懂的语言准确、清楚地载明：

· The nature of the action

诉讼的性质；

· The definition of the class certified

所确认的集体的定义；

· The class claims, issues, or defenses

集体的诉讼请求、争议事项或者抗辩；

· That a class member may enter an appearance through counsel if the member sodesires

如果要求到案，每名集体成员可以通过律师到案；

· That the court will exclude from the class any member who requests exclusion, stating when and how members may elects to be excluded, and

法院将把提出要求的任何成员排除在集体之外，通知应载明成员选择排除的期限和方式；

· The binding effect of a class judgment on class members under Rule 23 (c) (3).

集体诉讼判决对第 23 条第（c）款第（3）项下集体成员的约束力。

(3) The judgment in an action maintained as a class action under subdivision (b) (1) or (b) (2), whether or not favorable to the class, shall include and describe those whom the court finds to be members of the class. The judgment in an action maintained as a class action under subdivision (b) (3), whether or not favorable to the class, shall include and specify or describe those to whom the notice provided in subdivision (c) (2) was directed, and who have not requested exclusion, and whom the court finds to be members of the class.

根据（b）款（1）项或者（b）款（2）项继续进行的集体诉讼，其判决无论集体胜诉还是败诉，应包括并说明法院认定的集体成员。根据（b）款（3）项继续进行的集体诉讼，其判决无论集体胜诉还是败诉，应包括并具体载明或者说明那些按照（c）款（2）项曾经向他发出通知的人、未曾要求排除的人和法院认定属于集体成员的人。

(4) When appropriate (A) an action may be brought or maintained as a class action with respect to particular issues, or (B) a class may be divided into subclasses and each subclass treated as a class, and the provision of this rule shall then be construed and applied accordingly.

如果认为合适，（A）可以集体诉讼方式就某个争执点提起或者继续进行一个诉讼；或者（B）可以将一个集体分成几个分集体，并将每个分集体视为一个集体，本条规则将相应地予以解释并适用。

(d) Orders in Conduct of Actions.

管理诉讼的裁定

In the conduct of actions to which this rule applies, the court may make appropriate orders: (1) determining the course of proceedings or prescribing measures to prevent undue repetition or complication in the presentation of evidence or argument; (2) requiring, for the protection of the members of the class or otherwise for the fair conduct of the action, that notice be given in such manner as the court may direct to some or all of the members of any step in the action, or of the proposed extent of the judgment, or of the opportunity of members to signify whether they consider the representation fair and adequate, to intervene and present claims or defenses, or otherwise to come into the action; (3) imposing conditions on the representative parties or on intervenors; (4) requiring that the pleadings be amended to eliminate there from allegations as to representation of absent persons, and that the action proceed accordingly; (5) dealing with similar procedural matters. The orders may be combined with an order under Rule 16, and may be altered or amended as may be desirable from time to time.

法院在管理本规则适用的诉讼中，可以做出下列裁定：(1) 确定程序的进行方式或者采取措施防止在证据提交或者辩论时出现不当重复或者复杂化；(2) 为保护集体成员或者为公正管理案件，按照法院指示的方式向某些成员或者全部成员通知下列事项：诉讼中的任何步骤，提议的判决范围，成员表示他们是否认为代表公平、充分的机会，成员参加诉讼、提出请求或者抗辩的机会，以及成员以其他方式加入诉讼的机会；(3) 对集体代表或者诉讼参与人提出条件；(4) 要求修改诉讼文件，删去诉讼文件中有关代表缺席当事人的主张，并要求诉讼相应进行；(5) 处理类似的程序事项。这些裁定可以与本规则第 16 条的裁定相结合，并可以根据需要随时变更或者修订。

(e) Settlement, Voluntary Dismissal, or Compromise.

和解、自愿撤诉

(1) (A) The court must approve any settlement, voluntary dismissal, or compromise of the claims, issues, or defenses of a certified class.

经确认的集体的诉讼请求、争议事项、抗辩的任何和解、自愿撤诉，必须得到法院批准。

(B) The court must direct notice in reasonable manner to all class members who would be bound by a proposed settlement, voluntary dismissal, or compromise.

法院应指令以合理的方式向受和解、自愿撤诉约束的所有集体成员发出通知。

(C) The court may approve a settlement, voluntary dismissal, or compromise that would bind class members only after a hearing and on finding that the settlement, voluntary dismissal, or compromise is fair, reasonable, and adequate.

法院只有在庭审之后并且认为和解、自愿撤诉是公平、合理和充分时方可批准一项对所有集体成员产生约束力的和解、自愿撤诉。

(2) The parties seeking approval of a settlement, voluntary dismissal, or compromise under Rule 23 (e) (1) must file a statement identifying any agreement made in connection with the proposed settlement, voluntary dismissal, or

compromise.

根据第 23 条（e）款（1）项寻求批准和解、自愿撤诉的当事人应提交一份声明，该声明应载明与和解、自愿撤诉计划有关的任何协议。

(3) In an action previously certified as a class action under Rule 23 (b) (3), the court may refuse to approve a settlement unless it affords a new opportunity to request exclusion to individual class members who had an earlier opportunity to request exclusion but did not do so.

对于根据第 23 条（b）款（3）项确认为集体的诉讼，除非和解方案给予各个集体成员一次新的请求排除机会，法院可以拒绝批准和解。这些集体成员曾经得到一次排除机会但是未请求排除。

(4) (A) Any class member may object to a proposed settlement, voluntary dismissal, or compromise that requires court approval under Rule 23 (e) (1) (A).

任何一名集体成员可以拒绝根据第 23 条（e）款（1）项（A）目规定需要法院批准的和解、自愿撤诉。

(B) An objection made under Rule 23 (e) (4) (A) may be withdrawn only with the court' s approval.

根据第 23 条（e）款（4）项（A）目做出的拒绝须经法院批准方可撤销。

(f) Appeals.

上诉

A court of appeals may in its discretion permit an appeal from an order of a district court granting or denying class action certification under this rule if application is made to it within ten days after entry of the order. An appeal does not stay proceedings in the district court unless the district judge or the court of appeals so orders.

如果在裁定做出之日起 10 日内提出上诉申请，上诉法院可以自由裁量允许当事人对地区法院根据本条规则做出的同意或者驳回确认集体诉讼的裁定进行上诉。

(g) Class Counsel.

集体律师

(1) Appointing Class Counsel.

指定集体律师。

(A) Unless a statute provides otherwise, a court that certifies a class must appoint class counsel.

除非法律另有规定，确认集体的法院必须指定集体律师。

(B) An attorney appointed to serve as class counsel must fairly and adequately represent the interests of the class.

被指定为集体律师的律师必须公正、充分地代表集体的利益。

(C) In appointing class counsel, the court

在指定集体律师时，法院

(i) Must consider:

应考虑：

· The work counsel has done in identifying or investigating potential claims in the action

律师在辨认或者调查诉讼潜在诉讼请求时已经完成的工作；

· Counsel's experience in handling class actions, other complex litigation, and claims of the type asserted in the action

律师在处理集体诉讼、其他复杂诉讼和诉讼所主张的同类诉讼请求的经验；

· Counsel's knowledge of the applicable law, and

律师对所适用的法律的了解情况；以及

· The resources counsel will commit to representing the class

律师代理集体时将投入的人力物力资源。

(ii) May consider any other matter pertinent to counsel's ability to fairly and adequately represent the interests of the class;

可以考虑其他与律师公正、充分代表集体利益的任何因素；

(iii) May direct potential class counsel to provide information on any subject pertinent to the appointment and to propose terms for attorney fees and nontaxable costs; and

可以指令潜在集体律师提供与指定有关的任何方面的信息并就律师费和免税费用支付提出方案；

(iv) May make further orders in connection with the appointment.

可以做出与指定有关的其他裁定。

(2) Appointment Procedure.

指定程序。

(A) The court may designate interim counsel to act on behalf of the putative class before determining whether to certify the action as a class action.

在决定是否将诉讼确认为集体诉讼之前，法院可以委派临时律师代表潜在集体行事。

(B) When there is one applicant for appointment as class counsel, the court may appoint that applicant only if the applicant is adequate under Rule 23 (g) (1) (B) and (C). If more than one adequate applicant seeks appointment as class counsel, the court must appoint the applicant best able to represent the interests of the class.

如果有人申请法院指定自己为集体律师，法院只有根据第 23 条（g）款（1）项（B）目和（C）目认为该申请人是合适时方可指定该人。如果不止一人向法院请求指定自己为 集体律师，法院必须指定最能代表集体利益的申请人为集体律师。

(C) The order appointing class counsel may include provisions about the award of attorney fees or nontaxable costs under Rules 23 (h).

指定集体律师的裁定可以包括按照第 23 条（h）款所列的有关律师费或者免税费用偿付的条款。

(h) Attorney Fees Award.

律师费判决

In an action certified as a class action, the court may award reasonable attorney fees and nontaxable costs authorized by law or by agreement of the parties as follows:

在已经确认为集体诉讼的诉讼中，法院可以判决法律规定或者当事人协议约定的合理的律师费和免税费用：

(1) Motion for Award of Attorney Fees. A claim for an award of attorney fees and nontaxable costs must be made by motion under Rule 54 (d) (2), subject to the provisions of this subdivision, at a time set by the court. Notice of the motion must be served on all parties and, for motions by class counsel, directed to class members in a reasonable manner.

判决律师费的申请。除非本条款另有规定，要求判决律师费和免税费用的诉讼请求应在法院规定的时间内，按照第 54 条（d）款（2）项规定以申请方式提出。

(2) Objections to Motion. A class member, or a party from whom payment is sought, may object to the motion.

反对申请。集体成员或者被要求付款的当事人，可以反对申请。

(3) Hearing and Findings. The court may hold a hearing and must find the

facts and state its conclusions of law on the motion under Rule 52（a）.

庭审和事实认定。对于第 52 条（a）款申请，法院可以举行庭审，并应认定事实并说明法律结论。

（4）Reference to Special Master or Magistrate Judge. The court may refer issues related to the amount of the award to a special master or to a magistrate judge as provided in Rule 54（d）（2）（D）.

提交给特别主事或者地方法官出具报告。法院可以根据第 54 条（d）款（2）项（D）目规定，将有关判决费用金额的问题提交给特别主事或者地方法官出具报告。

Rule 23.1 Derivative Actions by Shareholders

第 23.1 条 股东派生诉讼

In a derivative action brought by one or more shareholders or members to enforce a right of a corporation or of an unincorporated association, the corporation or association having failed to enforce a right which may properly be asserted by it, the complaint shall be verified and shall allege（1）that the plaintiff was a shareholder or member at the time of the transaction of which he complains or that his share or membership thereafter devolved on him by operation of law, and（2）that the action is not a collusive one to confer jurisdiction on a court of the United States which it would not otherwise have. The complaint shall also allege with particularity the efforts, if any, made by the plaintiff to obtain the action he desires from the directors or comparable authority and, if necessary, from the shareholders or members, and the reasons for his failure to obtain the action or for not making the effort. The derivative action may not be maintained if it appears that the plaintiff does not fairly and adequately represent the interests of the shareholders or members similarly situated in enforcing the right of the corporation or association. The action shall not be dismissed or compromised without the approval of the court, and notice of the proposed dismissal or compromise shall be given to shareholders or members in such manner as the court directs.

当公司或者非法人社团未能强制执行一个它能正当主张的权利时，一个或者一个以上的公司股东或者社团成员可以提起派生诉讼，强制执行公司或者社团的权利。起诉状应宣誓证实并主张：（1）他在他所指控的那笔交易时，他是股东或者成员，或者他的股份或者成员身份在交易之后根据法律转移给他；（2）该诉讼不是企图将管辖权赋予一个本来没有管辖权的联邦法院的串通行为。起诉状还应详细指出原告为了使董事或者类似的权力机构、必要时使股东或者社团成员提出自己所希望的诉讼而所做的努力，以及未能让他们提起诉讼的原因或者自己未曾做出努力的原因。在强制执行公司或者社团的权利时，如果发现原告不能公正、充分地代表其他处于类似地位的股东或者成员的利益，派生诉讼不得继续进行。未经法院许可，诉讼不得撤诉或者和解，撤诉或者和解计划应按照法院指示的方式通知股东或者成员。

Rule 23.2 Actions Relating to Unincorporated Associations
第 23.2 条 关于非法人社团的诉讼

An action brought by or against the members of an unincorporated association as a class by naming certain members as representative parties may be maintained only if it appears that the representative parties will fairly and adequately protect the interests of the association and its members. In the conduct of the action the court may make appropriate orders corresponding with those described in Rule 23 (d), and the procedure for dismissal or compromise of the action shall correspond with that provided in Rules 23 (e).

将非法人社团成员作为一个集体并指定某些成员为集体代表起诉或者应诉的诉讼，只有当集体代表会公正、充分地维护社团及其成员的利益时，方可继续进行。在管理诉讼中，法院可以做出与本规则第 23（d）条相符的裁定；同时，撤诉或者和解的程序应符合本规则第 23（e）条的规定。

参考文献

[1] Acemoglu, D., S. Johnson, J. A. Robinson. The Colonial Origins of Comparative Development: An Empirical Investigation [J]. American Economic Review, 2001 (91): 1369-1401.

[2] Albert H.Y.Chen. Rational Law, Economic Development and the Case of China [J]. Social and Legal Studies, 1999 (1): 97-120.

[3] Allen, M.T. Capital Structure Determinants in Real Estate Limited Partnerships [J]. The Financial Review, 1995, 30 (3): 299-426.

[4] Allen, Franklin, Jun Qian and Meijun Qian. Law, Finance, and Economic Growth in China [D]. University of Pennsylvania Mimeo, 2002.

[5] Arellano, M. and Bond, S. Some Tests of Specification for Panel Data: Monte Carlo Evidence and an Application to Employment Equation [J]. Review of Economic Studies, 1991 (58): 277-297.

[6] Allen, F., D. Gale. Comparing Financial Systems [M]. MIT Press: Cambridge MA, 2000.

[7] Allen, Franklin, Jun Qian, Meijun Qian. Law, Finance and Economic Growth in China [J]. Journal of Financial Economics, 2005 (1): 7-14.

[8] Aoki, M., Patrick, H. The Japanese Main Bank System: Its Relevance for Developing and Transforming Economies [M]. Oxford University Press: New York, 1993.

[9] Burkart, Mike, Gromb, Denis and Panunzi, Fausto and Shelifer, Andrei. Family Firms [J]. Journal of Finance, 2003 (58): 2167-2201.

[10] Banfield, Edward C. The Moral Basis of a Backward Society [M]. University of Chicago Press, Chicago, 1958.

[11] Barro, Robert. Determinants of Economic Growth: A Cross-Country Empirical Study [M]. MIT Press, Cambridge, 1997.

[12] Barca, F. On Corporate Governance in Italy: Issue Facts, and Agenda, Unpublished Working Paper [M]. Bank of Italy, Rome, 1995.

[13] Beck, Thorsten and Ross Levine. Industry Growth and Capital Allo-

cation: Does having a Market- or Bank-based System Matter? [J].Journal of Financial Economics, 2002 (64): 147-180.

[14] Beck, A. Demirguc - Kunt, R. Levine. Bank Supervision and Corporate Finance [J].Working Paper, 2003 (1): 7-14.

[15] Beck, Demirgog-Kunt, Vojislav Maksimovic. Financial and Legal Constrains to Firm Growth: Does Size Matter? [EB/OL] http: //www.worldbank.org, 2002.

[16] Beck, Demirguc-Kunt, Vojislav Maksimovic. Financial and Legal Institutions and Firm Size [EB/OL].http: //www.worldbank.org, 2003.

[17] Bebchuk, Lucian.Efficient and Inefficient Sales of Corporate Control [J].Quarterly Journal of Economics, 1994 (109): 957-994.

[18] Beck, Thorsten, Levine, Ross, Loyaza.Finance and the Sources of Growth [J].Journal of Financial Economics, 2000 (58): 261-300.

[19] Berkowitz, D., K. Pistor, J. Richard. Economic Development, Legality, and the Transplant Effect [J].European Economic Review, 2003, 47 (1): 165-195.

[20] Blackburn, Keith, and Hung, Victor T. Y. A Theory of Growth, Financial Development and Trade [J].Economica, 1998 (65): 107-124.

[21] Burgstahler, David, Ilia Dichev. Earnings Management to Avoid Earnings Decreases and Losses [J]. Journal of Accounting and Economics, 1997, 23 (1): 99-126.

[22] Bris, A. Do Insider Trading Laws Work? Yale ICF Working Paper [EB/OL] http: //www.ssrn.com, 2000.

[23] Breusch, T.S., A.R. Pagan. The Lagrange Multiplier Test and Its Application to Model Specification in Econometrics [J]. Review of Economic Studies, 1980 (57): 7-14.

[24] Brockman P., Chung D. Investor Protection and Firm Liquidity [J].Journal of Finance, 2003 (58): 921-937.

[25] Caprio, Gerard, Lavine, Luc and Levine, Ross. Governance and Bank Valuation, National Bureau of Economic Research [J]. Working Paper No. 10158, 2003.

[26] Chen, G., M. Firth, D. N. Gao and O. M. Rui. Is China' s Securities Regulatory Agency a Toothless Tiger? Evidence from Enforcement Actions [J].Journal of Accounting and Public Policy, 2005 (24): 451-488.

[27] Chen Donghua, Ming Jian and Ming Xu. Dividends for Tunneling in

a Regulated Economy: The Case of China [J].Pacific-Basin Finance Journal, 2009, 17 (2): 209-223.

[28] Claessens, Stijn, Djankov, Simeon, Fan, Joseph P. H. and Lang, Larry H. P.Expropriation of Minority Shareholders in East Asia [J].Journal of Finance, 2002 (57): 41-71.

[29] Claessens, Laeven. Financial Development, Property Rights and Growth [J].Journal of Finance, 2003, 58 (6): 2401-2436.

[30] Coffee, John. Do Norms Matter? A Cross- country Examination of Private Benefits of Control [J]. Columbia University Law School Working Paper, 2001 (1): 7-14.

[31] Coleman, J. S.Foundations of Social Theory [J].Belknap: Cambridge, 1990 (1): 7-14.

[32] Cheung, S.N.S.Transaction Costs, Risk Aversion, and the Choice of Contractual Arrangements [J].Journal of Law and Economics, 1969, 12 (1): 23-42.

[33] David, René and Brierley, John E.C. Major Legal Systems in the World Today [J].Stevens and Sons, London, 1985 (1): 7-14.

[34] Diamond, J., Guns, Germs and Steel [M].New York and London: W.W.Norton & Co, 1979.

[35] D. Wolfenzon, Shleifer. Investor Protection and Equity Markets [J].Journal of Financial Economics, 2002 (66): 3-27.

[36] Dawson, John. A History of Lay Judges [M].Harvard University Press, Cambridge, 1960.

[37] Dechow, P.M., Sloan, R.G., Sweeney, A.P. Detecting Earnings Management [J].The accounting review, 1995 (70): 193-225.

[38] De La Fuente, Angel and Marin, José Maria.Innovation, Bank Monitoring, and Endogenous Financial Development [J].Journal of Monetary Economics, 1996 (28): 269-301.

[39] Demirgog-Kunt, Asli and Maksimovic, Vojislav. Law, Finance, and Firm Growth [J].Journal of Finance, 1998 (53): 2107-2137.

[40] Forbes, Kevin. Limited Liability and the Development of the Business Corporation [J].Journal of Law, Economics, and Organization, 1986, 2 (1): 163-177.

[41] Fernandes, N. and M. Ferreira. Insider Trading Laws and Stock Price Informativeness [J].Working Paper, 2006.

[42] Ferris, J. S. A Transactions Theory of Trade Credit Use [J].The Quarterly Journal of Economics, 1981, 96 (2): 243-270.

[43] Galetovic, Alexander. Specialization, Intermediation, and Growth [J].Journal of Monetary Economics, 1996 (28): 549-559.

[44] Gale, D. and Hellwig, M.Incentive Compatible Debt Contract: The One-Period Problem [J].Review of Economic Studies, 1985 (52): 647-663.

[45] Guiso, L., P. Sapienza and L.Zingales.The Role of Social Capital in Financial Development [J].NBER Working Paper, 2001.

[46] Guiso, Luigi, Paolo Sapienza and Luigi Zingales.People's Opium Religion and Economic Attitudes [J].Journal of Monetary Economics, 2003 (50): 225-282.

[47] Grossman, S.J. and O. Hart.The Cost and Benefit of Ownership: A Theory of Lateral and Vertical Integration [J].Journal of Political Economy, 1986 (94): 691-719.

[48] George A.Akerlof.The Market for "Lemons": Quality Uncertainty and the Market Mechanism [J].Q. J.Econ, 2006 (84): 488.

[49] Hart, Oliver and Moore, John.Property Rights and the Nature of the Firm [J].Journal of Political Economy, 1990 (98): 1119-1158.

[50] Hart, O. Firms, Contracts and Financial Structure [M]. Oxford University Press: London, 1995.

[51] Healy, P., J. Wahlen. A Review of the Earnings Management Literature and Its Implications for Standard Setting [J].Accounting Horizons, 1999 (13): 365-383.

[52] Heckscher, E. Foreign Trade and Income Distribution, Economisk Tidskrift, Translated and Printed in H.S. Ellis and L.A. Metzler editors, AEA Readings in the Theory of International Trade [M]. London: Allen & Uniwin, 1950.

[53] Jayaratne, J. and Strahan, Philip E.The Finance-Growth Nexus: Evidence from Bank Branch Deregulation [J].Quarterly Journal of Economics, 1996 (111): 681-737.

[54] Jensen, M., Meckling, W. Theory of the Firm: Managerial Behavior, Agency Costs and Ownership Structure [J].Journal of Financial Economics, 1976 (3): 305-360.

[55] Jeffrey Wurgler.Financial Market and the Allocation of Capital [J]. Journal of Financial Economics, 2000 (58): 7-14.

[56] Johnson, Simon, Rafael La Porta, Florencio Lopez-De-Silanes, Andrei Shleifer. Tunneling [J]. The American Economic Review, 2000, 90 (2): 22-27.

[57] Johnson, Simon, Peter Boone, Alasdair Breach, Eric Friedman. Corporate Governancein the Asian Financial Crisis, 1997-1998 [J].Journal of Financial Economics, 2000 (58): 141-186.

[58] Johnson, Simon, McMillan, John, Woodruff. Christopher, Property Rights and Finance [J].American Economic Review, 2002 (92): 35-56.

[59] King, Robert G., Levine, Ross.Finance and Growth: Schumpeter Might Be Right [J].Quarterly Journal of Economics, 1993a, 108 (3): 305-360.

[60] King, Robert G., Levine, Ross. Finance, Entrepreneurship, and Growth [J].Journal of Monetary Economics, 1993b (32): 513-542.

[61] Kang, J., Stulz, R.Do Banking Shocks Affect Borrowing Firm Performance? An Analysis Ofthe Japanese Experience [J]. Ohio State University Working Paper, 1998 (1): 7-14.

[62] Kanatas, G., Stefanadis, C. Culture, Financial Development, and Economic Growth [EB/OL].http: //www. alba. edu. gr/uploads, 2005.

[63] Knack, S., P. Keefer. Does Social Capital Have an Economic Payoff? A Cross-country Investigation [J]. Quarterly Journal of Economics, 1997 (112): 1251-1288.

[64] Katharina Pistor, Chenggang Xu. Incomplete Law — A Conceptual and Analytical Framework and Its Application to the Evolution of Financial Market Regulation [J].Journal of International Law and Politics, 2003 (35): 34.

[65] Lamoreaux, Naomi R., Rosenthal. Jean-Laurent, Legal Regime and Contractual Flexibility: A Comparison of Business's Organizational Choices in France and the United States during the Era of Industrialization [J].American Law and Economics Review, 2005 (7): 28-61.

[66] Larry L. Du Charme, Paul H, Malatesta, Stephan E. Sefcik. Earnings Management, Stock Issues and Shareholder Lawsuits [J].Journal of Financial Economics, 2004 (71): 27-49.

[67] Licht, A.N, Goldschmidt, C., Schwartz, S. H.Culture, Law and Finance: Cultural Dimensions of Corporate Governance Laws, Scholarship Repository [J].University of California, 2001 (1): 7-14.

[68] Licht, A.N, Goldschmidt, C., Schwartz, S. H.Culture Rules: the Foundations of the Rule of Law and other Norms of Governance [J].William

Davidson Institute Working Paper Series, 2003 (1): 7-14.

[69] Levine, Ross.Financial Development and Economic Growth: Views and Agenda [J].Journal of Economic Literature, 1997, 35 (2): 688-726.

[70] Leora. Klapper. Corporate Governance, Investor Protection and Performance in Emerging Markets [J].Journal of Corporate Finance, 2004 (10): 703- 728.

[71] La Porta, Rafael, Lopez-de-Silanes, Florencio, Shleifer, Andrei. What Works in Securities Laws? [J].Journal of Finance, 2006 (1): 7-14.

[72] La Porta, Rafael, Lopez- de- silanes, Florencio, Shleifer, Andrei and Vishny, Robert. Legal Determinants of External Finance [J].The Journal of Finance, 1997 (1): 1131-1150.

[73] La Porta, Rafael, Lopez- de- silanes, Florencio, Shleifer, Andrei and Vishny, Robert. Law and Finance [J].Journal of Political Economy, 1998 (106): 1113-1155.

[74] La Porta, R., F. Lopez-de-Silanes, A. Shleifer and R. W. Vishny. Corporate Ownership around the World [J].Journal of Finance, 1999 (54): 471-517.

[75] La Porta, Rafael, Lopez- de- silanes, Florencio, Shleifer, Andrei and Vishny, Robert.Investor Protection and Corporate Governance [J].Journal of Financial Economics, 2000 (58): 3-27.

[76] La Porta, Rafael, Lopez-de- silanes, Florencio, Shleifer, Andrei and Vishny, Robert. Investor Protection and Corporate Valuation [J]. The Journal of Finance, 2002 (1): 1147-1170.

[77] La Porta, R., F.Lopez-Silanes, C. Pop-Eleches, and A. Shleifer. Judicial Checks and Balances [J].Journal of Political Economy, 2004, 112 (2): 445-470.

[78] Lee, J., Xiao, N.Do Dividend Policies of Chinese Listed Firms Constrain or Facilitate Tunneling? [J].Tsinghua University Working Paper, 2002.

[79] Levine, Ross.The Legal Environment, Banks, and Long-run Economic Growth [J].Journal of Money, Credit, and Banking, 1998 (30): 596-620.

[80] Levine, Ross.Law, Finance, and Economic Growth, Journal of Financial Intermediation, 1999 (8): 36-67.

[81] Levine, Ross.Bank-based or Market-based Financial Systems: Which is Better? [J].Journal of Financial Intermediation, 2003 (11): 398-428.

[82] Levchenko A. Financial Liberalization and Consumption Volatility in

Developing Countries [J]. International Monetary Fund Staff Papers, 2005 (1): 237-259.

[83] Louis Kaplow, Steve Shavell.Fairness versus Welfare [M].Harvard University Press, 2002.

[84] Martin Schneider, Larry G. Epstein.Ambiguity, Information Quality and Asset Pricing, Rochester Center for Economic Research [J].Working Paper, 2005 (7): 7-14.

[85] Mauro. Corruption and Growth [J].Quarterly Journal of Economics, 1995 (100): 681-712.

[86] Modigliani, Franco and Merton Miller.The Cost of Capital, Corporation Finance, and the Theory of Investment [J].American Economic Review, 1958 (48): 261-297.

[87] Merryman, John.The Civil Law Tradition [M].Stanford University Press, Stanford, 1985.

[88] Mike Burkart, Fausto Panunzi. Agency Conflicts, Ownership Concentration, and Legal Shareholder Protection [J].Journal of Financial Intermediation, 2006 (15): 1-31.

[89] McKinnon, R. I. Money and Capital in Economic Development [M].Washington, DC: Brookings Institution, 1973.

[90] Morales, María F. Financial Intermediation in a Model of Growth Through Creative Destruction [J].Macroeconomic Dynamics, 2003 (7): 63-93.

[91] North. Douglass, Robert P. Thomas.The Rise of the Western World: A New Economic History [M].Cambridge: Cambridge University Press, 1973.

[92] North, Douglass. Institutions, Institutional Change and Economic Performance [M].Cambridge: Cambridge University Press, 1990.

[93] O.Lee Reed.Law, the Rule of Law, and Property: Foundations for the Private Market and Business Study, 2001 (38): 441, 449.

[94] Olson, Mancur. The Logic of Collective Action [M]. Cambridge, Mass: Cambridge University Press, 1965.

[95] O.Williamson. The Economics Institutions of Capitalism [M].New York: Free Press, 1985.

[96] Pistor K., Xu C. G. Governing Stock Markets in Transition Economies: Lessons from China [J]. American Law and Economics Review, 2005 (7): 84-210.

[97] Porter, M. Capital Disadvantage: America' s Falling Capital In-

vestment System [J].Harvard Business Review, 1992 (46): 65-72.

[98] Park, Y.W., Shin, H.H. Board Composition and Earnings Management in Canada [J].Journal of Corporate Finance, 2004 (10): 431-457.

[99] Pistor, K., Raiser, M., Gelfer, S.Law and Finance in Transition Economies [J].The Economics of Transitions, 2000, 8 (2): 325-368.

[100] Pagano, Marco and Paolo F. Volpin.The Political Economy of Finance [J].Oxford Review of Economic Policy, 2001, 17 (4): 502-519.

[101] Perkins, H.W., Berkowitz, A.D. Perveiving the Community Norms of Alcohol Use among Students: Some Research Implications for Campus Alcohol Education Programming [J].International Journal of the Addications, 1986 (21): 961-976.

[102] Rajan, R., Zingales, L. Saving Capitalism from the Capitalists: Unleashing the Power of Financial Markets To Create Wealth and Spread Opportunity [J].Crown Business, New York, 2004.

[103] Rajan, Raghuram G. and Zingales, Luigi. The Great Reversals: The Politics of Financial Development in the 20th Century [J].Journal of Financial Economics, 2003 (69): 5-50.

[104] Rajan R., Zingales L. The Firm as a Dedicated Hierarchy: A Theory of the Origins and Growth of Firms [J].NBER Working Paper, 2000 (1): 7-14.

[105] Rajan, Raghuram G., Zingales, Luigi. Financial Dependence and Growth [J].American Economic Review, June 1998, 88 (3): 559-586.

[106] Roe, M. Strong Managers, Weak Owners: The Political Roots of American Corporate Finance [M]. Princeton, NJ: Princeton University Press, 1994.

[107] Roy J. Lewicki, et al. Trust and Distrust: New Relationships and Realities [J].Management REV, 1998 (1): 438.

[108] Romer M., Paul.Increasing Returns and Long-Run Growth [J]. The Journal of Political Economy, 1986, 94 (5): 1002-1037.

[109] Robert E.Lucas.On the Mechanics of Economic Development [J]. Journal of Monetary Economics, 1988, 22 (1): 3-42.

[110] Ronald H.Coase.The Nature of the Firm [J].Economic, 1937: 386-405.

[111] Ronald H.Coase. The Problem of Social Cost [J].Journal of Law and Economics, 1960 (3): 1-44.

[112] Smith. An Inquiry into the Nature and Causes of the Wealth of Nations [M].Oxford, Clarendon Press, 1880.

[113] Stulz, Williamson. Culture, Openness and Finance [J].Journal of Financial Economics, 2003 (1): 313-349.

[114] Schumpeter, Joseph A. The Theory Of Economic Development [M].Cambridge, MA: Harvard University Press, 1911.

[115] Schipper, K. Commtary on Earnings Management [J].Accounting Horizons, 1989 (1): 7-14.

[116] Schneider, M. Judicial Career Incentives and Court Performance: An Empirical Study of the German Labor Courts of Appeal [J]. European Journal of Law and Economics, 2005, 20 (2): 127-144.

[117] Stigler, G.J.The Economics of Information [J].Journal of Political Economy, 1961, 69 (3): 213-215.

[118] Stigler, George J. The Theory of Economic Regulation [J].Bell Journal of Economics and Management Science, 1971, 2 (1): 3-21.

[119] Tomasz Michalski, Gilles Stoltz. Do Countries Falsify Economic Data Strategically? Some Evidence that They Do [N]. DEGIT Conference Papers c015_ 018, DEGIT, Dynamics, Economic Growth, and International Trade, 2010.

[120] Weber. Max. Max Weber on Law in Economy and Society [M]. Max Rheinstein ed., Oxford University Press, 1954.

[121] Weinstein, Mark I. Limited Liability in California: 1928 - 1932 [N].USC Olin Research Paper No. 00-17, 2001.

[122] Weinstein, D., Yafeh, Y.On the Costs of a Bank- centered Financial System: Evidence from the Main Bank Relations in Japan [J].Journal of Finance, 1998 (53): 635-672.

[123] 爱德华·肖.经济发展中的金融深化 [M].北京：中国社会科学出版社，1989.

[124] 阿尔钦·诺斯等.财产权利与制度变迁——产权学派与新制度学派文集 [M].上海：上海三联书店，1990.

[125] 博登海默.法理学——法律哲学与法律方法 [M].邓正来译.北京：中国政法大学出版社，2004.

[126] 陈梦根.转轨经济中证券市场的成长与制度变迁 [M].北京：中国财政经济出版社，2007.

[127] 陈璇，淳伟德.股权分置改革对企业的影响：来自我国上市公司的

经验［J］.四川师范大学学报（社会科学版），2010（37）：26-31.

［128］陈光中.比较法视野下的中国特色司法独立原则［J］.比较法研究，2013（2）：1-12.

［129］陈信元等.司法独立性与投资者保护法律实施——最高人民法院“1/15通知”的市场反应［J］.经济学（季刊），2009（9）：1-28.

［130］陈晓，李静.地方政府财政行为在提升上市公司价值中的作用探析［J］.会计研究，2001（12）.

［131］陈志武.司法独立、判例法与股东权益保护［N］.南方周末，2003-02-02.

［132］冬华，章铁生，李翔.法律环境、政府管制与隐形契约［J］.经济研究，2008（3）：60-72.

［133］道格拉斯·诺斯.制度、制度变迁与经济绩效（中译本）［M］.上海：上海三联书店，1994.

［134］道格拉斯·诺斯.经济史中的结构与变迁［M］.陈郁译.上海：上海人民出版社，1994.

［135］德姆塞茨.所有权、控制与企业——论经济活动的组织［M］.北京：经济科学出版社，1999.

［136］弗兰克·B.克罗斯，罗伯特·A.普伦蒂斯.法律与公司金融［M］.伍巧芳，高汉译.北京：北京大学出版社，2011.

［137］方颖，赵扬.寻找制度的工具变量：估计产权保护对中国经济增长的贡献［J］.经济研究，2011（5）：138-148.

［138］冯锐，周翔.司法干预是如何引发股市“过度投机”的？——基于投资者理性预期的实证研究［J］.南方经济，2014（4）：80-93.

［139］耿建新，焦若静.上市公司环境会计信息初探［J］.当代财经，2002（1）：7-14.

［140］哈耶克.哈耶克论文集［M］.邓正来译.北京：首都经济贸易大学出版社，2001.

［141］胡海峰，孙飞.中国奇迹下的资本奇迹——对中国资本市场20年发展的解读［J］.教学与研究，2011（1）：27-34.

［142］何勤华.关于新中国移植苏联司法制度的反思［EB/OL］.http：//flwh.znufe.edu.cn/article_ show.asp？id=4075，2011.

［143］黄韬.为什么法院不那么重要——中国证券市场的一个观察［J］.法律与社会科学，2012（9）：63-110.

［144］侯宇，王玉涛.制权转移、投资者保护和股权集中度——基于控制权转移的新证据［J］.金融研究，2010（3）：167-182.

[145] 何佳，何基报.中国股市重大事件信息披露与股价异动 [R].深交所研究报告，2001.

[146] 黄健梅.法律与中国经济增长：理论与实证研究 [D].中山大学博士学位论文，2007.

[147] 洪冬英.律师调解功能的新拓展——以律师主导民事调解服务为背景 [J].法学，2011 (2)：109-117.

[148] 江春，许立成.金融发展中的制度因素——理论框架与国际经验 [J].财经问题研究，2007 (4)：7-14.

[149] 姜付秀，支晓强，张敏.投资者利益保护与股权融资成本 [J].管理世界，2008 (2)：117-125.

[150] 姜明安.行政执法研究 [M].北京：北京大学出版社，2004.

[151] 康芒斯.制度经济学 [M].北京：商务印书馆，1997.

[152] 卢峰，姚洋.金融压抑下的法治、金融发展和经济增长 [J].中国社会科学，2004 (1)：7-14.

[153] 卢现祥等.环境规制影响了中国工业行业的利润水平吗? [J].学术研究，2013 (4)：61-68.

[154] 连玉君，苏治，丁志国.现金——现金流敏感性能检验融资约束假说吗? [J].统计研究，2008 (10)：92-99.

[155] 李胜兰，冯锐.沿海开放与沿边开放：喀什经济特区发展定位与战略 [J].深圳大学学报，2013 (2)：7-14.

[156] 李小平，卢现祥，陶小琴.环境规制强度是否影响了中国工业行业的贸易比较优势 [J].世界经济，2012 (4)：62-78.

[157] 刘鸿儒等.探索中国资本市场发展之路——理论创新推动制度创新 [J].北京：中国金融出版社，2003.

[158] 刘中欣.审判中立论 [D].中国政法大学博士学位论文，2011.

[159] 刘志坚.法律环境初论 [J].甘肃政法学院学报，1998 (2)：34.

[160] 龙超.证券市场监管的经济学分析 [M].北京：经济科学出版社，2003.

[161] 罗斯科·庞德.普通法的精神 [M].北京：法律出版社，2001.

[162] 曼瑟尔·奥尔森.集体行动的逻辑 [M].陈郁译.上海：上海人民出版社，1995.

[163] 雷蒙德·W.戈德史密斯.金融结构与金融发展 [M].周朔译.上海：上海人民出版社，2000.

[164] 青木昌彦.比较制度分析 [M].上海：上海远东出版社，2001.

[165] 钱颖一.市场与法制 [J].经济社会体制比较，2000 (3)：1-17.

[166] 任小铁.我国行政执法体系现状问题与对策 [D].华南理工大学博士学位论文，2008.

[167] 石泓，刘金霞.股权集中度对投资者保护影响的实证研究——以沪市 A 股民营上市公司为例 [J].资本市场，2013（2）：69-71.

[168] 沈艺峰，肖珉，黄娟娟.中小投资者法律保护与公司权益资本成本 [J].经济研究，2005（6）：115-224.

[169] 沈艺峰，许年行，杨熠.中国中小投资者法律保护历史实践的实证检验 [J].经济研究，2004（9）：90-100.

[170] 孙莉，王新蕾.转轨国家强制性股息政策与投资者保护分析 [J].商业研究，2012（1）：101-105.

[171] 田霖.我国证券市场的区域差异研究 [J].价格月刊，2007（3）：27-29.

[172] 田百龙.司法独立与司法行政化 [J].法制与社会，2008（1）：130-131.

[173] 王鹏.投资者保护、代理成本与公司绩效 [J].经济研究，2008（2）：68-80.

[174] 王利明.司法改革研究 [M].北京：法律出版社，2001.

[175] 魏安莉.构建完善的中小投资者利益保护体系 [J].工业技术经济，2005，2.

[176] 西蒙.管理决策的理论基石 [M].北京：北京经济学院出版社，1989.

[177] 夏立军，方铁强.政府控制、治理环境与公司价值——来自中国证券市场的经验证据 [J].经济研究，2005（5）：7-14.

[178] 肖珉.法的建立、法的实施与权益资本成本 [J].中国工业经济，2008（3）：40-48.

[179] 亚当·斯密.国富论 [M].西安：陕西师范大学出版社，2006.

[180] 许身健.律师：司法体制内的健康力量 [N].检察日报，2012-08-06.

[181] 许成钢.绕开司法独立，中国改革仅是权宜之计 [EB/OL].http：//economy.caijing.com.cn/2013-11-02/113513525.html，2013.

[182] 叶旺春.证券领域行政执法与刑事司法的衔接问题研究 [J].证券市场导报，2012（5）：7-14.

[183] 于静.基于投资者保护的股利支付决策迎合效应研究 [J].商业研究，2012（6）：11-13.

[184] 杨树旺，刘荣.中国经济转轨中的金融发展特征研究 [J].金融研究，2003 (12)：97-104.

[185] 郑志刚，邓贺斐.法律环境差异和区域金融发展——金融发展决定因素基于我国省级面板数据的考察 [J].管理世界，2010 (6)：7-14.

[186] 郑志刚.金融发展的决定因素——一个文献综述 [J].管理世界，2007 (3)：7-14.

[187] 张强.司法行政权配置的历史演进与现实选择 [D].山东大学博士学位论文，2010.

[188] 张琼芳.上市公司财务造假动机分析 [J].现代商业，2010 (12)：3-6.

[189] 张宗新，朱伟骅.我国上市公司信息披露质量的实证研究 [J].南开经济研究，2007 (1)：21-26.

[190] 张宗新，沈正阳.内幕信息操纵、市场反应及识别研究 [R].深交所第八届会员单位与基金公司研究成果，2007.

[191] 张德峰.论我国证监会的司法救济请求权 [J].法律科学（西北政法大学学报)，2011 (5)：11-14.

[192] 周生春，徐萌娜.民营上市公司控制权私有收益影响因素的实证分析——兼论股权分置改革的长期绩效 [J].浙江社会科学，2010 (10)：11-17.

[193] 朱玲.股市成熟度及其影响因素：一个探索性的分析框架 [J].江南大学国际贸易学国际金融与贸易政策，2012 (6)：7-10.

[194] 赵楠.司法效率实现研究 [D].河北经贸大学博士学位论文，2011.

[195] 赵静，陈玲，薛澜.地方政府的角色原型、利益选择和行为差异 [J].管理世界，2013 (2)：90-106.

[196] 张俊生，曾亚敏.社会资本与区域金融发展——基于中国省际数据的实证研究 [J].财经研究，2005 (4)：37-45.

[197] 曾斌.关于完善我国民事简易程序的几点思考 [EB/OL].http：//www.hicourt.gov.cn/theory/artilce_ list.asp? id=5347，2009.

[198] 赵怡欣.地方政府财政行为在上市公司盈余管理中的作用研究 [D].浙江大学硕士学位论文，2012.

[199] 赵胜才.论区域环境法律 [M].北京：光明日报出版社，2012.

[200] 朱文胜.银行与企业："选择"还是"契约"? [J].金融研究，1998 (3)：37-39.

［201］曾亚敏，张俊生.制度建设与股票市场渐进性有效——基于法和金融理论的实证分析［J].中国会计评论，2005（1）：19-28.

后 记

本书是在我的博士学位论文的基础上修改完成的。本书的编写过程见证了我的学术探索和成长过程，是我倾注大量心血的一部著作。记得本书初稿刚完成的时候，整日沉浸在欣然的喜悦之中，后来在完善书稿的过程中逐渐变得惶恐不安。从本书初稿到现在的完成和出版经历了两年时光，其间我从一个法经济学的初学者，开始向一个真诚的研究者转变。

2011 年，我幸运地进入中山大学岭南学院攻读西方经济学专业，不仅系统地学习西方经济学理论，而且有机会接受中山大学法学院商法学研究的训练。在中山大学三年的博士学习生活中，导师李胜兰教授对我无微不至的关怀、悉心的教导、无私的帮助，照亮了我前进与成长的道路，这份恩情让我永生难忘，时刻铭刻于心。感谢中山大学法学院周林彬教授！周老师一直对我关怀备至、谆谆教诲。他学术造诣深厚、待人诚恳热情、诲人不倦，一直引导着我走在洒满阳光、迈向成长与进步的阳光大道上。他高尚的品德、渊博的学识，让我在学习和生活上受益匪浅。在此对他表示最崇高的敬意与感谢！

本书的后续研究和大量修改工作是在我博士毕业后任职广州大学经济与统计学院老师期间完成的。无论是之前博士论文的选题和撰写，还是之后基于本书初稿的修改和完善，导师李胜兰一直给予我莫大的帮助与宝贵的意见。正是李老师的不倦教诲、殷殷关怀，给予了我耐心的指导与无私的帮助，让我顺利地完成本书的编撰。李老师渊博的知识、严谨的治学态度、宽厚豁达的个性、奋发向上的个人魅力，让我终身受益。滴水之恩，当涌泉相报。愿以不懈的努力、不断的进步来回报这份师恩！

感谢广州大学经济与统计学院的叶祥松教授、浙江理工大学经济管理学院申晨博士、国信证券博士后流动站张昀博士等各位专家及同人的支持与帮助，让我获得中肯和宝贵的修改意见，使本书更加完善。感谢我的本科学生刘艺萍参与本书第七部分章节编写所做的贡献。衷心感谢我的家人，他们对我工作的理解和支持，对家庭的辛劳操持、精心照顾，使我有更多的时间与精力投入到教学和科研工作之中。

感谢出版社编辑们的专业严谨和辛勤劳动，感谢对本书出版给予关心、支持、帮助和建议的每一位师学亲友！

最后，由于学力有限，书中不足乃至错谬之处难以彻底避免，恳请诸位国内外理论和实务界的专家不吝赐教。

冯 锐

2017 年 2 月于广州大学